南开大学"985"区域经济国家社科创新

南开大学区域产业经济研究丛书
NANKAI DAXUE QUYU CHANYE JINGJI YANJIU CONGSHU

主编　刘秉镰

区域生产性服务业的集聚与创新研究
QUYU SHENGCHANXING FUWUYE DE
JIJU YU CHUANGXIN YANJIU

过晓颖◎著

经济科学出版社
Economic Science Press

图书在版编目（CIP）数据

区域生产性服务业的集聚与创新研究/过晓颖著．
—北京：经济科学出版社，2013．9
（南开大学区域产业经济研究丛书）
ISBN 978 – 7 –5141 – 3803 – 0

Ⅰ．①区…　Ⅱ．①过…　Ⅲ．①服务业 – 经济发展 –
研究 – 中国　Ⅳ．①F719

中国版本图书馆 CIP 数据核字（2013）第 223940 号

责任编辑：柳　敏　宋　涛
责任校对：王肖楠
版式设计：代小卫
责任印制：李　鹏

区域生产性服务业的集聚与创新研究
过晓颖　著
经济科学出版社出版、发行　新华书店经销
社址：北京市海淀区阜成路甲 28 号　邮编：100142
总编部电话：010 – 88191217　发行部电话：010 – 88191522
网址：www. esp. com. cn
电子邮件：esp@ esp. com. cn
天猫网店：经济科学出版社旗舰店
网址：http：//jjkxcbs. tmall. com
北京汉德鼎印刷有限公司印刷
河北华玉装订厂装订
710×1000　16 开　16.5 印张　260000 字
2013 年 9 月第 1 版　2013 年 9 月第 1 次印刷
ISBN 978 – 7 – 5141 – 3803 – 0　定价：36.00 元
（图书出现印装问题，本社负责调换。电话：010 – 88191502）
（版权所有　翻印必究）

天津市哲学社会科学规划项目"基于集聚与创新互动视角的生产性服务业发展研究——以天津为例"（TJYY12 -042）的成果

总　序

　　伴随着我国区域经济的快速发展以及对西方区域经济理论研究的不断深入，中国的区域经济理论研究也在不断深化。我国的区域经济学以区域发展、地区差异和区际关系作为重点研究对象，在广泛借鉴国外相关学科及理论的基础上，初步形成一门理论特色鲜明而实践性与应用性较强的综合性经济学学科。

　　与此同时，以企业和市场关系作为主要研究对象的产业经济学，凭借其理论分析的前沿性、研究方法的新颖性和现实应用的广泛性而发展成为一门国际公认的相对独立而体系完整的应用经济学学科，成为近年来国际以及国内经济学最活跃、最富成果的研究领域。

　　在区域经济学和产业经济学的理论根基日趋坚实、体系日臻完善的过程中，二者之间的交叉研究和理论融合也因社会实践的需要而萌生，特别是自20世纪90年代以来，随着经济全球化进程的加快，在全球范围内实现产业的空间规划和结构优化，利用全球产业资源发展壮大本国产业，提升本国产业的国际竞争力，已成为各国特别是发达国家产业发展的重要目标，从而促使产业经济学的研究突破各个单一国家的地区限制，把不同的国家作为相互独立的区域，在各个区域中进行产业资源配置，追求产业在全球范围内空间配置效益的最大化。对一个国家内部而言，同样存在着特定区域的产业发展、产业升级、产业结构调整、产业技术创新、产业竞争力提升以及区域间产业分工协作及转移等问题。对这些问题的研究及解决，既不能单纯运用区域经济学理论，也不能单纯运用产业经济学理论，而需要综合运用区域经济学理论和产业经济学理论，由此便形成了以区域产业问题作为研究对象的区域产业经济理论。该理论是在借鉴区域经济学和产业经济学基本理论和分析逻辑的基础上，形成的一套介于二者之间、又与二者存在密切关联的新的经济理论分支。

南开大学兼有区域经济学和产业经济学两个国家重点学科，其中区域经济学科还是"985工程"哲学社会科学创新基地，经过多年的努力，已经形成了较为完善的学科体系。南开大学的产业经济学科近年来发展迅速，已形成相对稳定且独具特色的研究方向，特别是在交通物流产业、产业效率和产业组织等领域取得了较突出的研究成果。区域经济学和产业经济学两个学科具有的学科优势，为我们开展区域产业经济分析提供了良好的研究基础和条件。在此基础上，我们尝试性地提出区域产业经济这一新的经济学研究范畴，并希望通过"南开大学区域产业经济研究丛书"作为起步，较为全面、系统地探讨区域经济学和产业经济学有机融合的有效途径，提出和论证区域产业经济所特有的基本范畴和基本原理，构建具有中国特色的区域产业经济理论分析框架和内容体系，并对中国主要区域产业经济问题进行深入的实证研究。本套丛书主要包括《区域产业经济概论》、《区际产业分工与产业转移研究》、《区域产业结构优化升级研究》、《区域产业的空间集聚研究》、《区域生产性服务业的集聚与创新研究》、《区域产业竞争力比较研究》、《区域创新网络与产业发展研究》、《区域产业全球价值链嵌入的绩效与升级路径研究》、《区域产业发展规划与政策研究》共九部著作。其中，《区域产业经济概论》作为引领篇，从理论上对本套丛书所涉及的研究内容进行了概括性的理论梳理和方法归纳，提出建立中国区域产业经济问题研究的理论基础和分析框架；《区际产业分工与产业转移研究》立足于中国区域产业分工与协作的现实，着眼于中国区域经济协调发展的战略目标，对中国区域产业分工与协作的现状、制约因素和实现途径等问题进行了深入研究；《区域产业结构优化升级研究》对新的区域产业分工和发展条件下，中国区域产业结构转型升级的目标模式、实现路径及对策等问题进行了专门分析;《区域产业的空间集聚研究》立足于现阶段中国区域产业集群迅速发展的现实,进一步分析了实现中国区域产业集群优化升级的思路及对策;《区域生产性服务业的集聚与创新研究》揭示了区域生产性服务业集聚与创新的内在机理,对中国区域生产性服务业集聚与创新现状及问题进行实证研究;《区域产业竞争力比较研究》作为区域产业研究的基本落脚点和重要目标,以构建区域产业竞争力评价指标体系为基础,一方面对各地区的产业竞争实力进行了综合的区域比较研究,另一方面对特定区域重点产业的竞争力形成机制进行了深度探讨;《区域创新网络与产业发展研究》着眼于中国区域产业结构转型升级和竞争力提升的目标,重点对中国区域产业创新网络的内容及构建思路等进行研究;《区域产业全球价值链嵌入的绩效与升级路径研究》在经济全球化条件下,对新形势下中国区域产业嵌入国际产业分工体系的条件、途径及实现方式等进行深入研究;《区域产业发展规划与政策研究》以中国区域产业发展作为背景和对象,对区域产业发展规划的方式方法、区域产业政策的内容体系和实施机制等问题进行了系统研究,为实现区域产业发展目标提供专门的规划和政策指导。以上九部著作分别从区域产业发展的理论工具、空间组织形态、竞争力评价、规划政策保障等多个视角对区域产业经济问题进行了系统深入的研究,初步构建了中国区域产业经济分析的理论框架。希望我们的工作能起到抛砖引玉的作用,激发更多的学者和相关部门的同志关注并参与到这一领域的研究和探讨中来,共同为推动中国区域产业经济理论与现实问题的深入研究做出贡献。

由于研究对象的复杂性及理论研究的创新性,本套丛书的研究可能存在一定的缺陷,恳请广大读者批评指正!

刘秉镰

2010 年 10 月于南开园

前　　言

　　在经济全球化和信息技术革命的共同推动下，全球经济服务化趋势日益明显，作为价值链上最具营利性和竞争性的环节，生产性服务业在近二三十年来表现出强劲的发展势头，并已经成为推动经济增长的重要力量。在这一过程中，生产性服务业集聚成为国际大都市空间发展的重要动力和表现形式，而生产性服务业的创新也成为城市和区域竞争力的重要来源。在中国，生产性服务业的发展已经引起我国政府的高度重视，并纳入国家"十一五"规划之中，许多中心城市也将生产性服务业作为重点产业甚至是支柱型产业来发展。但是目前国内生产性服务业无论是整体发展水平还是空间集聚与创新能力都显不足。

　　鉴于此，本书以生产性服务业为研究对象，围绕着产业空间集聚和创新发展两大主题，以新经济地理学、新增长理论、创新集群理论和演化经济学理论为基础，通过运用统计定量分析、比较分析、博弈分析、模型推导、案例分析、指标分析和 GIS 图形解析等方法，深入探讨生产性服务业的空间集聚与创新发展的独特性，并且将生产性服务业的空间集聚与创新发展两个问题相结合，尝试构建基于大都市区域的生产性服务业集聚与创新互动式发展的理论框架和模型解析。

　　本书首先以生产性服务业在全球的增长和国际大都市的集聚状况的统计研究为出发点，围绕着生产性服务业集聚的相关理论，构建了一个包含农业、制造业和生产性服务业的三部门两地区模型，研究作为中间产品部门的生产性服务业与作为最终产品部门的制造业的区位选择和产业集聚之间的关联性；并通过理论概念、图形演示和模型推导分析了生产性服务业的集聚对其所在的城市和区域经济增长的作用，引入空间相互作用（包括跨市场的输出交换和跨市场的信息外溢），在标准城市增长模型中加入误差修正模型，建立包含空间滞后回归以及空间自相关修正因子的空间计量模型，研究生产性服务业对区域增长（全要素生产率）的短期动态和长期动态效应。

其次，围绕着服务业创新概念和相关理论展开生产性服务业创新研究，在系统总结了基于忽视派、从属派、区别派和综合派四种不同派别的服务业创新理论基础上，对生产性服务业创新的特点、分类及其在国家创新系统中的作用、功能进行了详细分析。提出生产性服务业创新与制造业创新在创新的源头、战略选择和资源配置、创新项目落实和创新工具方法等方面都存在较大差异，生产性服务业创新更加强调需求导向。相比于消费服务业和社会服务业，由于竞争的压力和易被模仿，生产性服务业有着向更复杂更深层次创新的驱动力，因此，生产性服务业创新在创新系统中越来越扮演着知识创新源、创新推进器、知识生产者的角色，发挥着桥梁、纽带和动力源作用，成为了区域甚至国家创新系统的重要组成部分。

再次，将生产性服务业集聚与创新相结合，研究二者的互动演进规律。以新增长理论、创新集群理论和演化经济学理论为基础，通过构建基于合作博弈的生产性服务业创新模型，说明合作创新有利于降低单个企业创新的成本，提高产业集聚的整体创新产出水平，进而形成集聚区域的竞争优势；通过构建内生学习的边干边学博弈模型，说明集聚企业的学习是一个"干中学"的过程，生产性服务业的集聚为集聚企业和其所在的集群区域、甚至整个城市和城市群（都市圈）创造了一种具有根植性的相互学习的社会文化环境（气氛），这种环境正是企业创新成长中最需要的"空气养分"，生产性服务业的集聚通过内生学习和"干中学"创新环境和氛围的塑造，提高集聚区域的创新能力和水平。正是在这种集聚促创新、创新促集聚的相互作用下，一方面生产性服务业的空间集聚作为外部空间整合的动力发挥着促进生产性服务业创新发展的作用；另一方面创新作为生产性服务业发展中的内部组织驱动力，推动着生产性服务业的创新集聚，两种机制相互作用，产生向上的循环累积的互动式发展动力。

最后，运用《中国统计年鉴》和《经济普查年鉴》等资料对中国生产性服务业的发展状况进行了时间序列分析，并且运用区位熵、区域基尼系数、洛伦茨曲线和 GIS 地理分析系统，对我国按省市划分的生产性服务业集聚状况进行了较为详尽的比较分析，然后以天津为例，运用《天津经济普查年鉴》等统计资料，分析了天津各区、县生产性服务业及其细分行业的集聚状况。

本书是笔者有幸加入了南开大学"985"区域经济国家社科创新基地研究项目之子课题"区域产业分析"的研究团队，在刘秉镰教授的主持下，研究团队成员集中智慧，通过不断地思想碰撞，经常性地共同讨论，最终衍生出生产性服务业集聚与创新这本书的研究创意主题，因此，本书汇集了区域产业分析团队所有成员的研究贡献，是集体智慧的结晶。本书的写作出版，特别得到了南开大学"985"区域经济国家社科创新基地研究项目的支持，并很荣幸地被纳入南开大学区域产业经济研究丛书之中。在这一研究过程中，恰逢笔者又成功申请到天津市哲学社会科学规划项目"基于集聚与创新互动视角的生产性服务业发展研究——以天津为例"（编号：TJYY12－042），笔者在前期研究基础上，对课题项目做了进一步的深入研究，尤其对实证研究部分进行了全部的统计数据更新和模型指标推算及结论观点的修正，这些后续研究的成果也被整合进本书的写作之中，因此，本书也是该课题项目的最终成果。

　　限于笔者理论水平和时间精力，本书难免存在缺点和不足，敬请同行专家、学者批评指正！

过晓颖

2013 年 7 月于天津

目　　录

第1章

导　　论

1.1　选题背景和研究意义

1.1.1　选题背景

1.1.1.1　全球经济服务化趋势下，生产性服务业成为推动经济增长的重要力量

20世纪中后期，随着第三次科技革命和生产力的发展，生产与消费结构发生了很大变化，世界各国服务业发展尤为迅速，许多国家特别是发达国家的服务业比重已经超越农业和制造业，成为了国民经济最主要的经济构成成分。美国在20世纪60年代、英国和德国在80年代、日本在90年代相继实现向服务经济的转型，服务业增加值占GDP的比重超过60%。经济越发达，居民越富裕，服务产业比重就越高。据世界银行统计，全球服务业增加值占GDP的比重从1970年的52.8%提高到2006年的69%，其中，高收入国家到2008年服务业增加值比重平均达到了72.5%，中等收入国家比重平均也达到了48%。2008年，部分新兴工业化国家如巴西、俄罗斯和印度的服务业占GDP比重分别达到了66.7%、59%和53.4%。因此，发达国家和一些新兴发展中国家已经实现或基本实现由工业经济向服务经济或后工业社会转型。

在全球经济服务化趋势已经确立的条件下，服务业内部结构也在向着高级化方向迈进。特别是近二三十年来，作为中间投入的生产性服务业发展尤为迅猛，无论是产业增加值还是就业方面都表现出强劲的发展势头。

而且在经济全球化和信息技术革命的共同推动下，产品价值链上制造环节和服务环节的连接点日益多元化，从而为生产性服务业创造了巨大的发展空间。目前，随着服务外包和产业转移等全球产业结构的调整，服务业内部分工不断细化，产业链不断延伸，作为价值链上最具盈利性和竞争性的增值环节之一，生产性服务业已经成为各国服务业的重要组成部分和推动经济增长最重要的力量。

近年来，生产性服务业成为世界经济中增长最快的行业，也成为 FDI 的重点投资领域。尤其是 OECD 发达国家吸收的 FDI 投资中服务业比重明显高于制造业，美国、欧盟和日本吸收的 FDI 都有超过 1/3 的比重集中于金融保险、商务服务、信息服务和媒体服务。由于具有广泛的关联效应，以金融、通信、物流和商务服务为主的生产性服务业的发展程度直接影响着农业、制造业和商业生产流通的速度和质量，对国民经济众多行业和整体的经济绩效都会产生深远影响。因此，几乎在所有国家，生产性服务业的表现都能影响经济增长的快慢。

1.1.1.2 中国生产性服务业在经济发展中的战略地位已受关注，但作用尚未显现

改革开放以来，中国的服务业得到了一定程度的发展，但与中国经济发展阶段和整个经济发展水平相比，却相对滞后。服务业增加值占 GDP 比重 2009 年仅为 43.4%，不仅远远落后于发达国家，而且也低于中等收入国家的平均水平，更落后于韩国、印度、巴西、俄罗斯等新兴发展中国家水平。其中，生产性服务业的发展更加滞后成为严重制约我国经济内涵式增长、产业升级和结构转型的障碍因素，表现为总量不足、比重偏低、结构失衡、服务领域狭小、服务质量不高、集聚效应不显著、服务创新严重匮乏等问题。

进入 21 世纪以来，全球服务业发展呈现出从传统型服务经济向知识密集型的高端生产性服务经济转变的新趋势。信息技术、网络技术、数字技术等新兴技术的超常规发展，使得整个经济和服务业中知识化、专业化趋势不断加强，金融服务、专业的商务服务、信息服务、研发和科技服务等知识密集型的高端生产性服务业迅速崛起，成为服务业的支柱产业，并且代表着未来服务业和世界经济的发展方向。因此，中国必须抓住新一轮全球产业结构调整和升级的机遇，加快我国生产性服务业的发展，提升知识性服务业的比重和质量，这不仅是中国服务经济发展的需要，也是转变

过分依赖资源消耗和劳动密集的粗放式经济增长的需要，更是摆脱长期被
"低端锁定"在全球产业链制造分工环节的制造业升级的需要。

因此，近年来生产性服务业的发展已经引起我国政府的高度重视。
2007年《国务院关于加快发展服务业的若干意见》出台，其中明确指出：
"大力发展面向生产的服务业，促进现代制造业与服务业有机融合、互动
发展。……优先发展运输业，……积极发展信息服务业，……大力发展科
技服务业，……"而且在十六届五中全会通过的《中共中央关于制定国民
经济和社会发展第十一个五年规划的建议》的第四篇第十六章以"拓展生
产性服务业"为标题，明确提出：优先发展交通运输业，……大力发展现
代物流业，……有序发展金融服务业，……积极发展信息服务业，……规
范发展商务服务业等内容。

尽管生产性服务业在国民经济发展中的战略地位已经受到我国中央政
府和许多学者的高度关注，但是从目前整体发展水平来看，仍然受到传统
观念的束缚，生产性服务业的发展步伐仍然较慢，无论是产业集聚水平还
是创新能力和成果都略显不足，对经济的支撑推动作用还没有充分的显示
出来。

1.1.1.3 生产性服务业集聚成为国际大都市空间发展的重要动力和表现形式

20世纪70年代后，随着信息技术革命的兴起和跨国公司全球生产战
略布局的开启，服务分工不断深化，服务种类逐渐多样化，服务的生产性
功能对于协调和推动制造业的区域专业化和规模经济、降低制造业的生产
成本和运营管理费用，发挥着日益重要的作用。另外，随着制造业不断向
低成本区域的转移，原本以制造业为支柱的城市和区域经济也开始发生变
化，很多城市甚至经济发达的地区和国家出现了"产业空心化"趋势，而
有些城市因为把握住工业经济向服务经济转型的机遇，重点发展以金融服
务、商务专业服务、现代物流、总部经济等为主的生产性服务业，不仅避
免了城市空心化，而且城市的集聚和辐射功能不断增强，日益提升其在区
域甚至全球经济中的核心地位，城市能级（能量和等级）不断提升，全球
城市开始出现。生产性服务业的增长和集聚成为近年来发生在不同区域尤
其是国际大都市内部最为重要的经济地理现象之一。

城市是服务业高度集聚的中心地和区域发展的核心。生产性服务业的
快速发展对城市尤其是国际大都市的产业结构和空间经济重建具有重要影

响，不仅可以拉动大都市的经济增长，而且有助于解决城市人口密集和就业困难的问题。特别是在自然资源日渐枯竭，劳动力、土地和能源成本不断攀升的条件下，主要以人力资本投入为主的生产性服务业在城市和区域经济中就具有了更加广阔的发展空间，取得了越来越重要的战略地位。亨廷顿（Harrington，1995）[①] 指出，以信息密集使用和人力资本投入为主的生产性服务业在城市和区域中的扩展成为发达国家和大都市经济增长的主要特征，成为许多城市最具活力、增长最快的部门。生产性服务业也表现出向大城市甚至世界级城市集聚发展的态势，特别是在纽约、伦敦、东京等国际大都市的集聚就更加明显。

在生产要素的国际间流动趋向自由化，市场竞争变成全球竞争的时代，提供一个创造竞争力的产业发展环境，即构建城市的区位竞争力，是经济全球化和国际间激烈竞争的需要。生产性服务业对城市和区域能够产生强大的集聚和辐射效应，加大提升城市的综合服务功能，增强城市在区域乃至全球的综合竞争力，从而加速并推动城市的现代化和国际化进程。因此，生产性服务业在城市和区域的空间集聚可以提高城市的区位竞争力，也成为生产性服务业和城市发展的一种重要的空间组织形式和动力机制。

1.1.1.4 生产性服务业创新成为城市和区域竞争力的重要来源

由于企业空间交易活动的成本依然存在，信息经济的发展并没有从根本上改变集聚经济的本质，城市和区域的创新能力和吸收能力仍然是区域产业发展不竭的动力。生产性服务业的空间集聚若要对本地区域经济产生长期的影响，持续的创新是必不可少的发展动力之一。然而，服务业的创新不同于制造业，服务业创新主要并不是技术创新，而更多地表现为服务产品创新、流程创新、组织创新和模式创新甚至是制度创新。因此，生产性服务业创新是集成创新，组合式创新。特别是以知识密集型为主的生产性服务业在区域创新系统中不仅是技术创新的使用者，更是创新的传播者、促进者，甚至是创新的创造者。因此，生产性服务业的创新成为其所在城市和区域经济发展的内生动力和竞争力的重要来源。

我国的生产性服务业发展相对分散，但近年来在国内主要的中心城市和经济发达的省、区已经开始出现了明显的集聚发展态势，如北京、上

---

① Harrington, J. W., Producer Services Research in US Regional Studies [J]. Professional Geographer, 1995, 47 (1): 87 – 96.

海、广州等中心城市以及江苏、浙江等长三角都市圈的生产性服务集聚已经出现。但是从总体上我国生产性服务业的集聚水平还较低，集聚效应和辐射作用还未充分的显现出来。而生产性服务企业的创新能力和在区域创新系统中的桥梁功能就更显不足。

本书正是出于上述的现实背景考虑，将研究主题锁定在生产性服务业领域，从产业集聚和产业创新两个全新视角，深入探讨生产性服务业的空间集聚与创新发展的独特性，并且将集聚与创新相结合，尝试构建基于大都市区域的生产性服务业集聚与创新互动式发展的理论框架和模型解析；实证方面则通过大量的时间序列统计数据比较分析国内外生产性服务业的发展状况，利用 2004 年和 2008 年大样本的普查年鉴数据研究我国各省市的空间集聚和区位变化，并以天津为典型城市深入研究生产性服务业及其细分行业在天津各区县的空间集聚和区位布局变动，以期对我国和天津的生产性服务业发展提出一些有益的建议。

1.1.2 研究意义

生产者服务业的增长、集聚及其创新是最近二三十年来发生在发达国家和国际大都市内部最为重要的经济现象之一。尽管理论界已经取得了大量的研究成果，但总体上，仍然是局部研究多于整体研究，经验分析多于理论抽象，成熟市场化国家的国际大都市的研究多于发展中国家的典型大都市的研究。因此，本书试图以产业集聚和产业创新理论为基础，建立生产性服务业集聚与创新互动式发展的综合性理论分析框架，并在可获得数据的基础上，对生产性服务业集聚与创新进行一定的个案分析和比较分析，对未来和正在崛起中的我国国际化大都市建设和发展提出一定有价值的政策建议。这一研究对于丰富和发展产业集聚理论和产业创新理论、提升我国生产性服务业在国际化大都市发展中的作用和竞争力具有重要的理论意义和现实意义。

1.1.2.1 理论意义

以往对于产业集聚和产业创新的研究主要集中于制造业，对于服务业，尤其是生产性服务业的集聚与创新研究不够，而且即使有部分研究已经涉及生产性服务业的集聚或创新问题，但尚无把集聚与创新二者结合起来的相关研究，而本书认为集聚与创新是生产性服务业发展中不可或缺的外部空间整合与内部组织驱动两种动力机制,并且两种机制相互作用,产生向上的循环累积发展动力。不仅生产性服务业的产业集聚推动生产性服务业内部和其他相关产业的创新,而且生产性服务业的创新本身就是生产性服务业集聚和区域经济及创新系统形成和演化的重要内在动力。因此,本书关于生产性服务业的研究是丰富和深化产业集聚理论、产业创新理论与服务经济理论的一次尝试。

1.1.2.2 现实意义

本书研究的出发点正是基于我国当前快速发展的城市化,许多大都市正在向着国际化大都市迈进的过程中,亟须摆脱以往太过重视和依赖制造业的发展,对生产性服务业的发展和作用重视不足的现实状况,为我国正在崛起中的国际化大都市的快速发展指明方向。因此本书的研究结论,即尽早重视和扶持生产性服务企业的空间集聚模式和创新发展意识,尽快建立和发展生产性服务业的技术、组织、制度、文化、管理等集成合作创新机制,真正充分有效地发挥生产性服务业对城市经济与就业的辐射与带动作用,这对我国城市发展,尤其是国际化大都市发展,提升城市竞争力具有一定的现实指导意义。

1.2 生产性服务业概念与范围界定

从 20 世纪六七十年代开始,生产性服务业相关理论大约历经了半个世纪的变化发展,其概念已经被普遍接受和认同,但是其内涵和范围却始终在学者中难以达成一致,不同的学者根据自身研究时间、地点和研究角度的不同,而赋予了生产性服务业不同的范围界定。

1.2.1 概念界定

生产性服务业(又称生产者服务业,Producer Services)是服务业的一个重要组成部分,最早由格林费尔德(Greenfield,1966)① 提出,后经布

---

① Greenfield. Manpower and the growth of Producer services [M]. Columbia: Columbia University Press, 1966.

朗宁和辛格曼（Browning and Singelman，1975）①、丹尼斯（Daniels，1985）② 等研究者的发展而得到深化。生产性服务业通常是指为其他产品或服务生产提供中间需求的服务行业，是一种服务形式的生产资料［格鲁伯和沃克（Grubel and Walker），1989］③。生产性服务业是为其他企业提供服务［豪尔斯和格林（Howells and Green），1987］④，通常包括银行、保险、商务服务（广告、市场调研、财务会计等）、法律服务和咨询研发服务等作为中间投入的诸多服务领域，因此马歇尔、黛米希克和伍德（Marshall，Damesick and Wood，1987）⑤ 提出生产性服务业几乎涵盖了包括与信息相关的服务活动（如传媒服务等），与实物商品相关的服务活动（如售后服务、物流管理等）以及与个人支持相关的服务活动（如保洁服务等）。生产性服务业是中间性的投入而非最终产出，它不直接用于消费［科菲和波利斯（Coffey and Polese），1989］⑥。

国内学者闫小培、姚一民（1997）⑦ 和侯学钢（1998）是较早开始关注和研究生产性服务业的学者。生产服务业涉及关于信息收集、处理和交换的相互传递和管理等方面的活动，其服务对象的主体是服务业中的组织和管理机构等形式，而不是主要面向个体顾客（侯学钢，1998）⑧。郑吉昌、夏晴（2005）⑨ 认为，生产性服务业是指市场化的非最终消费服务，即作为其他产品或服务生产的中间投入的服务，这一投入不断出现在生产的各个阶段。生产性服务业是知识技术密集型的服务业，改变了服务产品的内容、性质以及在国民经济中的地位和作用，突出表现在它是经济的

———————————

① Browning H.，Singelman J.，The Emergence of a service society：Demographic and Sociological Aspects of the Sectoral Transformation of the labor Force in the USA. Beverly Hilly［M］. CA：Sage Publication，1975.

② Daniels. Service industries：A Geographical Appraisal［M］. Blackwell Publishers，1985.

③ Grubel，H. G.，Walker，M. A.，Modern service sector growth：Causes and effects. Eds in H. Giersch. Services in world economic growth. Institut für Weltwirtschaft an der Universität Kiel，Tübingen：J. C. B. Mohr.，1989：1 - 34.

④ Howells，J.，Green，A.，Technological Innovation，Structural Change and Location in UK Services［M］. Aldershot：Avebury，1987.

⑤ Marshall，J. N.，Damesick，P.，Wood，P.，Understanding the location and role of Producer services in the United Kingdom［J］. Environment and Planning，1987，19（5）：575 - 595.

⑥ Coffey W. J.，Polese，M.，Producer Services and Regional Development：A policy-oriented Perspective［J］. Papers of the Regional Science Association，1989，67（1）：13 - 27.

⑦ 闫小培，姚一民. 广州第三产业发展变化及空间分布特征分析［J］. 经济地理，1997，17（2）：41 - 48.

⑧ 侯学钢. 上海城市功能转变和生产服务业的软化［J］. 上海经济研究，1998（8）：43 - 49.

⑨ 郑吉昌，夏晴. 论生产性服务业的发展和分工的深化［J］. 科技进步与对策，2005（2）：13 - 15.

"黏合剂"。程大中（2006）[①] 认为，生产者服务业主要包括金融服务、专业服务（咨询、律师、会计等服务）、信息服务、其他服务。高传胜、李善同（2007）[②] 利用中间使用率和非居民消费比例两个指标作为判断标准，对中国生产者服务业的外延进行了严格界定，即包括交通运输和仓储业、信息传输、计算机服务软件业、批发零售贸易业、金融（保险）业、租赁与商务服务业等。

尽管到目前为止国内外学者对生产性服务业的定义还没有统一的认识，但都普遍认同相对于直接满足最终需求的消费性服务业，生产性服务业的产出是中间投入而非最终服务，直接进入生产企业的成本；生产性服务在生产过程中扮演统领、控制、协调和评估等功能，具有高度的前向关联性；具有资本、知识技术密集型的特点，能够把人力资本、知识资本和技术资本引入到商品和服务的生产过程中，是构成产品价值和产业竞争力的基本源泉。因此，本书认为，生产性服务业是指所有为满足中间需求所提供的具有知识密集性和广泛关联性的中间投入服务行业的总称，并非主要用于满足直接消费性服务的行业。

1.2.2 生产性服务业的分类

不同的学者、政府和机构组织对生产性服务业的分类也由于概念认识的不统一而有着很大的不同。布朗宁和辛格曼（Browning and Singelman，1975）[③] 将服务业按功能划分为流通服务、生产性服务、社会服务和个人服务四类，其中生产性服务业的研究范围，包含运输业、仓储业、通信业、金融服务业、证券业、保险业及广告业、设计业、信息业、顾问业、法律及会计业等。贝叶斯（Beyers，1993）[④] 认为，生产性服务业是大量为所有制造过程提供投入的活动，包括金融、保险、不动产、管理中心、

① 程大中. 生产者服务论——兼论中国服务业发展与开放 [M]. 文汇出版社，2006：13.
② 高传胜，李善同. 中国生产者服务：内容、发展与结构——基于中国 1987～2002 年投入产出表的分析 [J]. 现代经济探讨，2007（8）：69.
③ Browning H.，Singelman J.，The Emergence of a service society：Demographic and Sociological Aspects of the Sectoral Transformation of the labor Force in the USA. Beverly Hilly [M]. CA：Sage Publication，1975.
④ Beyers，W. B.，Producer services [J]. Progress in Human Geography，1993，17（2）：221 – 231.

商业和专业的服务。安东内利（Antonelli, 1998）① 认为，生产性服务业主要是知识密集型商务服务业（KIBS），代表性部门包括金融、通信和商务服务（FCB）（见图 1.1）。

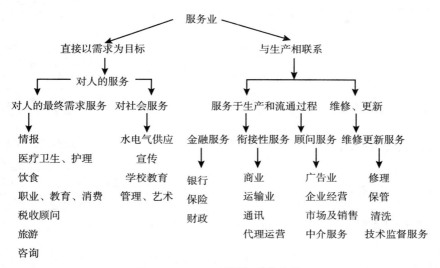

图 1.1 Riddle 对服务业的分类

资料来源：Riddle D., Service-Led Growth: The Role of the Service Sector in World Development [M]. NY: Praeger Publishers, 1986.

到目前为止，没有对生产性服务业分类的统一标准，世界各国和各种机构组织以及不同学者都提出了不同的生产性服务业的具体内容和类型（见表 1.1）。

表 1.1 生产性服务业的分类

作者	范围
联合国 2004 年版的国际标准产业分类	1. 运输和仓储；2. 信息和通讯；3. 金融和保险活动；4. 房地产、出租和租赁活动；5. 专业和科技活动；6. 行政和辅助服务活动；7. 教育
OECD 国家公布的历年投入产出表分类	1. 批发贸易及零售业；2. 交通及仓储业；3. 通讯业；4. 金融保险业；5. 房地产及商务服务业

① Antonelli, C., Localized technological change, new information technology and the knowledge-based economy: The European evidence [J]. Journal of evolutionary economics, 1998, 8 (2): 177 – 198.

续表

作者	范围
GATT 确定的服务部门分类法 GNS/W/120（1991 年标准）	1. 企业服务，包括专业服务、计算机和相关服务、研发服务、不动产服务、没有经营者的租赁服务和其他企业服务；2. 通讯服务；3. 建筑和相关工程服务；4. 分销服务；5. 教育服务；6. 环境服务；7. 金融服务；8. 运输服务
美国商务部（BEA）	1. 商业及专门技术（如电脑、工程、法律、广告及会计服务）；2. 教育；3. 金融；4. 保险；5. 电子传讯；6. 外国政府
美国统计局（BOC）	1. 金融；2. 保险；3. 不动产：4. 商业服务；5. 法律服务；6. 会员组织；7. 其他专业服务
英国标准产业分类（SIC）	1. 批发分配业；2. 废弃物处理业；3. 货运业；4. 金融保险；5. 广告；6. 研究开发；7. 贸易协会
中国香港贸易发展局	1. 专业服务；2. 信息和中介服务；3. 金融服务；4. 与贸易相关的服务
Browning and Singelman（1975）	1. 金融；2. 保险；3. 法律及工商服务业
Ashton and Sternal（1978）	1. 广告；2. 企业咨询及法律会计；3. 研究开发；4. 会计审计；5. 工程测量与建筑服务
Howells and Green（1986）	1. 金融；2. 保险；3. 商务服务业；4. 职业和科学服务
Geo and Shanahan（1990）	1. 广告；2. 商业银行；3. 会计；4. 不动产；5. 法律服务；6. 研发；7. 技术咨询
Coffey and Bailly（1991）	1. 工程服务；2. 企业管理咨询；3. 会计；4. 设计；5. 广告
段杰、阎小培（2003）	1. 金融保险业；2. 房地产业；3. 信息咨询服务业；4. 计算机应用服务业；5. 科学研究与综合技术服务业；6. 邮电通讯与交通运输业；7. 教育、文艺和广播电视电影业；8. 进出口贸易业

　　资料来源：表中部分内容转引自李金勇.上海生产性服务业发展研究［D］.复旦大学博士论文，2005.

　　本书基本采纳了黄少军（2000）对服务业的分类方法，对生产性服务业之外的服务业归纳为消费性服务业和社会服务业两个大的类别，其中消费性服务业包括批发零售业、住宿餐饮业、文化体育和娱乐业、居民和其他服务业；社会服务业包括水利环境和公共设施管理业、教育业、卫生、社会保障和社会福利业。具体内容参见表1.2。

表 1.2 服务业的分类

类型	生产性服务业		消费性服务业	社会服务业
功能	满足生产和商业活动产生的中间需求所提供的中间投入服务		满足个人和企业的最终需求	提供公共产品
需求性质	中间需求		最终需求	最终需求和中间需求
行业细类	交通、物流、信息服务、金融保险、房产租赁等	研发、设计、技术咨询、会计、法律、工程和建筑服务、广告	住宿餐饮、商业批发零售、娱乐休闲、文化艺术、居民和其他服务	政府服务、水利环境和公共设施管理服务、教育、卫生、社会保障
特点	可以实现标准化	难以实现标准化	个性化、人性化	难以标准化
收入弹性	不明确	不明确	较高	较高
劳动生产率	可以提高	较难提高	较难提高	不明确，因为该服务不存在市场意义上的价格，主要受政府功能定位和财政收入的影响
就业	吸纳能力较强	吸纳高端人才	吸纳能力强，对劳动力素质要求不是很高	
要素密集性质	资本技术密集型	知识密集型	劳动力密集型	

资料来源：改编自黄少军. 服务业与经济增长 ［M］. 北京：经济科学出版社，2000.

本书认为生产性服务业按照其发展阶段可以分为传统的初级生产性服务业和新兴的高级生产性服务业。其中高级生产性服务业是指那些在现代新兴信息技术条件下，运用信息技术手段从制造业或其他产业中新分离外包出来的生产性服务行业和基于信息技术而将原来传统的服务业得到升级，进而提高服务效率和效益的改进型生产性服务行业。具体而言，包括许多文献经常提及的 FRIE，即金融保险、商务租赁、信息服务、房地产业和知识密集型服务业（KIBS）。由于中国的服务业发展还相当不成熟，与发达国家相比，服务业还没有成为经济的主导产业，因此，中国的生产性服务业就包含相当多的低层次初级化的传统成分，而高级生产性服务业的发展还比较滞后，即大多数生产性服务业知识含量不高，效率低下，与经济发展的需求形成较大缺口。

虽然应用投入产出法对生产性服务业进行统计衡量是最为贴近生产性服务业内涵界定的，但是由于投入产出法对数据要求较高，且在中国投入产出表也是要间隔五年才发布一次，时效性较差，因此，本书后面的所有实证研究部分将舍弃一些对生产性服务业衡量精确性的要求，而选择按照现有国民经济统计指标体系将生产性服务业进行归类。从统计口径来看，本书界定的生产性服务业为广义的生产性服务业，主要包括交通运输仓储和邮政业、信息传输计算机服务和软件业、金融业、房地产业、租赁和商务服务业以及科学研究技术服务和地质勘查业六个大类以及道路运输业、仓储业、软件业、银行业、租赁业、专业技术服务业等 22 个小类。

1.2.3 生产性服务业的特性

生产性服务首先具有服务产品的一般特点，即服务生产和消费几乎是同时进行，难以储存，劳动活动与货币直接交换。同时，生产性服务业还具有不同于其他服务业的显著特点。

（1）生产性服务业具有明显的中间投入特性。作为商品或其他服务生产过程的投入而发挥作用的服务，生产性服务业主要是向生产者而不是最终消费者提供服务产品和劳动。生产性服务业"反映了经济在环境变化时的调节能力"（Marshall，1982）①，同时还扮演着中间的需求功能，提高生产者的生产效率（Coffey，1991）②。因此，生产性服务业的发展可以增加价值链各环节的附加值和提高生产效率，其发展水平直接影响一个国家或地区的生产效率和产品质量。

（2）生产性服务业具有较强的产业关联性。生产性服务业是与制造业和其他产业相依相生，相互促进的，并成为了服务业乃至整个经济体系中的关键组成部分，具有经济"黏合剂"、"润滑器"和"推动器"的作用。生产性服务业的发展使得企业生产方式和组织结构发生革命性变化和扩张式成长，由此带来经济效率提高和收入增加。另外，生产性服务业内部各个行业之间比如金融服务和信息服务也存在较强的正向关联，从而形成一种经济合力，推动整体经济生产和流通各领域的模式改变。

（3）生产性服务业还具有资本、知识技术密集型的特点。生产性服务业能够把人力资本、知识资本和技术资本引入到商品和服务的生产过程中，是知识的主要使用者、传递者和创造者，因此是构成产品价值和产业竞争力的基本源泉。随着信息通讯技术的迅猛发展，生产性服务业中的生产要素的知识密集程度不断提高，金融、保险、信息通讯技术（ICT）和

---

① Marshall, J. N., Linkages between manufacturing industry and business services ［J］. Environment and Planning, 1982, 14：1523 – 1540.

② Coffey, W. J., Bailly, A. S., Producer Services and Flexible Production：An Exploratory Analysis ［J］. Growth and change, 1991, 22：95 – 117.

商务服务（BS），都是知识密集程度很高的生产性服务业的典型行业。生产性服务业产生于工业化比较发达，并逐渐向服务经济转变的时代，人力资本、知识、技术和信息等高等级生产要素取代了传统的地理位置、自然资源、一般劳动力等初级要素。具有专业知识的人才承担规划、整合、控制和评估等专业性服务工作，高素质人才是生产性服务业发展的核心要素。

（4）生产性服务业还具有"外包化"的趋势。巴格瓦第（Bhagwati，1984）① 认为，生产性服务业的产生和发展是分工的结果，服务活动外包（Outsourcing）促进了生产性服务业的快速发展。生产性服务业本蕴涵于制造业内，随着竞争加剧和分工深化，制造业为提高效率和竞争力，逐渐将服务职能外包，生产性服务业逐渐从制造业内分离出来。随着经济全球化不断向深度和广度推进，服务外包彻底改变了西方企业的经营管理方式，也不再仅仅是为了降低成本的需要，而成为完成加快市场进入、提升产品质量、提高竞争力等多项目标的重要手段，从而成为企业整合全球资源的主要途径。

（5）生产性服务业布局呈现出向大城市尤其是国际化大都市集聚发展的态势。在生产要素的国际间流动趋向自由化，市场竞争变成全球竞争的时代，国际化大都市成为吸引跨国公司总部和分支机构以及金融保险咨询等商务服务的主要集聚地，特别是在纽约、伦敦、东京等国际大都市的集聚就更加明显。生产性服务业在城市和区域的空间集聚可以提高城市的区位竞争力，也成为生产性服务业和城市发展的一种重要的空间组织形式和动力机制。

1.3 相关文献研究综述

生产性服务业的增长和集聚成为近年来发生在不同区域尤其是国际大都市内部最为重要的经济地理现象之一。生产性服务业空间集聚的理论和实证研究主要围绕着区位选择和聚集经济效应等问题展开。而生产性服务业的创新研究则是综合了服务业创新特征研究和区域创新理论研究基础上不断深入探究其创新的本质，多数生产性服务业创新研究是在问卷及访谈

---

① Bhagwati. Splintering and Disembodiment of Services and Developing Countries [J]. The World Economy, 1984, 7: 133 - 144.

调查的基础上进行的。

1.3.1 生产性服务业空间集聚理论研究现状

空间集聚（Spatial Agglomeration）简称集聚，是指经济活动的集中，在《简明牛津地理学辞典》中被解释为"产业、资本、人口向空间的集中"。集聚通常是某种或某几种产业大量集中在某一具体的空间范围内而形成专业化的产业空间区域。产业的空间集聚是经济活动最突出的地理特征[①]。

1.3.1.1 区位理论与生产性服务业的区位选择研究

区位理论自韦伯开始至今，已经发展出各种不同的研究学派，包括新古典经济学派、行为区位学派和企业地理学派。新古典学派代表性人物和理论有：韦伯（Weber，1909）的工业区位论[②]，追求成本最小化；克里斯泰勒（Christaller，1933）的中心地理论[③]，追求利润最大化；胡佛（Hoover，1937）的运输区位论[④]，节约运输费用；帕兰德（1935）和勒施（Losch，1940）的市场区位论[⑤]，突破企业自身范畴，将市场与区位问题相结合。行为区位学派起源于西蒙（Simon，1955）[⑥]关于经济人行为有限理性的研究，认为在有限的信息范围和理性行为驱动下，企业的区位选择将按照决策者目标设定、确认标准、时间架构和决策结构等决策过程的程序理性做出决定，不同决策者的信息和认知水平将影响区位选择。企业地理学派更加接近现实，除了考虑到经济环境的空间因素对企业区位的影响外，开始注意到企业活动对其环境以及其他企业的策略和竞争也会对区位决策造成很大影响。加尔布雷斯（Galbraith，1967）[⑦]注意到大型工业组织的独占和寡头竞争将影响制造业的区位分布，企业在追求安全、控制、市场大小的成长效率与利润等不同目标时会做出不同的选址决策，并

---

① Krugman，P.，Geography and Trade [M]. Cambridge. MA：MIT Press，1991.

② Weber，A.，李刚剑等译. 工业区位论. 北京：商务印书馆，1997.

③ Christaller，W.，常正文，王中兴等译. 德国南部中心地. 北京：商务印书馆，1998.

④ Hoover，E. M.，王翼龙译. 区域经济学导论. 北京：商务印书馆，1990.

⑤ Losch，A.，王守礼译. 经济空间秩序——经济财货与地里间的关系. 北京：商务印书馆，1998.

⑥ Simon，H. A.，A Behavioral Model of Rational Choice [J]. The Quaterly Journal of Economics，1955，69（1）：99 – 118.

⑦ Galbraith，J. K.，The New Industrial State [M]. Harmondsworth：Penguin，1967.

且制度环境，如商业条件、消费偏好、劳动力供给、政府效率的差异性也会造成不同的区位结果。表 1.3 比较了以上三种学派的区位理论的差别。

表 1.3　　新古典经济学派、行为区位学派、企业地理学派区位理论之比较

比较　　　　理论基础	新古典经济学派	行为区位学派	企业地理学派
区位选择方式	成本极小化、利润最大化	决策过程理论	政治策略过程
区位反应基础	各厂商间的竞争	个人或团体的偏好	公司的政治投资策略
区位决策过程	单纯，引用模型（中心地、区位三角理论等）	引用人内心图像或系统或理性决策模式	最为复杂，因为必须考虑到前两者再加上大型企业影响因子
特性	为理性经纪人，拥有充足信息与充足理性做最恰当的区位选择	公司非理性经理人，为通过学习、评估、找寻信息过程的有机程序，在众多方案中找出最满意的方案	公司中的长期内外部结构影响并驱使公司策略
考虑因子	运输成本、劳动力成本、聚集成本最小化及利润最大化	决策者的内心图像或公司的行为环境	除了新古典经济学所强调的，对竞争对手、其他制度形式、利益团体，特别是劳工与政府因素加以考虑
外在环境影响的程度	完全无法影响	完全无法影响	受外部环境影响

资料来源：本研究整理。

以上各种区位理论学派的研究多是针对传统制造业企业或者一些商业企业的区位选址来说的，而对于生产性服务企业的区位研究则相对较少。随着生产性服务业日益成为经济中的重要组成部分，对生产性服务业的区位研究也开始出现，主要集中于区位影响因素的研究。由于生产性服务业占地空间小、产品运输少，更多关注准成本型和非成本型因素，例如客户市场和商务环境等。马歇尔和伍德（Marshall and Wood，1995）① 研究基本遵循了企业地理学派的理论，认为影响生产性服务业区位的主要因素包括：一是接近客户、同行和外部信息等接近相关因素；二是考虑交通设施、信息基础设施和合格职员等易达性因素；三是考虑城市文化、社会和

---

① Marshall, J. N., P. A., Wood. The role of services in urban and regional development: Recent bates and new directions [J]. Environment and Planning, 1995, 24: 1255 – 1270.

居住环境，充足的高质量办公设施及有利于维持高质高效服务的市场环境等环境相关因素。丹尼尔（Daniels，1985）① 指出，生产性服务业主要集聚在大城市的中心商务区，其中的原因除了需要面对面联系之外，劳动力供给便利、设施条件完善还有商业文化传统和区域声望等都是主要影响因素。

众多较为复杂的因素影响着生产性服务业的区位选择，使这一产业常集中在大都市。国外的研究是以统计分析和典型城市或区域为对象的个案研究。贝叶斯（Beyers，1993）② 研究发现1985年美国90%的生产性服务业的就业集中在大都市区，占总就业的38%。而除了银行以外，生产性服务业在非大都市区的区位商低于1.0。吉莱斯皮等（Gillespie et al.，1987）③ 对英国、伊列雷斯等（Illeris et al.，1995）④ 对北欧和科菲等（Coffey et al.，1990）⑤ 对加拿大的统计分析都表明，生产性服务业高度集中在大都市区。就具体的国际化大都市的个案研究来看，胡顿和利（Hutton and Ley，1987）⑥ 对温哥华，艾罗蒂等（Airoldi et al.，1997）⑦ 对米兰，瑟尔（Searle，1998）⑧ 对悉尼，帕克和纳姆（Park and Nahm，1998）⑨ 对首尔，科菲和希尔默（Coffey and Shearmur，2002）⑩ 对蒙特利尔，奥兰等（2004）⑪ 对巴黎大区和巴黎市的生产性服务业集聚研

---

① Daniels. Service industries: A Geographical Appraisal [M]. Blackwell Publishers, 1985.
② Beyers, W. B., Producer services [J]. Progress in Human Geography, 1993, 17 (2): 221 – 231.
③ Gillespie, A. E., Green, A. E., The changing geography of producer services employment in Britain [J]. Regional Studies, 1987, 21 (5): 397 – 411.
④ Illeris, S., Sjoholt, P., The Nordic countries: High quality services in a low density environment [J]. Progress in Planning, 1995, 43 (3): 205 – 221.
⑤ Coffey, W. J., Mcrae, J. J., Service Industries in Regional Development [M]. Montreal: Institute for Research on Public Policy, 1990.
⑥ Hutton, T., Ley, D., Location, linkages, and labor: The downtown complex of corporate activities in a medium size city, Vancouver, British Columbia [J]. Economic Geography, 1987, 63 (2): 126 – 141.
⑦ Airoldi, A., Jantti, G. B., Gambardella, A., et al., The impact of urban structure on the location of producer services [J]. The Service Industries Journal, 1997, 17 (1): 91 – 114.
⑧ Searle, G. H., Changes in produce services location, Sydney: Globalization, technology and labor [J]. Asia Pacific Viewpoint, 1998, 39 (2): 237 – 255.
⑨ Sam Ock Park, Kee-Bom Nahm, Spatial structure and inter-firm networks of technical and information producer services in Seoul, Korea [J]. Asia Pacific Viewpoint, 1998, 39 (2): 209 – 219.
⑩ Coffey, W. J., Shearmur, R. G. Agglomeration and dispersion of high-order service employment in the montreal metropolitan region, 1981 – 1996 [J]. Urban Studies, 2002, 39 (3): 360 – 377.
⑪ Boiteux-Orain, C., Guillain, R., Changes in the intrametropolitan location of producer services in lie-d-France (1978 – 1997): Do information technologies promote a more dispersed spatial pattern? [J]. Urban Geography, 2004, 25 (6): 550 – 578.

究表明，以金融、保险、地产、法律、信息服务、咨询、会计和广告等为主的生产性服务业主要集中在 CBD 和中心城区，总体呈现中心—外围结构，也有的呈现向核心—多中心结构演化的趋势。

生产服务业在集聚的同时也呈现出空间区位选择的扩散趋势。一方面向外围新建 CBD 的扩散转移；另一方面则向城市更远的郊区扩散。斯托普（Storper，1989）[①] 提出了生产性服务业的空间发展也遵循生命周期理论，当产业发展进入成熟期以后，生产性服务业也会按照标准化的生命周期过程去寻求低成本的布局。斯考特（Scott，1993）[②] 从后福特制下弹性专精的生产方式变化出发，提出生产性服务业跟随着全球价值链和跨国公司的全球布局而从城市中心区域向边缘区域扩散。

1. 3. 1. 2　生产性服务业的聚集经济机理研究

聚集经济是城市和区域经济发展的重要理论基础。经济活动的空间集中必然产生外部经济，就是聚集经济（Agglomeration Economies）。马歇尔（Marshall，1890）是最早关注产业（企业）集聚并对其研究的学者之一，他利用地方化（Localization）概念阐述经济活动空间集中的经济效益。后来，韦伯（Weber）、胡佛（Hoover）和艾萨德（Isard）[③] 等将聚集经济分为大规模经济、内部规模经济、地方化经济（Localization Economies）和城市化经济（Urbanization Economies）。理查德森（Richardson，1978）[④]、克鲁格曼（1993）[⑤]、阿瑟（1994）[⑥]、腾田等（1999）[⑦] 都研究了产业集聚和聚集经济，对其形成的原因、分类和作用机理进行了较多研究，提出收益递增、路径依赖（Path-Dependence）、历史性特征、锁定效应

---

① M. Storper. Do Producer Services Induce Regional Economic Development? ［J］. Journal of Regional Science，1990，3：178 – 183.

② Scott，A. J.，Technopolis：High-Technology Industry and Regional Development in Southern California ［M］. Berkeley：University of California Press，1993.

③ Isard，W.，Location and Space-Economy：A General Theory Relating to Industrial Location，Market，Areas，Land Use，Trade，and Urban Structure ［M］. The MIT press，1956.

④ Richardson，H. W.，Regional Economics，Location Theory，Urban Structure and Change ［M］. Chicago：University of Illiois press，1978.

⑤ Krugman，P.，First Nature，Second Nature and Metropolitan Location ［J］. Journal of Regional Science，1993，33（2）：129 – 144.

⑥ Arther，W. B.，Increasing Returns and Path Dependence in the Economy，The University of Michigan press，1994.

⑦ Fujita，M.，Krugman，P.，Venables，A. J.，The Spatial Economy：Cities，Regions and International Trade ［M］. The MIT Press，1999.

（Lock-In Effect）、正反馈（Positive Feedback）效应和空间多重均衡等①。克鲁格曼等人还提出了内涵更为丰富的离心力和向心力模型。后来，潘迪特和库克（Pandit and Cook，2003）② 继承了克鲁格曼的核心理论，提出了生产性服务业的向心力和离心力的相关影响因素。

目前，聚集经济的研究主要集中在制造业，但是伊列雷斯（Illeris，1993）③ 和洪银兴（2003）④ 都研究指出，生产性服务业除具有一般服务产品生产和消费的同时性、难以储存的特点外，还具有中间投入性、广泛联系性等，因此，生产性服务业比制造业更依赖于本地市场，具有更为显著的空间集聚效应。生产性服务业的集聚与后福特时期制造业的生产方式和企业管理理念的变化有关。莫尔德和加勒奇（Moulaert and Gallouj，1993）⑤ 认为生产性服务业与制造业具有不同的特性，制造业主要从事生产、营销和向最终消费者进行分销等活动，而生产性服务业主要从事向其他企业提供定制化的有时是创新的信息、专业技能和知识的活动，因此，解释制造业集聚的理论可能并不适合于生产性服务业。伍德（Wood，1991）⑥ 基于弹性生产体系研究外包的商务服务业的集聚，认为服务外包和弹性生产体系促使生产性服务企业之间紧密接触，由此形成了集聚的内在要求。李文秀、谭力文（2008）⑦ 认为制造业集聚主要是追求成本剩余，而服务业集聚主要追求收益剩余。

生产性服务业的聚集经济的动因主要来自以下几方面：面对面接触、聚集效应、学习和创新的需要。

（1）面对面接触。很多研究者都认为面对面接触是解释生产性服务业

---

① 金相郁，高雪莲. 中国城市聚集经济实证分析：以天津市为例 [J]. 城市发展研究，2004（1）：42 – 47.

② Pandit, N. R., Cook, G., The benefits of industrial clustering: insight from the British financial services industry at three locations [J]. Journal of Financial Services Marketing, 2003, 7 (3): 230 – 245.

③ Illeris, S., Jean Philippe. Introduction: The role of services in regional economic growth [J]. Service Industries Journal, 1993, 13 (2): 3 – 10.

④ 洪银兴. 城市功能意义的城市化及其产业支持 [J]. 经济学家，2003（2）：29 – 36.

⑤ Moulaert, F., Gallouj, C., The locational geography of advanced producer services frims: the limits of economies of agglomeration [J]. The Service Industries Journal, 1993, 13 (2): 91 – 106.

⑥ Wood, P. A., Flexible accumulation and the rise of business services [J]. Transactions of the Institute of British Geographers, 1991, 16 (2): 160 – 172.

⑦ 李文秀，谭力文. 服务业集聚的二维评价模型及实证研究 [J]. 中国工业经济，2008（4）：55 – 63.

集聚的最重要因素（Clapp，1980[①]、Baro and Soy，1993[②]、Aguilera，2003[③] and Elliott，2005[④]）。黑格（Haig）早在1926年就指出面对面接触对于生产性服务企业的重要性，尤其在制造业为主的产业链中提供辅助服务，并作为信息传递者给产业链各活动主体之间提供各种可编码的信息（Codified Information）和默会信息（Tacit Information），这些信息和知识只能通过"面对面接触"来传播[⑤]。面对面接触可以减少信息的搜寻时间和成本，降低交易费用，还更容易增加企业和个人之间的信任[⑥]，减轻机会主义和道德风险以及信息不对称矛盾。除了集聚能够使生产性服务企业与制造业和各种客户面对面接触，产生更多的信息交流与沟通外，亚历山大（Alexander，1979）[⑦]还认为与政府机构和各种关联组织之间的广泛接触也很重要。由于生产性服务业具有知识和信息密集的特性，因此，面对面接触是其产业集聚的一个重要原因。

（2）集聚效应。新经济地理学认为集聚具有自我强化和路径依赖的特性，生产型服务企业的集聚可以共享各种生产性服务业所需的基础设施和服务市场，如专业化的劳动力市场，信息、交通基础设施、通信设施和公共服务设施等。这样不仅可以降低搜寻各种信息和客户的成本，而且由于企业集聚使得企业间相互交流学习的机会和能力不断提高，集聚区域可以形成良好的学习氛围和鼓励创新的环境，从而吸引更多的企业进入，让每一个企业都从中获益[⑧]。伊列雷斯（Illeris，1989）[⑨]认为，生产性服务业空间集聚有利于享受人力资源的"蓄水池"和方便获得后向联系、前向联

① Clapp, J. M., The intrametropolitan location of office activities [J]. Journal of Regional Science, 1980, 20 (3): 387 – 399.

② Baro, E., Soy, A., Business services location strategies in the Barcelona metropolitan region [J]. The Service Industries Journal, 1993, 13 (2): 103 – 118.

③ Aguilera, A., Services relationship, market area and the intrametro-politan location of Business Services [J]. The Service Industries Journal, 2003, 23 (1): 43 – 58.

④ Elliott, P. V., Intra-Metropolitan agglomerations of producer services firms: The case of graphic design firms in Metropolitan Meibourne, 1981 to 2001. Master Thesis, The University of Meibourne, 2005.

⑤ Muller, E., Zenker, A., Business services as actors of knowledge transformation: The role of KIBS in regional and national innovation system [J]. Research Policy, 2001, 30 (9): 1501 – 1516.

⑥ Coffey, W. J., Shearmur, R. G., Agglomeration and dispersion of high-order service employment in the montreal metropolitan region, 1981 – 1996 [J]. Urban Studies, 2002, 39 (3): 360 – 377.

⑦ Alexander, L., Office Location and Public Policy [M]. London: Longmans, 1979.

⑧ Pandit, N. R., Cook, G., The bennft s of industrial clustering: insight from the British financial services industry at three locations [J]. Journal of Financial Services Marketing, 2003, 7 (3): 230 – 245.

⑨ Illeris, S., Producer services: The key factor to economic development. Entrepreneurship and Regional Development, 1989, 1 (3): 267 – 274.

系的机会。①

（3）学习和创新的需要。相对于制造业，以知识密集为特性的生产性服务业更加依赖于知识，而知识的获得、传播扩散以致更新创造都需要通过生产性服务企业之间不断地相互学习和创新来实现。因此，生产性服务业更需要学习和创新的环境和氛围，集聚无疑是较好的一种手段和方式。基布尔等（Keeble et al.，2002）② 通过对伦敦生产性服务业集群中122家管理和工程咨询服务企业和英格兰南部非集群化布局的178家同类企业进行对比研究，认为集聚区的企业通过非正式的社会关系网络、企业间的正式合作或知识技能劳动力的流动等学习机制从而获得新的知识和信息，进而保证了其在市场中的优势。③

此外，还有一些针对某一特定产业的集聚研究，这些个案研究围绕着集聚的产业特性、集聚效应和区域作用等展开，如伯格和沃维（Berghe and Verweie，2000）④、泰勒等（Taylor et al.，2003）⑤ 对金融产业集聚、费雪（Fisher，2004）⑥ 对伦敦航运产业集聚的研究都是一些较为深入的个案研究。

1.3.2 生产性服务业创新理论研究现状

创新是一个古老而宽泛的概念。随着人类经济活动范围的不断扩大和创新活动的日趋复杂，创新理论的内涵不断丰富、日趋复杂。本节将从创新理论发展的脉络中洞悉产业创新理论和区域创新理论发展的轨迹。

1.3.2.1 服务业创新的研究进展

20世纪初，人们对创新的理解以技术发明、技术进步为核心。奥地

---

① 申玉铭，吴康，任旺兵. 国内外生产性服务业空间集聚的研究进展 [J]. 地理研究，2009，28（6）：1495 – 1507.

② Keeble, D., Nacham, L., Why do business service firms cluster? small consultancies, clustering and decent realization in London and Southern England [J]. Transaction of the Institute of British Geographers，2002，27（1）：67 – 90.

③ 申玉铭，吴康，任旺兵. 国内外生产性服务业空间集聚的研究进展 [J]. 地理研究，2009，28（6）：1495 – 1507.

④ Berghe, L. V. D., Verweie, K., Convergence in the Financial Services Industry, The Geneva on Risk and Insurance，2000，25（2）：262 – 272.

⑤ Cook, G. A. S., Pandit, N. R, Beaverstock, J. V. et al., The Clustering of Financial Services in London. GaWC Research Bulletin 124，2003，www. lboro. ac. uk/gawc.

⑥ Fisher Associates. The future of London's maritime services cluster: A call for action, Corporation of London. 2004.

利经济学家熊彼特（J. A. Schumpeter，1939）① 首次提出了"创新"的概念，并将创新视为经济增长的内生因素。按照熊彼特的观点，所谓"创新"，就是建立一种新的生产函数，即把关于生产要素和生产条件的"新组合"引入生产体系。它包括五种情况：引进新产品（产品创新）；引进新技术，即新的生产方法（过程创新）；开辟新市场（市场创新）；挖掘原材料的新供应来源（供应创新）；实现企业新的组织（组织创新）。

后来的主流创新研究中，实际上只关注了产品和过程两种创新（Fagerberg，2005）②。而组织创新不是主流创新研究的重点，因为在工业经济时代，创新主要围绕着技术创新展开。在产品创新和过程创新上，依据创新的强度和影响程度，英国苏塞克斯大学科学政策研究所将创新分为进行创新、根本性创新、技术系统的创新、技术—经济范式创新四种类型（柳御林，1993）③。1993 年开始的欧盟的创新调查仅包括制造业的产品和过程创新，后来的创新调查增加了部分服务业，而且还包含了战略管理组织创新方面的调查（OECD，2005）④。

随着服务业的兴起，开始出现了关注服务业创新的声音。帕维特（Pavitt，1976）较早提出了服务业中也存在创新，但只是将服务业作为制造业的附加服务，而非独立创新主体。巴拉斯（Barras，1986）⑤ 第一次将服务业作为独立主体展开创新研究，并尝试构建服务创新的一般性理论。他通过对银行业、保险业、会计和公共管理部门的实证研究，创立了"逆向产品生命周期"模型，来揭示服务业创新的动态演进过程。贝尔弗雷姆等（Belleflame et al.，1986）⑥ 考察了服务业中的研发活动，认为服务业创新本质上就是潜在的服务生产、服务产品以及两者之和。斯基英和约翰森（Scheuing and Johnson，1989）⑦ 对比技术创新过程的新产品开发模型提出了新服务开发模型。

进入 20 世纪 90 年代以来，开始出现了"服务导向方法"。服务业的

---

①　约瑟夫·熊彼特著，何畏等译. 经济发展理论［M］. 北京：商务印书馆，1990：3 – 82.

②　Fagerberg J. Innovation：A guide to the Literature. In：Fagerberg J.，Mowery C. M.，Nelson R. the Oxford Innovation Handbook［M］. Oxford：Oxford University Press. 2005.

③　柳御林. 技术创新经济学. 北京：中国经济出版社，1993.

④　OECD. Enhancing the Performance of the service sector［M］. OECD Publishing. 2005.

⑤　Barras，R.，Towards a Theory of Innovation in Services［J］. Research Policy，1986，15（4）：161 – 173.

⑥　Belleflame C. Houard J. Michaux B.，Innovation and Research and Development Process Ananlysis in Service Activities［R］. IRES，Report for EC，FAST Programme. 1986.

⑦　Scheuing E. E，Johnson E. M.，A Proposed Mode for New Service development［J］. Journal of Service Marketing，1989，16（2）：25 – 35.

R&D 活动更加频繁。迈尔斯（Miles，2003）的研究指出，美国服务业的 R&D 活动在 1987～1991 年经历了爆炸式增长，从 1987 年 R&D 投入占全部产业的 9% 增长到 1991 年的近 1/4。越来越多的研究表明服务业创新具有自身的独特性，虽然不排斥使用制造业创新技术维度，但更加注重非技术形式的创新，而且不同的服务业存在不同的创新方法和行为（Bilderbeek et al.，1998）[1]。这一时期服务业创新研究主要集中在知识密集型的生产性服务业领域，包括咨询业、金融业、商务服务业等，代表性研究有迈尔斯（Miles，1995）[2]、贝桑（Bessant，1995）[3]、加德雷（Gadrey，1998）[4]、希普（Hipp，1999）[5] 等。

进入 21 世纪，服务业创新研究迎来了系统化研究阶段，服务业创新范式呼之欲出。加勒奇（Gallouj，2002）[6] 从产品或服务的根本属性出发，构建了表征"产品或服务"的特征向量模型。德弗里斯（de Vries，2006）[7] 对该模型进行了修正和拓展。希普等（Hipp et al.，2005）[8] 构建了新的服务创新测度指标体系。不少学者对服务业创新研究系统化进行着不断地探索，包括库西斯托等（Kuusisto et al.，2003）[9]、豪厄尔斯（Howells，2006）[10]。

1.3.2.2 区域创新理论的发展演进

从 20 世纪 80 年代开始，区域创新理论作为研究创新如何成为本地和

① Bilderbeek R.，Hertog P.，Marklund G. Services in Innovation: Knowledge Intensive Business Services as Co-producers of Innovation [R]. SI4S Report，STEP Group，1989.

② Miles，I.，N. Kastrinos，K. Flanagan，R. Bilderbeek，P. Hertog，W. Huntink and M. Bouman. Knowledge-Intensive Business Services: Users，Carriers and Sources of Innovation [R]. Luxembourg: EIMS Publication No. 15，1995.

③ Bessant J. Rush H.，Building Bridges for Innovation-the role of consultants in technology-transfer [J]. Research Policy，1995，24 (1): 97 – 114.

④ Gadrey J.，Gallouj F.，The Provider-customer Interface in Business and Professional Services [J]. The Service Industries Journal，1998，18 (2): 1 – 15

⑤ Hipp C.，Knowledge-intensive Business Services in the New Mode of Knowledge Production [J]. AI and Society，1999，13: 88 – 106.

⑥ Gallouj，F.，Innovation in the Service Economy: The New Wealth of Nations [M]. Cheltenham: Edward Elgar Publishing，2002.

⑦ de Vries E. J.，Innovation in services in networks of organizations and in the distribution of services [J]. Research Policy，2006 (35): 1037 – 1051.

⑧ Hipp C.，Grupp H.，Innovation in the service sector: The demand for service-specific innovation measurement concepts and typologies [J]. Research Policy，2005，34 (4): 517 – 535.

⑨ Kuusisto J.，Meyer M.，Insights into services and innovation in the knowledge intensive economy [R]. Technology Review，134，2003.

⑩ Howells J.，Where to from here for services innovation? Knowledge Intensive Services Activities (KISA) Conference，Sydney. 2006.

区域经济发展的内在动力而开始萌起。在产业界和学术界，区域创新理论强调本地和区域发展潜力的价值，特别是将其作为国家发展计划的一种替代，成为区域经济政策制定的强有力依据。区域创新理论发展至今大致可以分为三大理论体系，总共包含六大理论模型（见表1.4）。

表1.4　　　　　　　　　　主要区域创新理论模型之比较

创新的特征	环境创新模型（MI）	产业区模型（ID）	本地生产系统模型	区域创新系统模型（RIS）	学习型区域模型	新产业空间模型
创新动力的核心	企业通过与同一环境内的其他媒介之间建立关系所获得的创新能力	在一个具有相同价值的系统中，行动者履行创新的能力	同产业区模型	创新是一种研究和发展的相互作用、不断积累的、具体的过程	类似于区域创新系统模型，指出了科技和机构的共同进化	一种研发以及其实施的结果；新生产方法的应用
机构的角色	在研究过程中，一些机构（高等学府、企业、公共机构）充当非常重要的角色	机构就相当于"代理机构"，它确保了社会规章的形成，培育了创新和发展	同产业区模型，但集中聚焦于管理的角色	因为在国家创新系统中，不同的学者对其有多样化的定义，但是他们都同意机构引导了内部和外部组织的行为规范	类似于区域创新系统模型，但更加聚焦于机构的角色	企业内相互交易合作以及企业活动动力的社会规范
区域发展	区域观点根基于环境创新以及在一种合作的氛围下，媒介的创新能力	区域观点根基于空间的相互支持以及区域的灵活性；这种灵活性是创新的一个要件	工业化的扩散根基于没有断裂的进化过程上的社会经济发展	区域观点是一种相互作用的学习型系统	双重动力：科技和科技组织动力；社会经济和产业化动力	社会规范和集聚生产系统之间的相互作用
文化	互信与互利相连接的文化	在产业区的媒介间的分享价值；互信互利	在发展中，本地社会文化角色	通过相互学习产生的来源	类似于新产业空间模型，但更聚焦于经济和社会文化生活之间的相互作用	网络和社会相互作用的文化

续表

创新的特征	环境创新模型（MI）	产业区模型（ID）	本地生产系统模型	区域创新系统模型（RIS）	学习型区域模型	新产业空间模型
媒介间关系的类型	支持空间的角色：企业、其合伙人、供应商以及客户之间的战略性关系	网络是一种社会规范模型，是一种纪律的来源，它确保了合作与竞争的共存	企业间和机构间的网络关系	网络是一种"相互学习"的组织模型	媒介间的网络关系（嵌入性）	企业之间的交易
与环境关系的类型	通过环境的改变，媒介调整自己经济行为的能力，非常"丰富"的关系：支持空间的三个方面	与环境之间的关系迫使一些约束条件和新想法的产生；这一定会对环境的改变产生影响；环境的限制性空间的观点	与环境创新模型相似	外部特殊关系和环境的约束条件之间的平衡；"丰富"的关系	与区域创新系统模型类似	团体构成和社会再生产的动力

资料来源：本研究整理。

区域创新理论的第一类体系包括创新环境理论、产业区理论和本地生产系统模型，它们都强烈的聚焦于地方机制的内生性。在欧洲学术界，艾达洛（Aydalot，1986）[①] 和欧洲创新研究小组（GREMI）率先研究区域创新发展问题，他们的研究奠定了区域内生发展的思想方法。在"正统"的经济增长理论的足印下，内生增长模型的区域版本（Barro and Sala-I-Martin，1992）[②] 被提出。增长和发展因素，例如，人力资本，本地商业文化以及学历制度，基础建设，生产因素和制度的质量以及从区域再发展中获得的经验（Ratti，1992）[③]，这些因素都应该纳入到区域创新动力的背景之中。这就是关于区域发展和区域创新系统（Kafkalas，1998）[④] 的文献资

① Aydalot P., Milieux Innovations in Europe [R]. GREMI, Paris, 1986.

② Barro R. J. and Sala-I-Martin X., Convergence [J]. Journal of Politics Economy, 1992, 100: 223 - 251.

③ Ratti R., Innovation Technologic at Development Region [M]. Me′ta-Editions S. A., Lausanne. 1992.

④ Kafkalas G. et al., The making of the intelligent region: the role of structural funds and regional firms in Central Macedonia [R]. Report to European Commission, DG XXII, Leonardo da Vinci Programme. EC, Brussels, 1998.

料的开始。

　　产业区理论开始于巴尼亚斯科（Bagnasco），他在 1977 年阐述了属于同一产业和本地空间的中小企业的创新能力①。产业区普遍的定义为一个地理上的局部的生产系统，它根基于在专营生产中不同阶段的小型企业和一个产业部门的分配循环（这种循环是有优势的或是有一定限制数目的活动）之间的本地的工作分工。在这里，企业之间、企业和社会团体之间、内部市场和外部市场之间都存在着多重的关系，后者的关系根基于信任与互惠。这种混合的组织模式，结合了竞争与合作、正式与非正式机构的关系，强调了历史和社会经济因素对一个区域的成功所发挥的至关重要的作用（Becattini，1987②；Brusco，1986③，1992④；Dei Ottati，1994⑤；Moulaert and Delvainquiere，1994⑥）。

　　产业区理论在许多方面都与创新环境息息相关。贝卡蒂尼（Beccaini，1981）认为产业区可以作为一种"环境创造"，同样布鲁斯科（Brusco，1982）⑦ 也认为这种"环境创造"的一些属性特征也是一种典型的环境创新——特别是那些培育企业的支持空间。产业区理论和环境创新理论的共同特征就是将研究的方法途径落在了本地社会经济团体上，它根基于功能性的专营的媒介之间的合作与互补。但是，关于产业区的文献资料更进一步地分析了互信与投机主义之间的关系。

　　本地生产系统模型可以被看作是产业区理论的本地经济发展观点的一种概括。如同产业区理论，本地生产系统理论认为，伴随着明确的传统手工业在城市或乡村的技术转移，工业化的扩散过程被看作是一个特殊的过程。相比福特主义者的工业化，急于寻求和塑造工业社会，扩散的工业化

　　① Bagnasco A., Tre Italie：La problematica territoriale dello sviluppo italiano ［M］. Ⅱ Mulino, Bologna，1977.

　　② Becattini G. Mercato e Forze Locali：Ⅱ Distretto Industriale ［M］. Ⅱ Mulino, Bologna，1987.

　　③ Brusco S., Small firms and industrial districts：The experience of Italy. （Eds）in Keeble D. and Weaver E. New Firms and Regional Development in Europe. Croom Helm, London. 1986.

　　④ Brusco S., Small firms and the provision of real services. （Eds）in Pyke F. and Sengenberger W. Industrial Districts and Local Economic Regeneration. International Institute for Labour Studies, Geneva. 1992.

　　⑤ Dei Ottati G. Trust, interlinking transactions and credit in the industrial district ［J］. Cambridge Journal of Economics. 1994，18：529 – 546.

　　⑥ Moulaert F. and Delvainquiere J. C., Regional and sub-regional development in Europe：The role of socio-cultural trajectories. （Eds）in Bekemans L. Culture：Building Stone for Europe 2002. European University Press, Brussels. 1994.

　　⑦ Brusco S., The Emilian model：productive decentralisation and social integration. Cambridge Journal of Economics，1982（6）：167 – 184.

是一个不断进化的过程，不同于产业区理论的研究途径，本地生产系统模型害怕发展轨迹的断裂（Bouchrara，1987）①。本地生产系统模型一开始就采取了本地——全球对立的想法，这不同于产业区理论，产业区理论仅仅在本地偏见的想法被批评后才承认本地——全球这一对立。

第二类区域创新理论体系更多地包含了广泛的创新系统研究：一种是区域创新系统理论，即基于区域发展水平的部门和国家创新系统的创新机制协调规则的解释（Edquist，1997）②，另一种是学习型区域的演化研究（Cooke，1996③；Cooke and Morgan，1998④）。

区域创新系统理论坚持集体学习的作用，它相应地提高了在系统中成员间深厚协助关系的重要性。这一理论受惠于技术改变的演化理论。创新不是一个研究活动的结果，而是一个创造性的过程，创新有以下几个特征：过程中媒介之间的相互作用（建立在相互反馈上）；创新过程中，不断增长的累积的回报；以及"问题——解决"的定位，这一点也是创新所具有的独特的本质。而且，创新也不只是技术层面的创新，它还涉及组织流程的创新。组织创新的部分是最主要的，这也决定了技术创新的本身（Edquist，1997）。关于区域创新系统与国家创新系统的关系，莱詹迪斯（Lagendijk，1998）⑤ 指出，在这些理论的文献中至少有两个基本的对区域创新系统的解释说明：一是作为国家的或以部门为基础的系统的一个分系统；二是作为带有自身发展动力的国家创新系统的缩减形式。

学习型区域这一概念是由库克、摩根、阿希姆等人提出的，这被认为是在关于区域创新模型的争论中一种处于中间地位的概念整合而来（Cooke，1998⑥；Morgan and Nauwelaers，1998⑦）。这一模型集成了创新

① Bouchrara M. , L'industrialisation rampante：ampleur, me'canismes et porte'e ［J］. Economie et Humanisme，1987（297）：37 – 49.

② Edquist C. , Systems of Innovation. Technologies, Institutions and Organizations ［M］. Frances Pinter, London/Washington. 1997.

③ Cooke P. , Reinventing the region：firms, clusters and networks in economic development, （Eds）in Daniels P. and Lever W. The Global Economy in Transition. Addison Wesley Longman, Harlow. 1996.

④ Cooke P. and Morgan K. , The Associative Region ［M］. Oxford University Press, Oxford. 1998.

⑤ Lagendijk A. , Will new regionalism survive? Tracing dominant concepts in economic geography. Discussion Paper, Centre for Urban and Regional Development Studies, University of Newcastle. 1998.

⑥ Cooke, P. Introduction. （Eds）in Braczyk, H. J. , Cooke, P. , Heidenreich, M. , Regional Innovation Systems ［M］. London：UCL Press, 1998.

⑦ Morgan, K. , Nauwelaers, C. , Regional Innovation Strategies：The Challenge for Less Favored Regions ［M］. London：Jessica Kingsley, 1998.

系统的文献、经济的机制演化、学习进程以及区域机制动力的特异性等观点。摩根（1997）① 提出了关于学习型区域逻辑体系应该"将网络范式的相关概念——像交互式创新和社会资本——与欧洲的区域发展问题连接在一起"。这样有助于"加强学习型区域的本质的讨论"。朗德瓦尔（Lundvall，1994）② 提出"知识是最重要的策略来源，学习是最重要的过程"。而且摩根强调了在创新动力方面，经济地理学家、政策规划者等不断增加的学习兴趣的重要性："在经济地理领域，重视学习、创新及其在区域发展机制中的作用等方面的基础研究对区域经济的发展是十分重要的。"

第三类区域创新理论体系来自于加利福尼亚学院的经济地理学：新产业空间理论（Storper and Scott，1988③；Saxenian，1994④）。美国的加利福尼亚经济地理学院，指出了科技创新、产业组织和本地之间的关系（Storper and Walker，1989）⑤，以及提出了新产业空间的观念（Storper and Scott，1988）。其余的思想理论对区域经济有微弱的关系，但是却与波特的创新集群理论有很密切的关系，波特的创新集群讲述的是一种立体空间的集群创新。

斯托珀（Storper）和斯科特（Scott）在 1988 年提出了新产业空间的概念。他们融合了关于产业区理论（Brusco，1986），灵活的生产系统理论（Piore and Sabel，1984）⑥，社会管理论（Lipietz，1986）⑦ 以及地方团体动力理论（Storper and Walker，1983）等方面的研究成果。新产业空间理论给出了灵活性生产系统的定义，并将灵活性生产系统的有效性与一群有选择的生产商的集聚联系在一起。这种地方策略确保了减少外部交易空间依赖的成本。在灵活性的生产系统中，集聚趋势的不断增加不仅是通过外部化影响，而且也是通过再次交易的加强、即时制的加工处理、不同单位间交

① Morgan, K., The learning region: institutions, innovation and regional renewal [J]. Regional Studies, 1997, 31: 491－503.

② Lundvall, B. A., National Systems of Innovation: Towards a Theory of Innovation and Interactive Learning [M]. Frances Pinter, London/New York, 1992.

③ Storper M., Scott, A. J., The geographical foundations and social regulation of flexible production complexes. (Eds) in Wolch, J., Dear, M., The Power of Geography, Allen and Unwin, London, 1988.

④ Saxenian, A., Regional Advantage: Culture and Competition in Silicon Valley and Route 128 [M]. Harvard University Press, Cambridge, MA, 1994.

⑤ Storper, M., Walker, R., The Capitalist Imperative [M]. Blackwell, Oxford, 1989.

⑥ Piore, M., Sabel, C., The Second Industrial Divide [M]. Basic Books, New York, 1984.

⑦ Lipietz, A., New tendencies in the international division of labor: regimes of accumulation and modes of social regulation. (Eds) in Scott, A. J., Storper, M. Production, Work, Territory: The Geographical Anatomy of Industrial Capitalism, Allen and Unwin, Boston, MA, 1986.

易的异质和多形式的、高单位成本的小规模企业的迅速扩散的影响。

萨克森宁（Saxenian，1994）的创新集群研究融合了集聚经济、产业组织、灵活性生产系统以及制度管理等内容，针对硅谷的区域创新集群进行了深入的研究，其理论强调本地机制的作用以及文化、产业结构和企业组织对经济所产生的影响，她认为硅谷中根基于产业系统的网络的创造性是硅谷获得持续竞争优势的重要来源，这比波特的原始模型要丰富得多，因为波特的模型强调创新集群成功的因素应该是市场和竞争，而不是网络的作用。

实际上，每一种区域创新理论模型的发展都有其理论的根源，这里将创新理论和思想的发展脉络总结成下面的逻辑框图（见图1.2），以帮助我们更好地梳理和认清创新理论的演进发展轨迹。

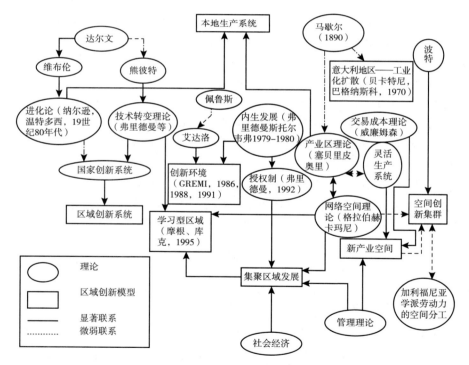

图1.2 区域创新模型：理论根系和发展演进

资料来源：整理改编自 Frank Moulaert and Farid Sekia（2003）。

随着区域创新理论的演进以及生产性服务业在大都市的区域集聚日益

明显，许多学者开始研究生产性服务业特别是知识密集型的生产性服务业在国家或区域创新系统的作用，提出了知识密集型的生产性服务业不仅在与顾客交互过程中不断创新，而且扮演着创新系统中技术性和非技术性创新的使用者、驱动者和转移者的角色（Gallouj et al.，1997①；Hauknes，1998②），是技术和优秀实践成果扩散的"代理人"、"新桥梁"和"网关"（Bessant et al.，1995③；Miles，2005④），促进了创新系统中隐性知识的转移、扩散与融合（Hertog，2000⑤；魏江，2004⑥）。

1.4　本书的研究框架和研究方法

1.4.1　研究框架

本书以生产性服务业为研究对象，围绕着产业空间集聚和创新发展两大主题，深入探讨生产性服务业的空间集聚与创新发展的独特性，并且将生产性服务业的空间集聚与创新发展两个问题相结合，尝试构建基于大都市区域的生产性服务业集聚与创新互动式发展的理论框架和模型解析。

首先，本书从生产性服务业在全球的发展现状入手，运用大量的统计数据分析了全球经济服务化大趋势背景下，生产性服务业已经成为发达国家增长最快的部门，并逐渐成为发展中国家的重要经济力量。然后分析了生产性服务业在典型国际大都市的集聚状况及其对城市发展所起到的重要作用。

其次，围绕着生产性服务业集聚的相关理论展开论述，以新经济地理

---

① Gallouj F.，Weinstein O. Innovation in services [J]. Research Policy，1997，4 (26)：537 - 556.
② Hauknes，J.，Antonelli，C.，The dynamics of localized technological changes-path-dependence and percolation processes in the knowledge-based economy. A report to the SI4S project，1997.
③ Bessant J. Rush H.，Building Bridges for Innovation-the role of consultants in technology-transfer [J]. Research Policy，1995，24 (1)：97 - 114.
④ Miles，I.，Innovation in Services，(Eds) in Fagerberg，J.，Mowery，D. and Nelson，R. Oxford Handbook of Innovation，Oxford University Press，Oxford，2005.
⑤ Hertog，P.，Knowledge intensive business services as co-producers of innovation. International Journal of Innovation Management，2000，4 (4)：491 - 528.
⑥ 魏江. 宏观创新系统中知识密集型服务业的功能研究. 科学学研究，2004 (1)：141 - 145.

学分析框架研究了生产性服务业的集聚力与分散力的相互制衡是生产性服务业最终集聚还是扩散的主要动因，并建立了包含农业、制造业和生产性服务业的三部门模型，主要通过模型推导分析出生产性服务业和制造业的区位选择。然后通过理论概念图形演示和模型推导分析了生产性服务业的集聚对其所在的城市和区域经济增长的作用。

再次，围绕着服务业创新概念和相关理论展开生产性服务业创新研究，在系统总结了基于四种不同学派的服务业创新理论后，对生产性服务业创新的特点、分类及其在国家创新系统中的作用、功能进行了详细分析。然后分析了服务业创新衡量存在的问题和现实困难，并引用了DTI的服务业创新调查和国内学者进行的创新调查进行创新的实证研究。

再其次，将生产性服务业集聚与创新相结合，研究二者的互动演进规律。以新增长理论、创新集群理论和演化经济学理论为基础，分析生产性服务业合作创新的特点，并通过建立博弈模型，推导分析了合作创新对产业集聚区域竞争优势形成的促进作用；另外还分析了生产性服务业的集聚，可以通过集聚区域的内生学习和"干中学"创新环境和氛围的塑造，提高集聚区域的创新能力和水平。正是在这种集聚促创新、创新促集聚的相互作用下，一方面生产性服务业的空间集聚作为外部空间整合的动力发挥着促进生产性服务业创新发展，另一方面创新作为生产性服务业发展中的内部组织驱动力，推动着生产性服务业的创新集聚，两种机制相互作用，产生向上的循环累积的互动式发展动力。

最后，运用《中国统计年鉴》和《经济普查年鉴》等资料对中国生产性服务业的发展状况进行了时间序列分析，并且运用区位熵、区域基尼系数、洛伦茨曲线和GIS地理分析系统，对我国按省市划分的生产性服务业集聚状况进行了较为详尽的比较分析，然后以天津为例，运用天津经济普查年鉴等统计资料，分析了天津各区、县生产性服务业及其细分行业的集聚状况。

本书的研究思路如图1.3所示。

1.4.2　研究方法

本书主要采用统计定量分析、比较分析、博弈分析、模型推导、案例分析、指标分析和GIS图形解析等方法。正如在图1.3中所示，不同部分采用了不同的分析方法。

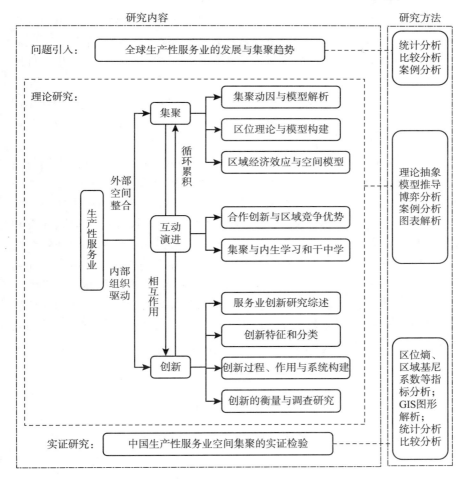

图 1.3　本书的研究思路

　　首先，在第 2 章全球生产性服务业的发展及其在国际大都市的集聚的引入部分，主要采用了大量的国内外统计数据，进行发达国家与发展中国家服务业发展状况的比较，特别是发达国家内部和发展中国家内部的服务业及生产性服务业增加值和就业等指标的统计分析和比较分析，并对纽约、伦敦和东京生产性服务业的发展分别进行了个案研究。

　　其次，主体理论分析部分主要采用了理论抽象、模型推导、博弈分析、案例研究和图表解析等方法。

　　（1）理论抽象和模型推导方法主要用于第 3 章构建生产性服务业集聚

动因模型和面向生产性服务业的三部门两地区的区位模型；第 4 章引入空间相互作用的生产性服务业推进经济增长的动态模型；第 6 章生产性服务业集聚企业的合作创新提升区域竞争优势模型、基于内生学习的生产性服务业集聚模型。

（2）博弈分析方法主要用于第 6 章对生产性服务业集聚企业的合作创新博弈对提升区域竞争优势的影响和基于学习的博弈论模型，来说明产业集聚区域的动态学习过程。

（3）案例研究和图表解析方法主要用于第 5 章生产性服务业创新研究，通过引用欧盟 DTI 的创新调查，分析欧洲的公路运输行业、呼叫中心和信息处理行业、设计及其相关行业等 932 个样本企业的创新状况。

最后，实证研究部分主要运用了统计分析、比较分析、指标分析和 GIS 图形解析方法。通过大量的时间序列统计数据比较分析国内外生产性服务业的发展状况；根据 2004 年和 2008 年大样本的普查年鉴数据，计算区位熵、区域基尼系数等指标数据并通过绘制洛伦茨曲线和 GIS 图形演示等方法，研究我国各省市的生产性服务业及其细分行业空间集聚和区位变化，并用同样的方法专题重点研究了天津各区、县生产性服务业及其细分行业空间集聚和区位变化。

第 2 章

全球生产性服务业的发展及其在国际大都市的集聚

20 世纪 60 年代以来，富克斯（Fuchs，1968）和丹尼尔·贝尔（Bell Daniel，1974）相继提出了"服务经济"和"后工业社会"理论。半个世纪过去了，他们的理论和预言变为了现实，服务业不仅成为西方发达国家的经济主体产业，而且在发展中国家的比重和重要性也日益增强。在全球经济服务化发展的产业结构调整过程中，生产性服务业的较快增长已经成为全球性的经济发展趋势，并日益成为国家经济增长的主要动力。从产业发展的空间区位来看，生产性服务业表现出明显的集聚趋势，而且正在向国际大都市尤其是向全球城市等级体系中最高的世界城市大量集聚。

2.1 全球经济服务化下的生产性服务业发展

伴随着 20 世纪中后期开始的全球经济服务化趋势，生产性服务业不断发展壮大，服务业内部分工不断细化，产业链不断延伸，已经成为发达国家经济增长最快的部门，并逐渐成为发展中国家的重要经济力量。

2.1.1 全球经济服务化趋势

20 世纪中叶以来，随着第三次工业革命的推进，西方国家产业结构发生了重大变化，服务业迅速发展，表现为服务业增加值和就业比重持续快速上升，并逐步占据主导地位，显示出由工业经济向服务经济或后工业社会过渡趋势。经济合作和发展组织（OECD）16 个成员国第三产业的平均就业比重在 1870 年仅为 23.7%，到 1976 年已经提高到 55.6%。① 据世界银行的统计，大部分 OECD 国家的服务业增加值比重从 1960 年的 45% ~ 55% 稳步上升到 1995 年的 65% ~ 75%，就业比重从 35% ~ 50% 上升到 50% ~ 75%（黄少军，2000）②。并且，这种服务业的迅速增长趋势已经成为一种全球性的发展潮流，而非已步入"后工业社会"的发达国家的"专利"。从表 2.1 不同经济发展程度国家的服务业增加值比重变化来看，从 1970 年到 2011 年，全球服务业增加值平均比重从 52.35% 提高到 65.55%，发展中国家（地区）服务业增加值比重从 42.34% 提高到 51.03%，转型经济国家则从 37.84% 提高到 57.31%，发达国家则从 57.79% 提高到 74.2%。可见，无论是发达国家，还是发展中国家（地区）以及转型经济国家，服务业都实现了不同程度的增长，从而进一步印证了"经济服务化"时代已经到来的结论。

表 2.1　不同经济发展程度国家的服务业增加值比重（1970 ~ 2011 年）　单位：%

年份	世界平均	发展中国家	转型经济体	发达国家
1970	52.35	42.34	37.84	57.79
1980	54.70	41.20	42.57	60.52
1990	61.83	48.77	44.29	65.65
2000	67.53	53.65	52.27	71.66
2005	67.79	51.72	55.96	73.32
2006	67.20	51.36	56.86	73.25
2007	66.83	51.62	57.65	73.22
2008	66.19	50.55	57.87	73.40
2009	67.89	52.47	59.92	75.19
2010	66.42	51.62	58.74	74.50
2011	65.55	51.03	57.31	74.20

资料来源：UNCTAD 数据库计算得出。

随着社会生产力的发展、生产与消费结构的升级，世界服务业发展呈现后来居上的快速增长态势，从表 2.2 世界三次产业增加值占 GDP 的比重增速来看，在 1971 ~ 1980 年、1981 ~ 1990 年和 1991 ~ 2000 年这三个十

① Irving Leveson and J. W. Wheeler., Western Economics in Transition: Structural Change and Adjustment Polices in Industrial Countries [R]. Hudson Institute, U.S., 1980: 46.
② 黄少军. 服务业与经济增长 [M]. 北京：经济科学出版社，2000.

年里服务业占 GDP 的比重增速分别上升了 0.4%、1.2% 和 0.9%，同期农业比重增速反而是分别下降了 3.2%、2.7% 和 4%，工业在 1971～1980 年期间比重增速仅上升了 0.1%，而在后两个十年里分别下降了 1.5% 和 1.2%。从不同类型经济体来看，在这三个十年里，无论是发展中国家（地区）、转型经济体，还是发达国家的服务业比重增速都呈现上升态势，相比之下，农业几乎均呈现下降态势，工业则表现参差不齐，发达国家在三个十年里都呈减速增长，发展中国家（地区）和转型经济国家在 1971～1980 年间是强加速增长，在 1981～1990 间减速增长，在 1991～2000 年间是弱加速增长。但是在进入 21 世纪的第一个十年里，世界产业结构的变动出现了一些新的变化。从世界范围来看，服务业占 GDP 比重增速呈现了略微下降态势，在 2001～2010 年间平均下降了 0.2%，其中只是发展中国家（地区）服务业比重增速下降了 0.4%，其余的转型经济国家和发达国家服务业比重增速仍然上升了 1.2% 和 0.4%。

表 2.2　　　　　世界三次产业增加值结构变动百分比　　　　单位：%

类型	产业	1971～1980 年	1981～1990 年	1991～2000 年	2001～2010 年
世界平均	农业	-3.2	-2.7	-4.0	1.8
	工业	0.1	-1.5	-1.2	0.2
	服务业	0.4	1.2	0.9	-0.2
发展中国家（地区）	农业	-4.2	-1.0	-3.6	-0.6
	工业	2.7	-1.5	0.01	0.8
	服务业	-0.2	1.7	1.0	-0.4
转型经济体	农业	-3.5	4.9	-4.3	-6.1
	工业	0.1	-1.9	0.2	-0.3
	服务业	1.2	0.4	2.3	1.2
发达国家	农业	-2.5	-3.0	-4.9	-1.0
	工业	-0.4	-1.2	-1.7	-1.0
	服务业	0.5	0.8	0.9	0.4

资料来源：UNCTAD 数据库计算得出。

相比较而言，中低收入的发展中国家（地区）服务业增长的速度比高收入的发达国家较为缓慢，这与它们所处的经济发展阶段有关。从总体上，服务业已经成为推动全球经济增长的主要动力。

具体到各个国家的服务业发展情况，则呈现出世界主要发达国家从 20

世纪 70 年代以来,服务业在高比重的基础上持续快速增长,到 2000 年服务业比重逐步趋近于饱和点,增长开始趋于缓慢。从表 2.3 来看,美国作为世界领先的发达国家,服务业从"二战"后就开始增长,60~80 年代增长最为迅猛,到 1990 年美国的服务业增加值所占比重就已经达到 70%,而近二十年来增长较为缓慢,2010 年服务业比重达到 78.8%。其他欧洲主要发达国家服务业比重 1970 年基本上都是在 50% 左右,到 2011 年法国的服务业比重最高,达到了 79.5%,而英国早在 2008 年服务业比重就达到了 75.2%,2011 年荷兰服务业比重为 74.1%,德国、意大利、西班牙等也都在 70% 左右。发展中国家(这里选取"金砖"四国和新兴工业化国家)服务业比重显然相对较低,但 2008 年巴西、俄罗斯和印度的服务业比重也分别达到了 66.7%、59% 和 53.4%,远远高于中国 2008 年的 40.1%。俄罗斯在 2009 年服务业比重超过 60%,达到了 61.7%,2011 年俄罗斯的服务业比重也达到了 58.7%,而中国的服务业比重尽管在 2008 年之后有所增长,但 2011 年也仅达到 43.1%,发展仍然相对滞后。

表 2.3　世界主要国家服务业增加值占 GDP 比重(1970~2011 年)　单位:%

年份	1970	1980	1990	2000	2005	2006	2007	2008	2009	2010	2011
法国	57.5	63.3	68.7	74.3	77	77.5	77.4	77.6	79	79.3	79.5
德国	48.7	56.9	61.2	68.5	70	69.2	68.9	69.3	71.5	69.5	68.3
意大利	52	55.9	64.4	68.8	70.9	70.7	70.4	71	73.1	73	73.4
荷兰	56.6	63.1	66.2	72.4	73.7	73.2	73.4	72.8	74.4	74.5	74.1
西班牙	48.6	55.7	61.5	66.4	67.1	67.4	68.1	69	69.2	70.3	70.5
英国	54.6	57.2	64.1	71.7	75.9	75.7	76.1	75.2	—	—	—
美国	62.2	63.7	69.9	74.6	76.4	76.3	76.9	77.6	79.3	78.8	—
澳大利亚	51.9	55.8	66.3	69.9	68.9	68.6	68.4	68.4	70.3	69.4	—
日本	50	57.1	59.1	67.2	69.4	69.7	70.1	71.3	72.8	71.4	—
韩国	47.3	49.8	52	57	58.7	59.3	59.7	60.3	59.9	58	57.6
巴西	—	—	—	66.7	65	65.8	66.6	66.7	—	—	—
俄罗斯	—	—	—	55.4	56.4	57.7	58.4	59	61.7	60.6	58.7
印度	—	—	—	50.1	52.3	52.5	52.2	53.4	—	—	—
中国	24.7	21.6	31.5	39	40.1	40	40.4	40.1	43.4	43.2	43.1

资料来源:OECD 数据库计算得出。

2.1.2　生产性服务业成为发达国家增长最快的部门

随着服务业的迅猛发展，服务业本身也发生了变化，其内部结构出现向高级化发展的新趋势：在信息通讯技术和管理理念及手段变革的驱使下，服务业分工更加细化，服务业发展更加注重人与人的交流、人的创造力和智力等要素的中间投入，商务服务、信息服务、金融服务、创意产业等信息和知识相对密集的生产性服务业成为发达国家经济发展最快的领域，服务外包化、知识化、信息化、全球化以及集聚化趋势越加明显。

2.1.2.1　生产性服务业增长的国别研究

"服务业在国民经济中的作用的不断提升，主要归因于生产性服务业产出的增长"。20 世纪中后期以来，密集使用信息的生产性服务业已成为世界经济中增长最快的行业，并成为外国投资的重点。许多研究文献通过统计分析也证实了近三四十年来发达国家生产性服务业比重上升较快的现象。

库兹涅茨（Kuznets，1966）[1] 分析了 20 世纪 50 年代发达国家服务业内部部门中，贸易金融、专业性服务、政府与国防三类部门占据较大份额。而且被库兹涅茨列入工业部门的交通通讯部门被视为是现代经济增长中最富有生气的成分之一，其份额保持了连续性的上升。他还进一步指出，商品生产规模扩大和集中度提高与消费地域时间方面的日趋分散使得贸易、金融的桥梁作用明显增强。格鲁伯和沃克（Grubel and Walker，1989）[2] 通过 70~80 年代发达国家服务业的实证分析得出，生产性服务业较之消费者服务和政府服务更为重要，代表了服务业结构的演进方向，一般占 GDP 的 1/3 左右，占整个服务业份额约一半以上。刘志彪（2006）[3] 认为，发达国家近 20 年来经济结构和产业升级中最引人注目的是生产性服务业发展成为国民经济中的支柱产业，原因在于生产性服务能够把大量

① Kuznets S. S. , Modern Economic Growth：Rate，Strucure and Spread［M］. New Haven：Yale University Press，1966.
② Herbert G. Grubel，Michael A. Walker，Service and the Changing Economic Structure. （Eds）in Giersch H. Services in World Economic Growth Symposium. Institute Fur Weltwirtschaft an Der Universitat Kiel，1989.
③ 刘志彪. 发展现代生产者服务业与调整优化制造业结构［J］. 南京大学学报，2006（5）：36-44.

的人力资本和知识资本引入商品和服务的生产过程中，是现代产业发展中竞争力的源泉。

布朗宁和辛格曼（Browning and Singelman，1978）[1] 研究了 1870 ~ 1970 年美国服务业内部结构百年的变化，发现 1870 ~ 1920 年间交通和公共设施服务业占整体就业的比重从 5% 上升到 10%，从 20 世纪 50 年代开始生产性服务业、社会服务业增长速度较快，成为新时期服务业发展和结构调整的重要标志。生产性服务业的发展代表了劳动分工的不断细化，因为广告、会计等生产性服务业原来都是在企业内部进行的。坎迪利斯（Candilis，1988）研究发现，1959 ~ 1984 年美国服务业就业中生产性服务业就业呈现快速增长，年均递增 3.1%。古德蒙和史蒂蒙（Goodman and Steadman，2002）[2] 发现美国 1988 ~ 2000 年期新增就业的 97% 发生在服务业，并利用美国 2000 年投入产出表将服务业中中间需求率高于 60% 的部门界定为生产性服务业，发现这期间美国生产性服务业占服务就业比重从 30% 提高到 36%，是服务业内部就业增长最快的部门。不断发展的外包趋势、柔性的劳动力结构安排、日益更新的科学技术以及整体经济的持续增长是促进生产性服务业迅速发展的主要原因。

艾米（Koichi Emi，1978）[3] 研究了 20 世纪 70 年代日本服务业内部就业结构的变化，发现为工业提供服务的生产性服务业是服务业内部就业增长最快的部门，而为消费者服务的部门在整体增长中趋于停滞。

格沙尼和迈尔斯（Gershuny and Miles，1983）[4] 通过对 1920 ~ 1970 年英国、法国、德国、意大利的服务业内部结构分析发现，中间生产性服务业与不断扩大的出口市场和其对国民经济其他部门生产的有效促进作用，产出、就业比重都在不断增长，而技术进步会促进生产性服务业中流通服务业等部门生产率的提高。艾尔菲（Elfring，1989）研究了 1960 ~ 1985 年法国、德国、日本、新西兰、瑞典、英国、美国的服务业结构变动，发现生产性服务业的就业增长非常迅速，达到整体服务业增长速度的两倍。

① Browning. H., Singelman. J., The Transformation of the US labor Force: The Interaction of Industry and Occupation [J]. Politics and Society, 1978, 8: 481 – 509.
② Bill Goodman and Reid Steadman. Services: Business Demand Rivals Consumer Demand in Driving Job Growth [J]. Monthly Labour Review, 2002, 125 (4): 3 – 16.
③ Koichi Emi. Employment Structure in the Service Industries [J]. The developing Economies. 1969, 7 (2): 133 – 153.
④ Gershuny and Miles. The New Service Economy: The Transformation of Employment in Industrial Societies [M]. Praeger Publishers. 1983.

哥布（Godbut，1993）① 通过对 1970～1990 年美国、加拿大、澳大利亚、德国、日本、法国、意大利、新西兰、瑞典、英国 10 国服务业结构变动研究发现，生产性服务业（包括金融、保险、房地产和商务服务业）和社会服务业（教育和医疗）的就业增长是服务业就业比重上升的主要推动力。OECD（2001）② 研究了 1984～1998 年 OECD 国家服务业结构的变动，发现生产性服务业是服务业中变动最大的部门。20 世纪 90 年代后期，几乎所有 OECD 国家的生产性服务业就业比重都有大幅上升，社会服务业和私人服务业就业比重也有所上升，但上升幅度不及生产性服务业。程大中（2008）③ 运用投入产出方法对 OECD13 个经济体和中国的实证研究发现，大多数 OECD 经济体的资金、技术和人力资本含量较高的生产性服务占服务业总产出的比重最高，约占 34%～45% 之间。而且生产性服务大约有70% 投入到了服务业中。

2.1.2.2　生产性服务业增长的统计分析

本小节将根据本书所收集到的多个发达国家的统计数据，对生产性服务业的增长和变动趋势进行研究。首先针对美国、日本、法国、德国、英国、加拿大、意大利 7 个国家 1980～2009 年生产性服务业和其他服务业增加值构成的结构变动来研究生产性服务业在这些国家的快速增长。这里所用的数据来自 OECD 官网数据库。这里采用 OECD 国家 SSIS 数据库中按《国际标准产业分类第三版》（ISIC REV3）划分的 99 个细分产业的数据。按照第一章对服务业的分类，将服务业划分为生产性服务业、消费性服务业和社会服务业。其中，生产性服务业包括交通运输、仓储和通讯业、金融保险房地产业和商务服务业；消费性服务业包括批发零售贸易业、私人服务业；社会服务业包括公共管理服务业、教育业、医疗业和其他社会工作以及其他社会团体等其他服务业。

通过计算这 7 个国家服务业整体及各类服务业（生产性服务业、消费性服务业和社会性服务业）增加值占 GDP 比重，并简单算术平均计算之后得到结果见表2.4。从中可以看出在 1980 年 7 国服务业增加值占 GDP

① Godbout. Employment Change and Sectoral Distribution in 10 Countries, 1970 - 1990 [J]. Monthly Labour Review, 1993, 116: 3 - 20.
② OECD. The Characteristics and Quality of Service Sector Jobs [M]. OECD Employment Outlook, 2001: 89 - 128.
③ 程大中. 发达国家生产性服务业的发展趋势及启示——13 个 OECD 经济体与中国的比较分析. 中国生产性服务业发展报告 2007 [M]. 经济管理出版社, 2008: 10 - 30.

比重就已经达到了 59.5%，较早地形成了服务业占主导的国民经济产业结构，服务化经济特征明显。在此之后的三十年里，这种趋势继续保持，且服务业占 GDP 比重持续增长，2009 年达到 74.19%，服务业成为推动 7 国经济增长的主要部门。在服务业增长的过程中，显然生产性服务业成为了推动服务业增长进而推动各国经济总体增长的最主要动力。生产性服务业占 GDP 的比重从 1980 年的 25.23% 增加到 2009 年的 36.74%，提高了 11.5 个百分点，而同期服务业总体增加值比重也不过提高了 14.7 个百分点，可见生产性服务业对服务业增长的贡献之大。在 7 国的服务业的内部构成中，消费性服务业和社会性服务业在这三十年里基本保持不变，占 GDP 比重分别约为 14% 和 20%，三十年比重增长都不超过 1 ~ 4 个百分点。因此也进一步印证了前面许多学者提出的观点，生产性服务业的确成为了发达国家增长最快的部门。

表 2.4　　　　1980 ~ 2009 年 7 国服务业及其内部各类服务业增加值占 GDP 比重

单位：%

年份	服务业	生产性服务	消费性服务	社会性服务业
1980	59.5	25.23	14.88	19.40
1985	62.6	27.79	14.59	20.22
1990	65.4	29.82	14.78	20.80
1995	68.5	31.99	15.00	21.51
2000	69.99	34.00	15.01	20.98
2001	70.89	34.59	15.09	21.20
2002	71.67	35.16	14.89	21.62
2003	72.10	35.48	14.80	21.82
2004	71.96	35.48	14.73	21.75
2005	72.15	35.68	14.64	21.83
2006	72.22	35.98	14.50	21.74
2007	73.21	36.86	14.49	21.86
2008	73.60	36.73	14.54	21.96
2009	74.19	36.74	14.70	23.47

注：表中数据是美国、日本、法国、德国、英国、加拿大、意大利 7 国各类服务业部门增加值的简单算术平均值。这里从 2007 年开始即有部分国家的部分行业数据缺失，如加拿大 2007 ~ 2009 年数据全部缺失，英国、法国缺少 2009 年的数据，还有个别国家缺失一些三类服务业必须覆盖的一些行业数据，这三年的数据全部为其余数据齐全的国家简单算术平均的结果，所以这三年的表中数据只能近似代表，但不能完全代表 7 个国家全部。

资料来源：OECD 数据库计算得出。

那么再进一步来看看生产性服务业内部构成行业中哪些部门增长最快。这里表 2.5 计算了生产性服务业及其构成行业占服务业增加值比重。

表 2.5　　1980～2009 年 7 国生产性服务业及其构成占服务业增加值比重

单位：%

年份	生产性服务业	交通、仓储和通讯业	金融保险房地产和商务服务业
1980	42.4	11.6	30.8
1985	44.4	11	33.4
1990	45.6	10.3	35.3
1995	46.7	9.8	36.9
2000	48.54	9.53	39.02
2001	48.78	9.45	39.33
2002	49.03	9.44	39.59
2003	49.19	9.28	39.91
2004	49.28	9.31	39.97
2005	49.42	9.19	40.23
2006	49.77	9.09	40.68
2007	50.31	8.85	41.47
2008	48.85	8.76	41.55
2009	49.52	8.54	40.98

注：表中数据是美国、日本、法国、德国、英国、加拿大、意大利 7 国各类服务业部门增加值的简单算术平均值。这里从 2007 年开始即有部分国家的部分行业数据缺失，如加拿大 2007～2009 年数据全部缺失，英国、法国缺少 2009 年的数据，还有个别国家缺失一些三类服务业必须覆盖的一些行业数据，因此，这三年的数据全部为其余数据齐全的国家简单算术平均的结果，所以这三年的表中数据只能近似代表，但不能完全代表 7 个国家全部。

资料来源：OECD 数据库计算得出。

从表 2.5 可以看出，生产性服务业在 1980～2009 年期间占服务业增加值比重从 42.4% 提高到 49.52%，上升了 7.1 个百分点，期间交通、仓储和通讯业占服务业增加值比重是下降了约 3 个百分点，金融保险房地产和商务服务业上升了 10 个百分点。因此，在生产性服务业内部，以金融保险房地产和商务服务业为代表的知识密集型的高端生产性服务业在这三十年里的增长最快也最为显著，占生产性服务业的比重从 3/4 提高到 4/5，而传统的交通运输、仓储和通讯业则是减速增长，对服务业增长的贡献率下降。

根据分国别计算的高端生产性服务业（即以主要增长部门金融、保险、房地产和商务服务业为代表）增加值占 GDP 比重，可以得到表 2.6。
从 1996~2009 年，高端生产性服务业在各国经济中的表现也不一致，其
中法国、英国和美国近年来高端生产性服务业占 GDP 比重都超过了 30%，
加拿大比重最低为 25% 左右，而且在 1996~2009 年期间英国和美国高端
生产性服务业比重增长最多，提高了 7 个百分点，意大利和法国紧随其
后，提高了约 5~6 个百分点，德国和日本提高了约 4 个百分点，加拿大
仅提高了 1 个百分点。因此，近些年服务业在发达国家比重几乎保持不
变，高端生产性服务业在发达国家的经济增长中仍然是一股重要的增长
动力。

表 2.6　　　金融、保险、房地产和商务服务业增加值占 GDP 比重　　单位：%

国家 年份	法国	德国	意大利	日本	英国	美国	加拿大
1996	28.9	27.2	22.6	23.2	24.6	26.7	24.7
1997	29	27.3	22.8	23.4	25.4	28.6	25.2
1998	28.7	27.1	23	23.8	26.3	30.7	25.8
1999	29.5	28	24.1	24.2	27	31.2	25.6
2000	31.23	27.53	24.74	24.93	27.00	31.27	24.80
2001	31.19	28.03	24.86	25.80	27.79	32.40	25.40
2002	31.32	28.63	25.59	26.29	29.07	32.40	25.64
2003	31.67	29.25	26.54	26.48	29.92	32.36	25.50
2004	32.13	29.07	26.61	26.18	30.23	32.02	25.41
2005	32.75	29.34	26.88	26.58	30.42	32.48	25.13
2006	33.67	29.27	26.92	26.94	31.04	32.81	25.43
2007	34.00	29.28	27.31	27.00	31.94	32.89	—
2008	34.18	29.48	27.75	27.00	32.10	33.26	—
2009	—	31.14	28.80	27.95	—	33.85	—

注：表中数据从 2007 年开始即有部分国家的部分行业数据缺失，其中加拿大 2007~2009 年
数据全部缺失，英国、法国缺少 2009 年的数据。
资料来源：OECD 数据库计算得出。

2.1.3　生产性服务业逐渐成为发展中国家的重要经济力量

郭克莎（2000）[①] 通过研究 1970~1996 年发展中国家第三产业的结构

_____

① 郭克莎. 第三产业的结构优化与高效发展 [J]. 财贸经济, 2000 (10): 51.

变动，提出金融保险房地产和商务服务业占 GDP 的比重有较大幅度的增长，运输仓储和邮政业的比重经历了一个由较快增长转变为稳中有降的变化，而其他商业旅馆和饭店业等消费性服务业的比重先上升后下降。黄少军（2000）[①] 也研究了发展中国家服务业及其内部结构趋势变动，认为服务业在不同阶段的发展内容及其表现有着质的区别。工业化之前（人均收入达到 1000～1500 美元之前）服务业的发展主要表现为一种商业化的过程，而工业化之后（人均收入达到 5000 美元以上）服务业的发展主要表现为信息化的过程。

下面选取印度、南非、俄罗斯和巴西四个"金砖"国家作为发展较快的发展中国家代表来研究生产性服务业对发展中国家经济发展所具有的重要作用。表 2.7 的基础数据全部来自 1990～2011 各年度的《国际统计年鉴》。按照《国际统计年鉴》对产业结构的分类，将运输仓储和邮电业以及金融保险、不动产和商务服务业两个大类归入生产性服务业。

表 2.7　印度、南非、俄罗斯和巴西生产性服务业占 GDP 和服务业增加值比重

单位：%

年份	生产性服务业占 GDP 比重				生产性服务业占服务业增加值比重			
	印度	南非	俄罗斯	巴西	印度	南非	俄罗斯	巴西
1990	13.59	19.63	—		29.43	34.63	—	
1995	16.57	21.10	—	19.95	33.71	32.83	—	32.76
2000	19.52	25.72	17.79	22.24	36.25	37.74	30.39	31.27
2005	21.29	27.52	21.01	21.44	37.94	39.41	34.05	30.61
2006	21.61	—	20.97	21.01	38.66		33.28	29.78
2007	21.80	28.22	21.32	21.35	38.87	40.71	32.79	29.95
2008	22.93	27.98	21.09	—	40.60	41.26	32.17	—
2009	—	28.10	23.73		40.59	31.61		

资料来源：根据各年度《国际统计年鉴》的有关数据计算得出。

从表 2.7 可以看出，从 1990 年到 2009 年，在二十年中，这四个国家无论是生产性服务业占 GDP 的比重，还是生产性服务业占服务业增加值的比重都有了显著提升。印度的生产性服务业占 GDP 的比重从 1990 年的 13.59% 提高到 2008 年的 22.93%，生产性服务业占服务业增加值的比重

---

① 黄少军. 服务业与经济增长［M］. 北京：经济科学出版社，2000.

从 29.43% 提高到 40.6%，都增加了 10 个百分点，说明在这二十年中，印度的生产性服务业在国民经济结构中和在服务业内部结构中的重要性都增强了，而且表现出了同步增长的态势。南非的生产性服务业占 GDP 的比重从 1990 年 19.63% 提高到 28.1%，生产性服务业占服务业增加值的比重从 34.63% 提高到 40.59%，说明这二十年里，南非的生产性服务业在国民经济结构中和在服务业内部结构中重要性都在增强，但是二者非同步增长，生产性服务业在国民经济结构中的增长快于在服务业中的增长，而南非服务业增加值占 GDP 的比重从 1990 年的 56.68% 提高到 2009 年的 69.23%，增加了近 15 个百分点，可见南非服务业增长速度大于 GDP 增长速度。俄罗斯的生产性服务业占 GDP 的比重从 2000 年的 17.79% 提高到 2009 年的 23.73%，十年增加了近 6 个百分点[1]，而生产性服务业占服务业的比重相对保持平稳，甚至略有下降，说明生产性服务业在国民经济结构中的重要性是在增强的，而在服务业中的重要性并未增加。巴西的生产性服务业占 GDP 的比重从 1995 年的 19.95% 提高到 2007 年的 21.35%，13 年生产性服务业占 GDP 比重还有所波动起伏，总体增长较为缓慢，生产性服务业占服务业增加值的比重在这 13 年中反而是下降了近 2 个百分点，说明巴西服务业和生产性服务业这些年保持了相对稳定。总体来看，生产性服务业对这些发展中国家经济增长的作用是逐渐增强的，只是程度表现不尽一致。对于印度和南非而言，生产性服务业的增长速度更快，对经济的影响更显著。

具体到生产性服务业内部行业构成来看（见表 2.8），四个国家金融保险不动产和商务服务业占服务业的比重都超过了同期运输仓储邮电业的比重。其中，金融保险不动产和商务服务业在印度出现了强势快速增长，其占服务业的比重从 1990 年的 15.72% 提高到 2008 年的 27.25%，增加了约 12 个百分点；相比之下，南非只增加了 6 个百分点，俄罗斯增加了 4 个百分点，而巴西则减少了 5 个百分点。金融保险不动产和商务服务业成为印度同期服务业中增长最快的部门，也是推动印度同期经济增长的最重要部门。南非和俄罗斯的金融保险不动产和商务服务业也在逐渐成为生产性服务业中的重要部门。而运输仓储邮电业占服务业的比重在四个国家几乎都保持了相对稳定，即使有波动，波动幅度也极小，说明运输仓储邮电业已经是印度、南非、俄罗斯和巴西等发展中国家推动服务业增长的重要

---

　　① 由于 1990 年正处于苏联解体，因此 1990 年数据缺失，到 1995 年俄罗斯处在结构大调整时期，因而 1995 年的数据偏差较大，因此，从 2000 年开始统计比较。

且稳定的力量。

表 2.8　　　　　　生产性服务业主要构成部门占服务业增加值比重　　　　单位：%

年份	印度		南非		俄罗斯		巴西	
	运输仓储邮电业	金融保险不动产和商务服务	运输仓储邮电业	金融保险不动产和商务服务	运输仓储邮电业	金融保险不动产和商务服务	运输仓储邮电业	金融保险不动产和商务服务
1990	13.70	15.72	11.74	22.89	—	—	—	—
1995	12.13	21.58	9.32	23.51	—	—	7.66	25.10
2000	13.26	22.99	12.87	24.87	13.86	16.53	10.31	20.96
2005	13.59	24.35	12.68	26.73	14.48	19.57	10.96	19.65
2006	13.58	25.08	—	—	13.45	19.83	10.52	19.25
2007	13.22	25.65	11.71	28.99	12.70	20.09	10.44	19.51
2008	13.35	27.25	12.16	29.10	11.83	20.34	—	—
2009	—	—	12.30	28.29	11.10	20.50	—	—

资料来源：根据各年度《国际统计年鉴》的有关数据计算得出。

2.2　生产性服务业在国际大都市的发展和集聚

随着生产性服务业成长为经济增长的主要动力，生产性服务业的发展水平已成为衡量一个经济体经济现代化和社会文明进步程度的重要标志。城市是服务业高度集聚的中心地和区域发展的核心，也成为生产性服务业发展最重要的经济空间载体。生产性服务业在城市特别是国际大都市及都市圈（也称城市群）的集聚成为提升城市能级、发挥区域辐射、发展世界城市的重要特征标志之一。

2.2.1　生产性服务业在国际大都市中的增长和规模集聚

生产性服务业对大都市的经济结构和空间重建起着十分重要的作用，已经成为许多国际大都市区经济增长、巩固新工业空间综合体、带动就业和收入增长的主导产业。其中，高级生产服务业包括银行、保险等金融服务、商务租赁等房地产服务、法律会计等专业服务出现了向少量的国际大都市高度集聚的现象，成为大多数城市最动态的、增长最快的区域。

国际大都市中生产性服务业的就业更是成为了国际大都市中较为重要的吸纳就业的主要部门，特别是在更高等级的世界城市中。以全球最具影响力的三个世界城市纽约、伦敦、东京为例，从 1977～2000 年期间制造业比重持续下降，服务业比重不断攀升，服务业就业比重分别从 1977 年的 63.7%、73% 和 54.5% 上升到 2000 年的 92.01%、90.19% 和 81.37%，上升十分明显（见表 2.9）。服务业占 GDP 比重均在 60% 以上，纽约和伦敦更是超过了 80%。

表 2.9　　　　纽约、伦敦和东京就业比重变化（1977～2000 年）　　　单位：%

城市	纽约				伦敦				东京			
年份	1977	1985	1996	2000	1977	1985	1996	2000	1977	1985	1996	2000
制造业	21.9	15.4	9.0	4.75	22	16	8.4	6.51	25.1	22	16.9	12.76
服务业	63.7	73.8	80.3	92.01	73	78.5	88.5	90.19	54.5	59.8	62.8	81.37

资料来源：2000 年数据来自 Kim Hun-min（2004），其余数据来自谢守红（2009）。

从 20 世纪 80 年代末 90 年代初开始，许多欧美等发达国家的主要国际大都市也出现了服务业比重快速增长的趋势。从 1990～2000 主要国际大都市各产业就业结构变化可以看出（见表 2.10），1990 年，芝加哥、洛杉矶、华盛顿、波士顿、旧金山、巴黎、柏林等服务业就业比重几乎都超过了 70%（除米兰服务业就业只有 50%），到了 2000 年，服务业就业比重普遍进一步提升，几乎都超过了 80%。相比之下，以亚洲为主的国际大都市除中国香港和新加坡服务业发展较快外，其余如汉城、北京和上海等在 1990 年制造业就业比重相对较高，服务业比重在 50% 左右。但是到了 2000 年，这些大都市服务业就业比重都大幅度提高，北京、上海大约都提高了 10 个百分点左右，汉城发展更快，服务业就业比重提高了 25 个百分点。由此可见，服务经济是城市发展的核心和主要驱动力。

在服务业整体向国际大都市集聚发展的过程中，生产性服务业的就业增长更是引人注目。纽约、伦敦、东京、华盛顿、波士顿、巴黎、柏林等国际大都市金融保险房地产商务服务和信息服务主要生产性服务业就业比重 1990 年基本超过 20%，到了 2000 年超过 25%，纽约、伦敦甚至超过了 35%。如果将运输仓储通讯等传统生产性服务业也包含在内的话，生产性服务业就业比重一般都在 30%～45%。2000 年中国香港、新加坡、中国台湾、汉城等生产性服务业就业比重也都在 20%～30% 之间，只有北京和上海的比重偏低，仅有百分之十几。因此，生产性服务业在国际大都市中的快速增长和集聚趋势是较为明显的，而且向着资本和知识密集的更高层次发展和升级。

表 2.10　　　　1990~2000 年主要国际大都市各产业就业结构变化　　　单位：%

城市	年份	建筑业	制造业	批发零售酒店餐饮	交通仓储通讯采矿	金融保险房地产商务服务	信息服务	公共管理医疗社会工作社区及个人服务
纽约	1990	3.2	7.44	17.42	5.54	27.73	3.57	35.09
	2000	3.23	4.75	17.11	4.53	28.88	4.07	37.42
芝加哥	1990	4.37	16.78	23.71	5.4	21.13	1.81	26.81
	2000	4.54	13.5	22.46	5.76	24.01	1.78	27.95
洛杉矶	1990	3.15	19.63	21.35	4.86	19.89	3.7	27.06
	2000	3.23	15.01	21.91	5.24	20.06	5.08	29.46
华盛顿	1990	6.07	3.5	20.31	4.09	22.26	2.71	41.04
	2000	5.54	3.05	18.92	4.14	26.13	3.1	39.1
旧金山	1990	3.51	19.63	21.35	4.86	19.89	3.7	27.06
	2000	3.23	15.01	21.91	5.24	20.06	5.08	29.46
波士顿	1990	3.19	13.64	22.59	3.34	21.65	2.46	33.13
	2000	3.77	9.49	20.83	3.65	25.99	3.07	33.19
休斯敦	1990	7.32	10.88	24.41	10.09	19.01	1.3	26.9
	2000	7.47	10.01	23.3	9.46	20.67	1.17	27.91
伦敦	1990	3.7	9.9	20.2	10.3	26.5	—	29.4
	2000	3.3	6.51	22.22	8.31	33.03	—	26.63
巴黎	1990	6.27	18.33	16.61	9.93	18.53	—	30.33
	2000	4.29	12.29	16.16	9.75	23.72	—	33.78
东京	1991	6.9	17.5	31.29	6.99	20.04	—	17.27
	2001	5.88	12.76	31.61	7.01	23.47	—	19.28
柏林	1990	6.91	25.36	16.63	8.01	11.37	—	31.75
	2000	7.94	12.61	16.47	7.52	20.55	—	34.92
米兰	1990	4.12	44.83	18.22	4.84	16.59	—	11.41
	2000	3.19	28.79	20	10.03	26.28	—	11.72
新加坡	1990	6.51	28.27	22.72	10.55	10.74	—	21.21
	2000	13.11	20.81	19.22	9.78	15.43	—	21.66

续表

城市	年份	建筑业	制造业	批发零售酒店餐饮	交通仓储通讯采矿	金融保险房地产商务服务	信息服务	公共管理医疗社会工作社区及个人服务
汉城	1990	7.36	41.64	14.49	10.45	17.13	—	8.93
	2000	6.62	15.9	33	7.9	17.58	—	18.99
中国香港	1991	8.41	27.94	26.16	10.7	7.76	—	19.04
	2000	9.43	10.43	30.7	11.68	14.16	—	23.6
中国台北	1990	6.38	19.44	32.02	8.83	9.48	—	23.85
	2000	5.64	14.9	30.25	7.58	16.31	—	25.31
北京	1993	13.41	34.22	9.82	6.03	7.57	—	28.96
	2000	11.81	23.68	14.23	7.06	9.48	—	33.73
上海	1993	4.45	56.24	8.79	6.8	2.75	—	20.99
	2000	5.47	42.82	15.02	6.42	4.6	—	25.68

资料来源：Kim Hun-min. A Comparative Study on Industrial Competitiveness of World Cities [J]. International Review of Public Administration, 2004, 9 (1): 57–69.

纽约、伦敦和东京是处于全球城市体系顶端的世界城市，生产性服务业在这些世界城市中发展尤为迅猛，金融业、保险业、房地产业、商务服务业等生产性服务业在城市经济总量中占有相当大的比重，同时相关产业在所在国的份额也较大。表 2.11 反映了 1974～2004 年期间生产性服务业在纽约、伦敦和东京的就业比重变化，并对比显示了同期生产性服务业在美国、英国和日本就业比重。

表 2.11　　　　伦敦、纽约和东京部分生产性服务业从业人口变动　　　单位：%

年份	城市/国家	金融业	保险业	房地产业	商务服务业	城市生产性服务业从业人员占国家总就业人口比重
1974	伦敦/英国	4.0/1.6	2.6/1.2	0.7/0.4	6.3/2.9	16.0
1984	伦敦/英国	4.5/2.1	1.9/1.1	0.6/0.3	8.1/4.3	15.7
1994	伦敦/英国	4.8/2.4	1.7/1.1	1.0/0.6	10.2/5.0	16.6
2004	伦敦/英国	8.4/3.4	—/1.0	2.2/2.5	—/12.0	15.4
1974	纽约/美国	7.3/2.9	3.2/2.2	3.0/1.2	6.3/2.9	5.9
1984	纽约/美国	10.2/3.4	3.4/2.3	3.0/1.3	8.3/4.1	3.9
1994	纽约/美国	8.9/3.5	3.2/2.2	3.1/1.4	9.4/5.3	3.7
2004	纽约/美国	10.7/3.5	3.8/2.2	7.2/1.3	8.5/7.9	2.9

续表

年份	城市/国家	金融业	保险业	房地产业	商务服务业	城市生产性服务业从业人员占国家总就业人口比重
1974	东京/日本	4.5/2.6	—	1.9/0.7	—	11.0
1984	东京/日本	4.2/2.8	—	1.8/0.7	—	10.2
1994	东京/日本	4.2/3.0	—	1.9/0.8	—	10.2
2004	东京/日本	5.7/3.9	—	2.5/—	—	13.7

资料来源：Saskia Sassan. The global city ［M］. Princeton University，2005.

　　从表 2.11 可以看出，伦敦的金融业就业比重由 1974 年的 4% 上升到 2004 年的 8.4%，远高于同期英国平均的金融业就业比重（从 1.6% 上升到 3.4%）。纽约金融业就业比重由 7.3% 上升到 10.7%，同样远高于美国同期的 2.9% ~3.5% 的平均就业比重。东京金融业就业比重由 4.5% 上升到 5.7%，也仍然高于日本同期平均 2.6% ~3.9% 的就业比重。保险业、房地产业和商务服务业的就业也显示了同金融业一样的特点。伦敦生产性服务业从业人员占整个国家总就业人口比重约为 16%，纽约在 3% ~6% 之间，东京在 10% ~14% 之间。

　　生产性服务业提供的服务具有知识和技术含量高、高度定制、交互性强等特点，其中心内容是商务与消费市场的结合，因此，生产性服务业一般趋向集聚在基础设施和信息网络发达、生产和生活环境质量高、市场需求旺盛、经营环境开放的地区。随着跨国公司的全球生产布局，以管理和控制生产为主的全球总部和区域总部服务机构越来越倾向于集聚在国际大都市，特别是世界城市。这些城市往往成为跨国公司总部的集聚地、国际金融中心、贸易中心、物流中心、信息中心等。

2.2.2　生产性服务业在国际大都市的空间集聚

　　生产性服务业不仅在伦敦、纽约和东京这样的国际大都市发展远远超过各城市所在国的平均水平，显示了规模上的高度集聚特征，而且在这些大都市的空间发展中也呈现出明显地向中央商务区和特殊区位集聚特点。例如，纽约的生产性服务业主要集中在曼哈顿地区。东京、伦敦、多伦多、悉尼、法兰克福、苏黎世等出现了高度集聚的专门金融区和中央商务区，并且这些区域也越来越成为国际化程度很高的金融中心、商务中心、营运中心，从而提升了整个城市在全球经济中的地位和等级，许多世界城市（亦称全球城市）由此而诞生。伦敦、纽约、东京被称为"全球城市三角"，不仅是全球的金融中心，而且是全球管理和控制中心，在全球经济中具有重要作用。

2.2.2.1 伦敦生产性服务业的空间集聚与伦敦经济发展

伦敦不仅是英国最大的城市，也是英国政治、经济、文化中心和交通枢纽，土地面积 1584 平方公里，由伦敦金融城、内伦敦和外伦敦三部分组成。2004 年伦敦经济总量约占英国的 18%，就业占英国的 15%，服务业就业占伦敦的 89%，占有绝对主导地位。2007 年，伦敦人口占英国总人口的 12%，其产出占英国 GDP 的 21%，并在 1998～2007 年对英国 GDP增长的平均贡献为 23%（贡献第二大的地区是东南部地区，平均为 16%）。从 1996～2006 年，伦敦经济规模占英国经济规模的份额从 14.8% 扩大到17.1%，并占其间英国经济增长的 12%（ONS 数据）。特别是，在 2006～2007 年伦敦的税收收入约为 930 亿英镑，该财年英国税收总收入为 4860亿英镑，所以伦敦所占份额约为 19%。此外，根据 GLA 的报告，伦敦从1989～1990 年起就成为了税收输出地（除了 1993～1994 年），2006～2007年伦敦"输出"到其他地区的税收收入（即税收盈余）估计在 84 亿～184 亿英镑之间。伦敦贡献了英国税收收入的 1/5 左右，为重新分配增长收益做出了贡献。

伦敦经济增长的约一半来自于金融部门，伦敦金融服务业每年增长 8%左右。作为全球最大的国际金融市场，伦敦金融业占生产性服务业增加值的比重一直在 60% 以上。截止到 2004 年年底，伦敦共有 277 家外国银行分行或子行，1/3 来自欧元区，资产管理额高达 49690 亿英镑，占英国银行资产总额的一半以上。2003 年保费净收入高达 1530 亿英镑，位居欧洲第一，全球第三，是全球最大的国际保险市场。伦敦还是全球最大的柜台交易衍生业务市场，占全球交易的 43%。全球最大的有色金属交易市场，业务量占全球 90% 以上。全球流动性最强的黄金买卖和拆借业务现货市场，因此是名副其实的全球金融中心。同时，伦敦还是全球国际法律服务中心、会计及相关服务业务和管理咨询业务中心之一。根据由伦敦投资局（Think London）及《IBM 在伦敦 2020》提供的数据：在《新 FDI 时代竞争》（2010 年 3 月）及《财富》全球 500 强（2009 年 7 月 20 日），在"城市"排行中，就《财富》500 强企业总部的数量而言，伦敦排在东京、巴黎、北京及纽约之后名列第五，在这些企业的总规模排名中，伦敦名列第四。

根据潘迪特和库克等（Pandit and Cook et al.，2001）① 的研究，将英国分成十四个大区，整个伦敦地区集中了 64% 的金融业，其中伦敦大都市区就占 44%。传统金融中心伦敦城和卡纳里（Canary）商务区都是典型的生产性服务业集聚区。20 世纪 80 年代后，作为伦敦码头区更新的核心组成部分，卡纳里商务区已经发展成为世界知名的金融服务集聚地，2001 年吸纳就业 5.7 万个，其中以银行、保险和商务服务业就业增长最多，预计至 2016 年，该地区将新增 10 万个就业岗位，约占同期伦敦东次分区就业增长总量的 50%。金丝雀码头是伦敦市内中央商务区之一，位于伦敦东部港口区内，内有高层建筑 24 座，建筑面积约 100 万平方米，街心花园、广场、步行街、林间小路等公众空间总面积约 30 公顷，2006 年这一区域内工作人口约 9 万人，预计这一数字在 2020 年将达到 20 万人。区内主导产业以金融服务业和传媒业为主，是世界上最大单一商业房地产开发项目。这里同时也是区域性的休闲购物中心，聚集了约 200 家各式店铺和餐厅以及生活配套设施。

2.2.2.2　纽约生产性服务业的空间集聚与纽约经济发展

纽约是美国的经济中心，是美国主要的金融、保险、房地产、传媒和艺术中心，也是世界金融与贸易中心，是与伦敦和东京并列的全球三大世界经济"指挥中心"之一。纽约独自控制了全球资本的 40%。1996 年纽约证券市场的年交易额高达 40637 亿美元，而同期伦敦只有 14006 亿美元，东京为 9293 亿美元。2005 年，纽约大都会地区的 GDP 达到 11330 亿美元，服务业产值占 GDP 的比重达 88.4%，排名仅次于日本东京的大都会区（GDP 为 11910 亿美元），成为美国最大、世界第二大的城市经济区域。根据辛科迪亚斯（Cinco Dias）研究，2008 年纽约控制着全球金融的40%，是世界上最大的金融中心。许多跨国公司的总部设在纽约市，包括42 个《财富》500 强企业。纽约也成为美国集聚外国大型企业跨国公司最多的城市，1/10 的城市私人部门就业机会来自于外国公司。在 2006 年国际城市竞争力排名中，纽约城市竞争力排名全球第一，是国际大都市的成功典范。

纽约的电视和电影业位居美国第二位，仅次于最大的好莱坞。随着纽约拥有越来越强大的竞争优势，创意产业，如新媒体、广告、时装、设计

① Pandit N. R., Cook G. A. S., Swann G. M. P., The Dynamics of Industrial Clustering in British Financial Services［J］. The Service Industries Journal，2001，21（4）：33－61.

和建筑占有了就业越来越大的份额。纽约的广播电视、电影、出版、音乐、广告等传媒服务业的年产值超过 540 亿美元，从业人员约为 21.5 万人，就业人数约占 6%。高新技术产业如生物技术、软件开发、游戏设计和互联网服务也越来越大，由于纽约位于跨大西洋的几条光缆干线的终点站，纽约的信息技术服务产业得到了迅猛的发展。2003 年通信营运商、有线电视公司和因特网服务供应商、出版商的产出总产值超过 230 亿美元，约占纽约总产出的 3%，就业总数超过 4.3 万人。其他重要部门包括医疗研究和技术，非营利机构和大学也在纽约具有重要的作用。以食品加工、化工、金属制品等为主的制造业占有就业相对较小，而且比重逐年下降。

从表 2.12 可以看出，2001 年，生产性服务业就业人数是制造业就业人数的 16 倍，到 2008 年提高到了 28 倍。在生产性服务业 100 多万人的就业中，金融保险和专业技术服务就业所占比重最大，2008 年分别有 36 万人和 38 万人，金融保险业从业人员数近些年来尽管有所波动，但大体保持在 36 万人不变，而专业技术服务从业人员上升势头明显，从 2001 年到 2008 年增加了近 6 万人。因此，如果再加上未统计的运输仓储，生产性服务业应该占到纽约经济的 50% 左右，居于主导地位。

表 2.12　　　　2001~2008 年纽约生产性服务业及其细分行业的就业变化

单位：万人

行业	2001 年	2002 年	2003 年	2004 年	2005 年	2006 年	2007 年	2008 年
制造业	6.31	5.56	5.01	4.89	4.56	4.20	4.10	3.88
生产性服务业	103.79	98.14	95.15	96.09	99.05	102.68	107.53	110.21
信息服务	18.07	15.98	15.01	14.75	15.18	15.29	15.47	15.60
金融保险	36.88	33.52	31.85	31.86	32.71	33.91	35.84	36.22
房地产租赁	10.75	10.60	10.85	11.31	11.94	12.22	12.85	13.56
专业、科学和技术服务	33.10	32.54	31.83	32.87	33.72	35.60	37.69	38.93
企业管理	5.00	5.50	5.61	5.31	5.51	5.64	5.69	5.89

注：这里生产性服务业的统计未包含运输仓储，因为该行业统计值缺省。
资料来源：根据美国国家经济分析局 Regional Economic Information System 发布的数据计算整理得出。

纽约的生产性服务业高度集中于曼哈顿区。曼哈顿总面积 57.91 平方公里，占纽约总面积的 7%，人口 150 万人。在 1960~1975 年，纽约大都市区的办公面积增加了 1031 万平方米，1975 年仅曼哈顿就拥有办公面积 2109 万平方米，比 1960 年增加了 86%。但是随着 CBD 的复兴使地价不断上升，许多公司搬到位于郊外的园区，曼哈顿几乎一度失去了其作为总部区位的历史性角色。但进入 21 世纪，曼哈顿再次成为了总部基地的最佳区位，设在纽约曼哈顿的总部及分支机构是 1990 年的 2 倍还多。因为对顶级管理者来说，曼哈顿是他们与金融、法律和咨询业建立联系、进行面对面交流的最佳地点。目前曼哈顿的经济增长量约占纽约总经济增长量的 82%。曼哈顿的办公空间在 2001 年达到 3286 万平方米。曼哈顿中城是美国最大的商业中心区。曼哈顿下城是第三大美国中央商务区，也是位于华尔街的纽约证券交易所和纳斯达克交易所的所在地，如果用平均每日交易量和总市值来衡量，这两个交易所分别代表了世界的第一大和第二大证券交易所。金融服务的总收入超过全市就业收入的 35%。房地产是城市经济的主要力量，2006 年所有纽约市不动产业总价值为 8024 亿美元。曼哈顿地产估价约占纽约市地产估价总额的 53%。时代华纳中心是纽约市场价值最高的地产，2006 年其市场价值为 11 亿美元，纽约也成为美国和世界最有价值的不动产汇聚地。公园大道 450 号在 2007 年 7 月 2 日以每平方英尺 1589 美元（即 17104 美元/平方米）被出售，总价约为 51000 万美元，打破了之前 2007 年 6 月麦迪逊大街 660 号每平方英尺 1476 美元（15887 美元/平方米）最高出售纪录。

2.2.2.3　东京生产性服务业的空间集聚与东京经济发展

东京在政治、经济、文化各方面都是全日本的中心。东京占地面积 2187 平方公里，占日本国土面积的 0.6%，人口占日本全国的 2.4%。东京下辖 23 区、26 市、5 町、8 村以及伊豆群岛、小笠原群岛。根据 2005 年全球最富裕城市大都会区排名（见表 2.13），东京 GDP 为 11910 亿美元，排名世界第一。东京的 GDP 约占日本全国 GDP 的 26%，就业人数约占日本的 10%，人均收入达到 40393 美元。

表 2.13　　　　　　　　2010 年全球最富裕城市/都会区排名

顺序	城市/都会区	所在国家	GDP（亿美元）
1	东京	日本	29900
2	纽约	美国	26300
3	洛杉矶	美国	17874
4	伦敦	英国	6955
5	巴黎	法国	6581

续表

顺序	城市/都会区	所在国家	GDP（亿美元）
6	芝加哥	美国	6571
7	大阪/神户	日本	5255
8	墨西哥城	墨西哥	4521
9	华盛顿特区	美国	3845
10	旧金山	美国	3745
14	中国香港	中国	2440
23	上海	中国	1511
25	北京	中国	1476

资料来源：根据 citymayors 统计数据库整理。

东京作为世界三大金融中心之一，吸引了全日本 30% 以上的银行总部，集中了数百家银行。销售额超过 100 亿日元的大公司有 50% 将总部设在东京。东京因此而拥有了世界最大的跨国公司和银行数量，超过纽约和伦敦，位列世界第一。从表 2.14 可以看出，东京的全球 500 强企业总部数量在 1996 年和 2006 年都位居世界第一，尽管 2006 年总部数量少于 1996 年的数量。东京的上市企业数量占日本的比重超过 45%，证券交易额约占全日本的 86%，国际组织数约占日本的 62%。可见，东京是日本的核心城市。

表 2.14　　全球 500 强企业总部区位分布（1996 年和 2006 年）

1996 年			2006 年		
排序	城市	总部数	排序	城市	总部数
1	东京	92	1	东京	52
2	纽约	38	2	巴黎	27
3	巴黎	37	3	纽约	24
4	大阪	27	4	伦敦	23
5	伦敦	12	5	北京	15
6	芝加哥	11	6	首尔	9
7	汉城、慕尼黑	9	7	多伦多	8
8	旧金山	8	8	马德里、苏黎世	7
9	苏黎世	7	9	休斯敦、大阪、慕尼黑	6

资料来源：《财富》500 中文网。

　　东京还是日本服务业占比最大的城市，无论是从收入、就业人数还是企业数量，东京都占有最大优势。根据东京服务业和日本全国的比较（见表 2.15），东京服务业在日本排名第一，服务业总收入占日本的 27.2%，企业总数占日本的 12.18%，就业人数占日本的 16.8%，劳动力的服务报酬也高于日本的平均水平，是日本服务业平均值的 1.3 倍。

表 2.15　　　　　　　　　　　**东京服务业和日本全国的比较**

服务业项目	东京	日本全国	东京占全国比例
总收入（十亿日元）	41221.2	151815.9	27.2
企业总数（万家）	25.89	212.26	12.18
就业人数（万人）	249.16	1476.95	16.8
经费总额（百万日元）	46411072	172427300	26.92

资料来源：根据 2004 年日本《服务业调查报告》和《2004 年东京都统计年鉴》整理。

　　东京是日本最大的商业中心，东京约有 30 余万家大小商店，商品销售额占全国的 29.17%，批发销售额占全国的 35.13%；东京有高度发达的金融保险业，截至 21 世纪初，专门从事银行、信托业的机构已达 1600 家，从业人员近 12 万人，各类金融机构吸收存款 133 万亿日元，占日本全国的 24%，贷款余额 152 万亿日元，占全国的 40%。全日本 30% 以上的银行总部、50% 销售额超过 100 亿日元的大公司总部设在东京。

　　东京的 CBD 发展主要依靠强有力的政府规划和政策支持，除巩固发展传统 CBD 中心（丸内金融区）外，还着力发展以信息和商务为主的新宿、临海等多个新中心区，甚至扩展至东京市外的幕张副中心和横滨区域，形成了以生产性服务业集群为主的网络化发展模式。城市副中心区的发展并没有影响东京中央商务区商务功能发展的强大吸引力，而且这些副中心区分别依据自身的优势，而在金融、批发、信息相关产业和专业服务产业等生产性服务业细分行业上重点集聚，形成了多样化、多层次和网络化的结构特征。与纽约和伦敦不同的是，东京在发展服务业的同时，仍然坚持创新型工业发展，以大田区为中心的产业综合体是重要的技术创新核心区，并且将制造业向生产性服务业延伸与融合，实现了生产性服务业与制造业的互动式发展。另外，政府立足于全球战略的高端东京城市规划和强有力的政策支持，再加上高端专业人才的汇聚，都为东京 1 个中央商务区和 8 个副中心区的各种知识密集型高端生产性服务业集群发展提供了重要条件。东京受过大学高等教育的人数占城市总人口的 34.27%。这些人才储备和研究机构的聚集为东京生产性服务业的集聚与创新提供了强大的智力支持。

随着经济的全球化，大规模的生产活动逐渐向边缘地带和发展中国家转移，而对这种生产活动的管理和控制则向大城市集中，生产和管理在空间上逐步分离。另外，由于国际金融及其对资本的控制的快速增长大大提高了交易的复杂程度，这种新环境势必需要一个非常高级的专门服务设施和高层次的电讯设施提供服务，国际大都市特别是世界城市就成为二者结合的最佳区位。国际大都市依靠其现代化的基础设施、高等级的生产性服务业网络和高效率的信息通讯系统而成为跨国公司全球生产经营和战略策划中心。围绕着为跨国公司服务的需要，金融、保险、银行、地产、商务等生产服务业在国际大都市迅速集聚，特别是越来越多的金融机构正在联合起来并向最高层城市迁移，银行和保险的区位形式趋向急剧的集聚。与此同时，这些产业的迅速集聚也意味着只有有限的城市（特别是世界城市）能够发挥其战略作用。因此，在全球化不断向广度和深度推进的过程中，城市的极化作用将加剧，少数大城市将代表各自的国家和地区参与全球分工和竞争。在争夺全球城市体系金字塔的最顶端位置的竞争过程中，生产性服务业的集聚和发展速度及其对城市、区域乃至全球的经济影响力将成为这场竞争角逐中的重要内容。

2.3 本 章 小 结

本章运用大量的统计数据和已有实证研究文献，探讨了全球经济服务化大趋势背景下，生产性服务业已经成为发达国家增长最快的部门，并逐渐成为发展中国家的重要经济力量。接下来，以纽约、伦敦和东京为典型城市，分析了生产性服务业在典型国际大都市的集聚状况及其对城市发展所起到的重要作用，说明产业集聚是生产性服务业快速发展的有效模式和空间区位表现。

首先，从生产性服务业兴起和发展的背景出发，通过近半个世纪以来高中低收入国家、发达国家与发展中国家以及美国、英国、法国、德国、意大利、日本、韩国、印度等主要国家的服务业结构比重变化说明世界产业结构正在向服务化经济转变，发达国家和部分发展中国家服务业比重已经超过半数，成为经济主体产业构成。在这种全球经济服务化趋势下，通过引述国内外学者的实证研究文献，并运用荷兰格罗宁根大学增长和发展研究中心产业数据库，对美国、日本、法国、德国、英国、意大利和加拿大 7 国的生产性服务业及其细分行业 1980 年以来的发展进行统计分析，提出生产性服务业已经成为发达国家经济增长最快的部门。通过 1970 ~ 2007 年韩国、印度、南非等发展中国家生产性服务业及其主要构成部门增加值比重变化的统计分析，提出尽管程度表现不尽一致，但生产性服务业对发展中国家经济增长的作用正在逐渐增强，逐渐成为发展中国家的重要经济力量。

其次，从空间区位角度研究生产性服务业在国际大都市中的发展与集聚。通过纽约、芝加哥、洛杉矶、伦敦、巴黎、柏林、东京、中国香港、北京和上海等主要国际大都市 1990 年和 2000 年各产业就业结构变动比较，提出生产性服务业已经成为国际大都市中吸纳就业的主要部门，其中纽约、伦敦和东京生产性服务业的增长尤为迅猛，推动着这些城市成为全球城市等级体系顶端的世界城市，这些城市又依靠着强大的经济辐射和扩散能力，推动着生产性服务业在这些城市的进一步集聚和向着资本和知识密集更高层次发展和升级。生产性服务业具有知识和技术含量高、高度定制和交互性强的特点，是跨国公司连接生产经营活动与消费市场的重要组织者，也是全球资本实现高效全球网络运营的重要控制者，因此国际大都市特别是世界城市成为二者结合的最佳区位。在争夺全球城市体系金字塔的最顶端位置的竞争过程中，生产性服务业的集聚和发展速度及其对城市、区域乃至全球的经济影响力将成为这场竞争角逐中的重要内容。

第 3 章

面向生产性服务业的集聚
动因与区位模型

随着经济全球化和信息通讯技术的发展，企业和个人并不是一成不变地分布于各种经济空间（国家、区域、城市以及街区）中，而是相对于其他地方，在某些位置高强度地聚集。无论是生产性服务业还是制造业，都表现出高度的经济聚集现象，而且生产性服务业甚至比制造业更加依赖本地市场，更加倾向于空间集聚。因此本章主要以新经济地理学研究为基础，研究生产性服务业集聚的动因，并构建面向生产性服务业集聚区位的理论模型。

3.1 生产性服务业的集聚动因解析

西方学者对生产性服务业集聚的研究起步较早，但大多数学者没有对生产性服务业集聚进行准确定义，一般借用已有的集聚概念来进行研究，少数学者对生产性服务业集聚作了定义，如查布尔和纳查姆（Keeble and Nacham，2002）[①] 把生产性服务业集聚定义为大量生产性服务企业集中在一个较小的地理空间内。本书认为生产性服务业集聚是指，产生于工业化比较发达的阶段，主要依托信息技术和现代管理理念发展起来的，以人力资本、知识、技术和信息等高级生产要素密集投入的生产性服务企业和相关产业在特定地理空间的大量集中。本节对生产性服务业集聚动因的分析主要借鉴了克鲁格曼（Krugman）等人把产业空间集聚理解为向心力和离

---

① Keeble, D., Nacham, L., Why do business service firms cluster? small consultancies, clustering and decent realization in London and Southern England [J]. Transaction of the Institute of British Geographers, 2002, 27 (1): 67–90.

心力两种力量权衡作用的结果[①]，并在其理论基础上，分需求和供给两个层面归纳了生产性服务业集聚与扩散的动态演变因素，进而给出了一个简单模型解释。

3.1.1　生产性服务业集聚力与分散力的影响因素

微观经济活动主体理性的区位选择导致经济活动在某一优势区位的聚集和扩散，在中观和宏观上表现为城市与区域的经济增长。以克鲁格曼为代表的新经济地理学近年来深入研究了经济中的集聚力与分散力问题，取得了不少丰硕的研究成果。对于集聚力，克鲁格曼借鉴了马歇尔的地方化外部经济的概念以及赫希曼的前后向联系的概念。对于分散力，克鲁格曼按照城市经济学的传统，考虑了不可流动要素作用（如土地、自然资源、国家间的劳动力）、租金以及外部经济（如拥挤成本）。

然而，作为最初的新经济地理学模型（核心—边缘模型），模型的集聚力来自于厂商层次的报酬递增、消费者多样化偏好以及运输成本之间相互作用所产生的本地市场效应以及价格指数效应。模型的分散力来自于对分散生产的农产品的需求。其后的模型更加丰富了集聚与分散机制，例如，维纳布斯（1996）[②] 出了一个通过产业的上下游联系产生集聚过程的模型，该模型借鉴了赫希曼的前后向联系的思想。藤田（1988）[③] 在其模型中引入了中间产品部门，其思想来源于马歇尔的三个外部经济之一：地方的专业化有助于中间产品价格的降低。布莱克曼等的模型修正了制造业的生产函数，并将拥挤效应的负反馈过程引入模型。其典型的制造业生产函数为 $l_{ij} = \alpha(N_j) + \beta(N_j)x_i$，在该模型中，可以假定随着产品种类数的增长，边际成本和固定成本都会上升，这隐含了因为集聚所产生的拥挤、地价上升等现象。拥挤效应是导致小的区域也可能成为集聚中心的原因。拥挤效应的存在使得经济在发展到了一定程度时，厂商和劳动力有向边缘地区流动的动力，这在一定程度上体现了"扩散效应"在起作用。关于决定经济中的集聚力与分散力的各种影响因素可以从图 3.1 中显示出来。

---

① 保罗·克鲁格曼，地理在经济发展中的作用. 选自吴敬琏. 比较（第 28 辑），北京：中信出版社，2007：23 - 40.

② Puga, D., Venables, A. J., The Spread of Industry: Spatial Agglomeration in Economic Development [J]. Journal of the Japanese and International Economics, 1996, 10: 440 - 464.

③ Fujita, M., A monopolistic competition model of spatial agglomeration [J]. Regional Science and Urban Economics, 1988, 18 (1): 87 - 124.

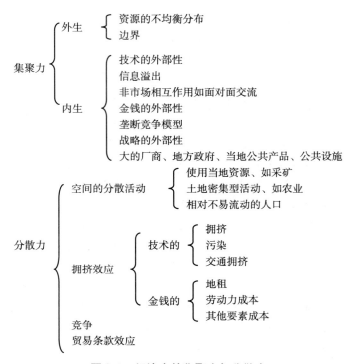

图3.1 经济中的集聚力与分散力

资料来源：Meardon，Stephen J. Myrdal，Perroux and the New Economic Geography：Modeling Agglomeration and Dispersion in City and Country，American Journal of Economics and Sociology，2001，60（1）：25.

那么，是什么原因造成生产性服务业在空间分布上呈现集聚发展的现象呢？

最早的马歇尔的研究把聚集经济概括为三点原因：即劳动力蓄水池、资源共享和知识外溢。此后，一些学者还把要素禀赋、本地化效应、寻租等因素考虑其中。弗农和胡佛（Vernon and Hoover，1968）[①]从劳动力供给、交通成本、办公租金等因素研究服务业的集聚；丹尼尔斯（Daniels，1985）[②]从互补共生角度研究服务业集聚的原因；斯科特

[①] Vernon，R.，Hoover，E. M.，The New York Metropolitan Regions Conununity Types，in Fava，Sylvia Fleis eds. Urbanism in World Perspective，1968：249–250.

[②] Daniels，P. W.，Service Industries：A geographical appraisal [M]. London：Methuen，1985.

（Scott，1988）① 和伍德（Wood，1991）② 从弹性生产体系和核心竞争能力角度研究生产性服务业的集聚；伊列雷斯（Illeris，1989）③ 从前后向联系和人力资源的"蓄水池"角度研究生产性服务业集聚动因；森（Senn，1993）④ 从减少不确定性和增加地理接近便利性角度研究生产性服务业空间集聚。

此外，生产者服务业集聚的原因并不是为了成本节约，而是为了获得收益剩余，因此集聚能够促使面对面接触（Baro and Soy，1993⑤；Sassen，2001⑥）；外部收益递增（Gordon and McCann，2000⑦）；形成非正式网络和协作，从而获得新的知识和信息（Keeble and Nachum，2001⑧）。而加斯珀和格莱泽（Gaspar and Glaeser，1998）⑨ 和埃斯帕扎和姆尼克（Esparza and Krmenec，1994）⑩ 则认为信息技术革命对生产者服务业的空间集聚产生了双重性影响，一方面促使某些产业和部门离开集聚区，另一方面增加了部分行业和部门频繁接触的必要性和可能性⑪。

潘迪特和库克（Pandit and Cook，2003）⑫ 从供给和需求角度总结了影响生产性服务业集聚力与分散力的主要因素，见表 3.1。

① Scott, A. J., Flexible production systems and regional development：the rise of new industrial spaces in North America and Western Europe? [J]. International Journal of Urban and Regional Research, 1988 (12)：171 – 186.

② Wood, P. A., Flexible accumulation and the rise of business services [J]. Transactions of the Institute of British Geographers, 1991, 16 (2)：160 – 172.

③ Illeris. Producer services：the key factor to economic development [J]. Entrepreneurship and regional development, 1998, 1 (3)：267 – 274.

④ Senn, Lanfranco. Service activities' urban hierarchy and cumulative growth [J]. The Service Industries Journal, 1993, 13 (2)：11 – 22.

⑤ Baro, E., Soy, A., Business Services Location Strategies in the Barcelona Metropolitan Region [J]. The Service Industries Journal, 1993, 13 (2)：103 – 118.

⑥ Sassen, S., The global city：New York, London, Tokyo [M]. Princeton University Press, 2001.

⑦ Gordon, Ian R., McCann, Philip, Industrial Clusters：complexes, Agglomeration and/or social networks? [J] Urban Studies, 2000, 37 (3)：513 – 532.

⑧ Keeble, D., Nachum, L., Why do business service firms cluster? Small consultancies, clustering and decentralization in London and Southern England [J]. Transactions of the Institute of British Geographers, 2001, 27：67 – 90.

⑨ Gaspar, J., Glaeser, E. L., Information Technology and the Future of Cities [J]. Journal of Urban Economics, 1998, 43 (1)：136 – 156.

⑩ Esparza, A., Krmenec, A. J., Producer Services Trade in City System：Evidence from Chicago [J]. Urban Studies, 1994, 31 (1)：29 – 46.

⑪ 陶继明. 上海生产者服务业空间集聚研究 [D]. 上海社会科学院博士论文，2008：6.

⑫ Pandit, N. R., Cook, G., The benefits of industrial clustering：insight from the British financial services industry at three locations [J]. Journal of Financial Services Marketing, 2003, 7 (3)：230 – 245.

表 3. 1　　　　　　　生产性服务业集聚力与分散力的影响因素

类别	需求方面	供给方面
集聚力	接近客户 降低客户搜寻成本 信息外部性	知识溢出 专业化投入的规模经济和范围经济 基础设施共享 企业间良性的竞合关系
分散力	需求市场的拥挤和过度竞争 技术创新的中断 客户口味和偏好的改变	供应市场的拥挤和过度竞争 市场的高度集中化 租金和基础设施成本的不断攀升 强制的商会或行业协会

资料来源：改编自潘迪特和库克（Pandit and Cook，2003）。

正是由于供给和需求两方面中的多种因素影响着生产性服务业集聚力与分散力的权衡，才导致了现实中我们可以看到的生产性服务业在某些空间区位呈现较为明显的集聚特点，而同时在其他一些区位又表现为空间扩散趋势。

3.1.2　生产性服务业聚集经济动因的模型推导

导致生产性服务业集聚动态发展的原因很多，归根结底是集聚带来的收益与成本的对比关系。生产性服务业集聚利益大于成本时，集聚力起主导作用，生产性服务企业就会向集聚区进一步集中，集聚区不断吸收新的生产性服务企业加入，集聚区域不断扩大；当生产性服务业集聚成本大于收益时，分散力将取代集聚力成为主导力量，集聚就会逐渐衰落。

本书借鉴斯图尔特·罗森塔尔和威廉·斯特兰奇（Stuart Rosenthal and William Strange）关于集聚经济的模型推导方法，将生产性服务业聚集经济效应延展为三个层面的内容，即产业层面、地理层面和时间上的偶然性三个层面加以研究，试图建立生产性服务业集聚经济模型。

从产业层面来讲，聚集经济首先带来的是产业聚集能够享有的规模经济，这种规模经济的好处既来自于由于生产性服务业聚集而导致的本土化，使得本地企业能够享有规模报酬递增和外部规模经济，又包括生产性服务业聚集带来的总体经济活动的集中，即城市化的结果。

从地理层面来讲，地理距离上的临近，使得企业和机构能够有更多的相互作用和相互影响，很多相互作用产生的是一种正效应。生产性服务业是知识密集型的产业，与制造业相比，面对面接触、信息传递和机会成本等非经济因素对生产性服务业更为关键。在集聚区内，由于知识溢出具有地域性特征，有关政策的、市场的、技术的以及其他与竞争有关的各种知识与信息快速传播，信息更容易获得，获取成本更低。而且，由于接近市场、接近客户对生产性服务企业的生存和发展至关重要，生产性服务业在空间分布上比其他产业呈现出更明显的集聚趋势。

从时间上的偶然性来讲，可能两个企业或多个企业之间由于过去曾经发生过的交易往来关系或者其他的一些随时间发展变化带来的偶发事件，都有可能是导致聚集的原因。并且由于这个时间因素的考虑，还使得聚集经济的分析跨出了静态分析的框框，能够更多地考虑动态因素的作用。历史因素在生产性服务业集聚的过程中也起到了不可替代的作用。纽约和伦敦就是凭借在早期资本主义竞争中取得的先发优势，成为世界最早的生产性服务业中心，并且在路径依赖机制的作用下获得了自我增强的放大效应，使得这种优势地位保持至今。

1. 第一阶段：模型假设和变量设定

假设每个生产性服务企业位于一个相互独立的区位点上，进而先假设两个企业位于两个相互独立的点 j 和 k，位于 k 点上的企业对位于 j 点上的企业的影响取决于两个区位点上的企业经济活动规模和范围，除此之外，还取决于两个企业之间的距离。其中，这个距离可以从三个维度去衡量：

（1）d_{jk}^G，地理距离（geographic distance），j 与 k 之间的地理上的距离；

（2）d_{jk}^I，由于 j，k 两个企业所发生的产业活动导致的差异性，即产业距离；

（3）d_{jk}^T，由于时间上的偶然性带来的企业之间的时间上的差异性，例如，两年以前两个企业之间的曾经有过的交易活动，则 $d_{jk}^T = 2$。

2. 第二阶段：模型建立

假设一系列的生产性服务企业密集于 k 点附近选址，形成了一个位于 k 点附近的企业集合 K，即区域 K，其中 $k \in K$，则位于 j 点的企业能够从区域 K 获得的利益即为企业 j 从企业在 k 点聚集而带来的聚集效应 A_j，

$$A_j = \sum_{k \in K} q(x_j, x_k) a(d_{jk}^G, d_{jk}^I, d_{jk}^T) \qquad (3.1)$$

其中，$q(x_j, x_k)$ 代表企业 j 和 k 的经济活动规模范围的相互影响直

接带来的利益；$a(d_{jk}^{G}, d_{jk}^{I}, d_{jk}^{T})$ 由于企业 j 和 k 之间的距离（包括地理距离、产业距离和偶然性时间的时间距离）而产生的外部性利益。

3. 第三阶段：结论

（1）$A_j > 0$，则企业 j 从 K 区域享有正的聚集效应，这种正的聚集效应带来的利益会吸引企业 j 向 K 区域靠近；

（2）$A_j = 0$，则企业 j 位于 K 区域与其他区域之间的临界点；

（3）$A_j < 0$，则企业 j 位于 K 区域的影响势力范围之外，或许位于其他聚集区域对企业 j 才有正的聚集效应。

正是存在着正的聚集效应，才使得企业 j 向以企业 k 为核心的附近企业聚集而形成的区域 K 的聚集，由此可以得出结论，聚集区域 K（即功能区 K）的形成依赖于生产性服务企业间的直接利益和外部性利益的存在，即聚集效应的存在。

因此，在生产性服务业空间集聚的动态演变过程中，集聚产生的积极效果不会无限制的持续存在，在一定临界点上集聚效应达到最大，即处于一个最佳集聚点，此后随企业数量的增加，高额的租金成本、过度竞争和拥挤减低了工作环境的舒适度等集聚离心力作用加强，部分企业开始搬迁撤离到更具有集聚经济优势的区域，集聚最终走向分散。

3.2 基于新经济地理的生产性服务业集聚区位模型

3.2.1 新经济地理对制造业聚集的理论研究

近年来，很多关于"新经济地理"的研究主要解释了制造业集聚现象。许多文章也分析过经济一体化的形成程度会对制造业区位的影响。例如，克鲁格曼（1991）[①] 在他具有深远影响的著作中提到："在一个急速向规模化发展的世界中，人们对各类消费、运输成本、劳动力流动，以及地域发展不平衡的多样化选择在结合的地域中被增强了。"换言之，假如

---

① Krugman, P., Increasing returns and economic geography [J]. Journal of Political Economy, 1991, 99: 483 – 499.

两个地区中运输成本没有太大差异，一个地区（核心）将倾向于吸收全部的制造工业到一些不利的地区（次要边缘），这些地区的低运输成本可以使企业满足来自某单一地区所有的需求。

其实，早在 1957 年缪尔达尔（Myrdal）就提出了循环累积因果关系理论①，该理论强调了经济增长过程中的正反馈作用。根据缪尔达尔观点，假如在某地存在一个过度的临界阈限，无论是什么原因导致，一个强烈的聚集现象会在经济活动中不受控制地出现。正因为大量企业在某一地区如雨后春笋般地建立，吸引了大量投资，从而创造了巨额利润。而同时出现的消费需求会继续促进企业的建立，这两个因素循环累积导致企业不断地聚集，最终形成地域间的不平衡。

克鲁格曼重新研究了这个论题并提出了一个方法论，这个方法论在不考虑资源及技术的区别下对一些地区只专注于它们主要一部分经济活动的现象给出了解释（在传统比较优势理论中认为资源与技术是不同的）。因而，克鲁格曼建立了一个只包含两个地区、两个部门的理论模型：处于垄断竞争市场的制造业部门和处于完全竞争市场的农业部门。

在这个模型中，下面几个因素的相互作用产生了集聚现象：在企业这个水平上出现了逐渐向规模化发展的趋势，以及工业部门逐渐对消费、地区间运输成本、劳动力流动的需求多样化。规模经济意味着每个公司都将它们的生产集中于同一地区；另外，对于那些名义上的固定工资，假设存在消费偏好，消费者实际收入增长在工业化程度更高的地区，这些地区可以更方便地提供免去运输成本的大量制成品。而这些都可以促使工人向同一地区流动（前向联系）。同时，不断壮大的消费群也拉动了商品需求，这样可以合理的保留一定数量的企业（后向联系）。因而，这些前后向关联引发了规模效应，不再仅仅局限于企业水平层面，而是上升到地域水平层面。

克鲁格曼的模型认为工业部门的工人主动在不同地区间转移以至于两地出现了巨大的工资差异。当这个理论被运用于研究北美洲的集聚现象时，它是合理且现实的。但是，这个理论被用于同样存在着高额的薪酬差异但人员流动并不频繁的欧洲时，这个理论就显露出了它的不足，奥克塔文和普加（Ottaviano and Puga，1998）②指出"只有 1.5% 的欧盟公民居

① Myrdal G. , Economic Theory and Under-developed Regions [M]. Duckworth, London, 1957.
② Ottaviano G, Puga D., Agglomeration in the global economy: A survey of the "new economic geography"[J]. TheWorld Economy, 1998, 21: 707 –731.

住在非出生地的国家"。

　　维纳布尔（Venable，1996）① 对克鲁格曼的模型加入了一个新的因素，使得该模型更能符合欧洲现实状况，足以分析在劳动力流动受限制的国家和地区的不同的工业化程度。因而他采用了先前模型中存在的两个工业部门并用投入—产出链将两者相联系。同时消除了劳动力流动这一个因素。因而在新理论中，工资并不会因人口流动而减少。假设人口并不能改变他们居住的位置，但是为了平衡，企业可以直接要求工人去那些工资较低的工业化落后的地区。因而在上面的模型中，薪酬差异导致分散。然而，来源于投入—产出这个存在于不同制造企业的链条将可以抵消掉前一种情形。就像维纳布尔理论那样，当工厂有着垂直联系时，上游的工厂会被拥有许多下游厂商的地区吸引，下游工厂也因为建立在上游企业聚集地而减少成本。

　　维纳布尔的研究表明了当研究集聚现象时，上下游企业的垂直链与克鲁格曼的劳动力流动理论对解释集聚现象起到同等重要的作用。而且，维纳布尔还论证了贸易成本的降低最初会引起一个工业的主要聚集，以及后期的主要分散，在他的研究中较低报酬成本也使得一些次要周边地区变得对企业更具吸引力。因而，经济一体化的过程会最终导致经济体活动的分散。

　　普加（Puga，1999）② 也得到了相类似的结果，这个结果包含了两点：投入—产出链和移民对制造业集聚具有重要的影响。这个研究将下列因素列入了制造业集聚的考虑：近似需求、供应中间产品和最终产品企业间的关系、报酬成本，这些因素在分析集聚过程有着极高的利用价值。

3.2.2　生产性服务业聚集区位模型的研究假设

　　在一个高度发达的地区，我们没有任何理由忽视制造业所扮演的重要角色，但我们同样应当重视服务业，尤其是生产性服务业的作用。生产性服务业是一个逐渐活跃地成为地方经济增长催化剂的部门（Coffey and

---

① Venables A J. , Equilibrium locations of vertically linked industries [J]. International Economic Review 1996, 37：341 –359.

② Puga D. , The rise and fall of regional inequalities [J]. European Economic Review, 1999, 43：303 –334.

Polese, 1989①; Hansen, 1990②; Michalak and Fairbairn, 1993③; Stabler and Howe 1988④)。然而，理论家却很少关注这个部门的位置分布。例如，普加 (Puga, 1999) 和维纳布尔 (Venables, 1996) 只研究了制造业的位置分布，而仅仅将作为中间产品供应的生产性服务企业作为解释制造业高度集聚的因素之一，他们的研究并没有表明作为提供中间产品的生产性服务业部门在某一地区的经济增长中可起到加速产业集聚的催化作用。

在一个信息使用越来越密集的世界，制造业不可避免地需要依靠研发、技术转移、市场、金融、工程等服务，这些都是信息和知识建立的重要因素，假设这些领域中拥有着生产制造过程不可及的高度精密性。事实上，就像汉森 (Hansen, 1994)⑤ 提出的，一台 IBM 电脑的价值只有 10% ~ 15% 来自制造过程，其余的都来自像研究、设计、工程、维修或销售等服务。

然而，历来经验证明，距离毫无例外的是一个影响信息流动的因素 (Rauch, 1993⑥; Simon, 1998⑦)，但是信息可能会来源于那些有着或高或低的成本的地区，人们可以通过发邮件去咨询一些特殊问题。然而，这并不能轻易取代面对面交流的优势，特别是当问题比较棘手的时候。网络的功能并不是万能的，况且及时地获取信息往往需要花费昂贵的费用。另外，并不是每个人都熟悉通过网络传输信息的必要技术，因为这需要掌握一定的计算机知识。由此可见，由于人力资本水平及个人应用技术掌握程度不同，或者他们所拥有的电信基础设施也有可能促进或阻碍这种信息的取得，因此获取信息的程度因地而异。就如沃夫 (Warf, 1995,)⑧ 所言，"这就可以证明最便利的信息获取大多存在于经济高度发达的地区"，如北

① Coffey, W. J., Polese M. Producer services and regional development: A policy-oriented perspective [J]. Papers in Regional Science, 1989, 67 (1): 13 - 27.

② Hansen N., Do producer services induce regional economic development? [J]. Journal of Regional Science, 1990, 40: 465 - 476.

③ Michalak W. Z., Fairbairn K J., The producer service complex of Edmonton: The role and organization of producer services firms in a peripheral city [J]. Environment and Planning, 1993, 25: 761 - 777.

④ Stabler J C, Howe E C., Service exports and regional growth in the post-industrial era [J]. Journal of Regional Science, 1988, 28: 303 - 316.

⑤ Hansen N., The strategic role of producer services in regional development [J]. International Regional Science Review, 1994, 16: 187 - 195.

⑥ Rauch J., Productivity gains from geographic concentration of human capital: Evidence from the cities [J]. Journal of Urban Economics, 1993, 34: 380 - 400.

⑦ Simon, C., Human capital and metropolitan employment growth [J]. Journal of Urban Economics, 1998, 43: 223 - 243.

⑧ Warf B., Telecommunications and changing geographies of knowledge transmission in the late 20th century [J]. Urban Studies, 1995, 32: 361 - 378.

美、欧洲和日本。

生产性服务业需要共享信息，考虑到地理距离会使信息传播更困难，本研究在模型中加入了一种新的促使企业聚集的因素：服务业建立在同一地区。这个新的因素会影响部门之间的联系，最终导致一种有差别的位置选择模式。

事实上，在很大程度上，当作为生产性服务业重要组成部分的知识与信息密集活动占据了更多的核心地区时，企业的日常管理活动和生产经营活动正在向低薪酬的地区转移（Warf，1995）。而且，这种形式的生产性服务业集聚已经引起越来越多的学者的关注。科菲和波利思（Coffey and Polese，1989）指出在加拿大"1971～1981年，约有80%的生产性服务业雇佣率增长发生在大都会地区"。他们同时证实在英、法、美这些国家生产性服务业集聚的存在，这种集中化有可能来自某一行业的集聚，也有可能来自高级技工圈里存在知识外溢的结果。

另外，信息通讯技术的发展是否带来了一个无限的世界。加斯珀和格莱泽（Gaspar and Glaeser，1998）[①] 认为电信促进了人与人之间的交流，这样可以在一个问题变得复杂而棘手的时候带来更多面对面接触交流的机会。当城镇居民比起郊区居民更多地使用电信时，电信的发展就会使很多城市变得更加有吸引力。同时，沃夫（Warf，1995）认为，基于生产性服务业和电信系统形成的全球化带动了许多世界级城市的成长，如伦敦、纽约和东京，而这些城市都是信息密集型活动的中心。这些城市中，数据密集型的金融和商业服务有着非常重要的地位，同时也使得远距离传输在这些地区出现且进一步促成了它们在当地的优势。信息通讯技术的发展对生产性服务业和制造业集聚又会产生何种影响？持续发展的信息通讯业将会带来地域间的集聚还是分散？这种现象的形成依靠什么力量？

因此，本书构建一个包含农业、制造业和生产性服务业的三部门模型，将作为中间产品部门的生产性服务业与作为最终产品部门的制造业的区位选择和产业集聚研究结合起来，研究当制造业在某些地区保留时，服务业是否有可能在其他地域聚集。而且这里重点关注那些在不同地区间进行贸易往来的生产性服务业，因为生产性服务业已经成为地区及国际间贸易高速发展的重要组成部分。

假设生产性服务业形成一个部门，这个部门主要以信息和知识为导

---

① Gaspar J，Glaeser E L，Information technology and the future of cities ［J］. Journal of Urban Economics，1998，43：136－156.

向，并且信息和知识作为生产性服务业区位分布的一个考虑因素。假设生产性服务业这个部门对企业间交易往来有极大地需求，假设有些时候信息和知识的传播存在着较大的障碍，例如大部分是人与人之间通过正式或非正式渠道相互作用的结果。生产性服务业企业可以从合作和能使他们不断更新本行业信息的经验交流中获利。企业间建立往来关系有助于改变他们对生产性知识的观念，从而一定程度上使得理念的交流及后期投入实践变得更加容易。然而，物理距离会阻碍信息的传递与接收，因而假定，处于空间分散排布的企业所获信息会少于其他排布邻近的企业。而且，本研究再假设某公司从其他地区公司获取信息的多少和质量，不仅取决于存在于两地的电信网络，也取决于该公司所在地的地区特征。因而，可以假定地区间存在差异，换言之，一个地区最初会在信息的使用上比其他地区更具优势。

因此，这里首先提出两点假设命题：

命题 1：当地区间贸易成本降低时，生产性服务业倾向于在一些信息获取丰富、人口素质高的核心地区聚集，然而制造业更偏向于低酬劳的边缘地区。

命题 2：当贸易成本居于中等水平时，信息通讯业的发展有助于服务业在核心地区的聚集。

后面的理论模型分析将紧紧围绕上述这两个命题展开，并得到求证。

3.2.3　生产性服务业聚集的三部门基础模型

假设模型中只有两个地区，设定为区域 1 和区域 2，人口分别为 L_1 和 L_2，经济中包含三个部门：农业、制造业和生产性服务业。农业市场是个完全竞争的市场，后两个部门则处于不完全竞争市场且垂直联系，因为生产性服务是制造业的中间产品。随着规模报酬递增，制造业与生产性服务业的生产具有不同的多样性，且这些企业被认为处于迪克谢特和斯蒂格利茨（Dixit and Stiglitz，1977）[①] 形式下的寡头垄断市场结构中。三个部门的劳动可以完全流动，但是却不能在地区间流动。假设 W_j 是 j 地的工资率。根据维纳布尔（Venable，1996）的研究，本研究假设两地的贸易成本

---

① Dixit A, Stiglitz J., Monopolistic competition and optimum product diversity ［J］. The American Economic Review，1977，67：297－308.

只受贸易货物的影响，那么：（1）农业产出的贸易是零成本的；（2）生产性服务（s）和制造业商品（i）的贸易收取从价税，则 $p_{rj}t_{jk}$ 是在 j 地产 k 地售的商品 $r(r=s, i)$ 的单位价格，p_{rj} 是 FOB 价格，假如 $k=j$，$t_{jk}=1$；否则 $t_{jk}>1$。

3.2.3.1 偏好

消费者对于农产品具有柯布—道格拉斯倾向偏好，同时对制造产品集合则偏向于固定替代弹性

$$U = Z_M^\beta Z_A^{1-\beta} \qquad (3.2)$$

这里 Z_A 代表农产品的消费量，Z_M 代表制造业产品集合的消费量，定义为

$$Z_M = \Big[\sum_i Z_i^{(\varepsilon-1)/\varepsilon} \Big]^{\varepsilon/(\varepsilon-1)} \qquad (3.3)$$

ε 是两个变量之间的弹性替代，$\varepsilon > 1$，根据迪克谢特和斯蒂格利茨（Dixit and Stiglitz，1977），本研究定义个体消费者在 j 地生活消费所支付的价格为

$$P_j = \Big[\sum_{k=1}^{2} \sum_{i=1}^{n_k} (p_{ik}t_{jk})^{1-\varepsilon} \Big]^{1/(1-\varepsilon)} \qquad j = 1, 2 \qquad (3.4)$$

p_{ik} 是 k 地生产的各种制成品 i 的 FOB 价格，t_{jk} 代表 j 地与 k 地之间的贸易成本，k 地多样化制成品的数量是由自身决定的，用 n_k 表示。

每个人提供无弹性的单位劳动，获得同等比例的一部分农业利润，这些利润获得将会在下文中阐述。

3.2.3.2 农业

假设农业部门是完全竞争市场，主要生产可贸易的零成本商品。劳动是唯一的生产要素，其生产函数可以表示为 $F(L_A)=\alpha L_A^\alpha$，且 $\alpha<1$。这些假定使得两地的工资差异成为可能；另外因为不断向规模化发展，两地的工资将会均等，j 地的利润函数可以表示如下：

$$\prod_{Aj} = F(L_{Aj}) - w_j L_{Aj} \qquad (3.5)$$

L_{Aj} 和 w_j 分别代表 j 地农民的数量和薪酬水平，相对的，一阶条件可以写成

$$L_{Aj}^* = \Big(\frac{w_j}{a\alpha} \Big)^{1/(\alpha-1)} \qquad (3.6)$$

因而

$$\prod\nolimits_{Aj}^{*} \alpha^{1/(1-\alpha)} (1-\alpha) \left(\frac{1}{\alpha}\right)^{\alpha/(\alpha-1)} w_j^{\alpha/(\alpha-1)} > 0 \qquad (3.7)$$

简单来看，本研究假设利润在消费者中均分，本研究会着重解释为什么这个部门在模型中如此重要。假如我们想分析为什么一地的工业化快于其他地区，我们需要一个可以从制造业与服务业获取工人的部门，因为这里没有劳动力的流动。现存的农业工人圈对解释工业化起到至关重要的作用。

3.2.3.3　制造业

科布—道格拉斯模型参数建立在劳动力要素和不同的服务业聚集上，因而本研究需要用到固定变量（f）以及代表投入数量的变量（X_{ij}）。

$$AL_{ij}^{1-\mu} \left(\sum_s Z_s^{(\varepsilon-1)/\varepsilon}\right)^{1/(1-\varepsilon)\mu} = f + x_{ij} \qquad (3.8)$$

L_{ij}代表劳动力要素，Z_s代表当地服务业的总量，这两个变量用于表示在j地生产X_{ij}单位i的投入，μ用于表示中间份额。因而，j地企业生产i的成本函数为：

$$C_{ij} = w_j^{1-\mu} (P_{sj})^{\mu} (f + x_{ij}) \qquad (3.9)$$

P_{sj}代表j地的服务价格指数，本研究定义为

$$P_{sj} = \left[\sum_{k=1}^{2} \sum_{r=1}^{n_{sk}} (p_{rk} t_{kj})^{1-\varepsilon}\right]^{\varepsilon/(1-\varepsilon)} \qquad j = 1,2 \qquad (3.10)$$

在本研究看来，价格指数依赖于单个服务及两地间贸易成本的 FOB 价格。j地生产性服务业的数量是由自身决定的，本研究用n_{sj}表示。

3.2.3.4　生产性服务业

根据克鲁格曼（1997），单个服务变量s的生产量与固定成本和劳动边际成本有关，然而，相对于因为成本只与薪酬有关，本研究认为服务的生产量与经济体中所有生产性服务业的交流往来水平有关，无论它们建在哪，解释如下：当这个问题在当今文献中被广泛地讨论时，生产性服务业逐渐成为信息导向型部门，因而本研究认为这个部门的公司可以从相互往来中获利。如若将信息转化为生产性知识，那么，较长的距离则会提高信息收集和传播的成本。本研究认为一个企业信息获得度不仅依靠两地共享的电信系统，同时取决于我们称为技术环境的前一个地域的自身特点。

因而，每个地区从电信网络中的获利是有区别的，"个人、社会团体、

机构可能在一定程度上改变技术在特定领域中的设计、发展和应用"（Graham and Marvin, 1996）[1]，本研究强调政治及经济力量对信息通讯业影响在不断增强，而不仅仅认为技术是来自社会的某种自发方式。电信的发展是社会的一部分，这可以导致不同的地区产生不同的技术环境。

本研究认为生产性服务业是知识密集型的部门，因而它们需要在知识中进行最初的投资。因而本研究有理由认定这个部门中企业获取信息的能力越高，投资额就越低，所以这导致了低的固定成本。

$$L_{sj} = f\left[\frac{n_{sj} + (K_j^\phi T^\varphi) n_{sk}}{n_{sj} + n_{sk}}\right]^{-1} + x_{sj} \quad j, \ k = 1, \ 2 \tag{3.11}$$

L_{sj}代表j地生产x_{sj}单位服务s所要投入的劳动量，n_{sj}是当地生产性服务业的数量。因而，固定和可变的劳动投入量（相对的，在技术生产的第一阶段和第二阶段）是必需的。在对称分析中，在同一地区建立的所有企业是相同的。众所周知，信息有公共产品的特征：一个企业对信息的利用不会影响到其他企业，因而，企业可以通过相互间信息的交换来获利（信息外溢）。本研究认为企业拥有越高的信息获取度，则服务业需面对的固定成本就越低。在每个地区中通过面对面接触获得的信息量是由当地企业的数量决定的（假设当地所有企业规模是一样的）。因而，假如一个地方的企业数量多于另一个地方，意味着可以获取更多的地方信息。然而，信息也可以从其他地方获取，尽管信息的质量可能在远距离传输过程中受到损耗。$n_{sj}/(n_{sj} + n_{sk})$是j地中企业共享的信息量（基于面对面交流），$(K_j^\phi T^\varphi) n_{sk}/(n_{sj} + n_{sk})$是$k$地获取的信息量（基于电子通信），其中$\phi$，$\varphi$，$T$与$K_j \in [0, 1]$，我们意识到当技术生产的分母为零时，企业可以获得最低固定成本，这种情况只有在当企业全部聚集或者当地的电信和技术环境很优越时才发生（T，$K_j = 1$）。反之，固定成本高于f。因而，当服务企业远离其他企业时（处于边缘地带），处理信息的数量会低于处于核心地带的企业。

这充分说明了当企业远离核心地区时，就要承受更高的固定成本且低的生产效率。同时，电信系统及技术环境越发达（t值较高），就能收集到更多信息。可见，较高的t值和K_j可以导致j地的服务企业的多样化，因为固定成本降低。换言之，发达的电信和技术环境可以使得服务部门更加专业化，同时提高本部门劳动生产力。

---

① Graham S, Marvin S., Telecommunications and the City: Electronic Spaces, Urban Places [M]. Routledge, London, 1996: 105.

因而，

$$C_{sj} = w_j L_{sj} \tag{3.12}$$

这是本部门中单个企业的成本函数。

3.2.4　生产性服务业聚集的模型求解

通过求解最大值来得出变量 i 的最佳取值

$$\max\ mize(\sum_i Z_i^{(\varepsilon-1)/\varepsilon})^{\varepsilon/(\varepsilon-1)} \tag{3.13}$$

即

$$\sum_i \tilde{p}_i z_i = e$$

z_i 是 i 产品的消费量，$\tilde{p}_i$ 是消费者为产品 i 支付的交易价格，e 是消费者对制造品的开支，因而可以得出最佳的 i 消费量为：

$$z_i = e p^{\varepsilon-1} \tilde{p}_i^{-\varepsilon}, \ \text{且}\ p = (\sum_i \tilde{p}_i^{1-\varepsilon})^{1/(1-\varepsilon)}$$

显而易见，当 $\tilde{p}_i = p_i t_{jk}$ 时，可以求出地居民为 j 地产的产品 i 支付的交易价格。p_i 是单位产品价格，t_{jk} 是贸易成本价。因为 k 地的居民有着相同的需求函数，我们可以得出在 j 地产 k 地售的多种物品的需求函数：

$$x_{jk} = e_k p_k^{\varepsilon-1} (p_j t_{jk})^{-\varepsilon} \quad j,\ k=1,\ 2 \tag{3.14}$$

式中，x_{jk} 代表 j 地产 k 地售的某些制造品数量，e_k 为 k 地制造产品的支出。

每一个工业部门（制造业和服务业）都在两地有企业且所有的企业都供应制造品和服务，根据制造业的成本最小化问题，我们可推出服务需求函数为：

$$x_{sjk} = e_{sk} p_{sk}^{\varepsilon-1} (p_{sj} t_{jk})^{-\varepsilon} \quad j,\ k=1,\ 2 \tag{3.15}$$

式中，x_{sjk} 是 j 地产 k 地售的某种服务的总量，e_{sk} 代表 k 地服务支出。

从供给方面来说，我们知道每个公司都要面对两个不同的需求函数：来自落址在现在公司所在地的代理商的需求（个体或者是生产公司）以及外部需求。在 j 地建立的公司利润可以被写作：

$$\prod_j = p_j(x_{jj} + x_{jk}) - w_j^{1-\mu}(p_{sj})^{\mu}(f + x_{jj} + x_{jk}) \tag{3.16}$$

接着，公司要求的 FOB 价格是

$$p_j = \frac{\varepsilon}{\varepsilon-1} c_j \quad j=1,\ 2 \tag{3.17}$$

c_j 是在 j 地的边际价格，$c_j = w_j^{1-\mu}(p_{sj})^{\mu}$ 我们可以看到价格是边际成本

的固定加价。寡头垄断公司意味着企业不断涌入市场直至利润为零。这意味着在 j 地落址的公司的商品生产数量为：

$$x_{jj} + x_{jk} = f\ (\varepsilon - 1) \qquad j, \ k = 1, \ 2 \qquad (3.18)$$

根据公式，我们可以通过成本最小化得到每个公司需要的工人数量：

$$L_j^* = w_j^{-\mu}\ (p_{sj})^{\mu}\ (f + x_{jj} + x_{jk})\ (1 - \mu) \qquad (3.19)$$

就像先前的例子那样，我们可以把服务公司的利润写作：

$$\prod_{sj} = p_{sj}(x_{sjj} + x_{sjk}) - w_j\left\{ f\left[\frac{n_{sj} + (k_j^{\phi} T^{\varphi}) n_{sk}}{n_{sj} + n_{sk}}\right]^{-1} + x_{sjj} + x_{sjk} \right\} \quad (3.20)$$

那么服务行业的价格可以被表示为：

$$p_{sj} = \frac{\varepsilon}{\varepsilon - 1} c_{sj} \quad j = 1, \ 2 \qquad (3.21)$$

c_{sj} 表示边际成本，$c_{sj} = w_j$。特别需要指出这个表达式不受通信的影响。价格依然是边际成本的固定加价，但需注意的是因为边际成本不一样了，所以两个行业的价格也不一样了。供给受到零利润的影响，可以表示：

$$x_{sjj} + x_{sjk} = f\left[\frac{n_{sj} + (k_j^{\phi} T^{\varphi}) n_{sk}}{n_{sj} + n_{sk}}\right]^{-1}\ (\varepsilon - 1) \quad j, \ k = 1, \ 2 \quad (3.22)$$

与维纳布尔（Venables，1996）不同的是，因为在我们的模型中生产性服务行业的固定成本是内生变量并且受到它们从其他公司获得的信息的影响，所以整个表达式和生产行业是不一样。因为每个公司的规模既定并且劳动力是唯一的生产因素，所以可以很容易地获得每家公司要雇用的工人人数：

$$L_{Sj}^* = f\left[\frac{n_{Sj} + (k_j^{\phi} T^{\varphi} n_{Sk})}{n_{Sj} + n_{Sk}}\right]^{-1} + x_{jj} + x_{jk} \qquad (3.23)$$

中间商占制造业成本的份额为 μ，因此在 j 地的服务行业的产出费用可以被表示为：

$$e_{sj} = \mu n_j c_j (f + x_{jj} + x_{jk}) = \mu n_j p_j\ (x_{jj} + x_{jk}) \quad j, \ k = 1, \ 2 \quad (3.24)$$

因为我们假定科布—道格拉斯函数的参数设置为工业制造花费占 β，农业产品的花费占 $1 - \beta$，最终 j 地消费者对制造产品支付的交易价格可以定义为：

$$e_j = \beta(w_j L_j + \pi_{Aj}^*) \quad j = 1, \ 2 \qquad (3.25)$$

就像在农业部门的假定那样，π_{Aj}^* 是 j 地农业行业的利润。由于我们忽略了移民，因而不同区域内劳动力市场相互分离，所以每个劳动力市场的薪酬显而易见。

$$L_j = n_{sj} L_{sj}^* + n_j L_j^* + L_{Aj}^* \quad j = 1, \ 2 \qquad (3.26)$$

这些依次为服务行业、生产行业、农业的劳动力人数。

当所有市场（劳动力市场和产品市场）供给等于需求时，没有新的企业进入的时候达到均衡。式（3.2）~式（3.26）描述了不同地点 FOB 价（p_j，p_{sj}），数量（x_{jk}，x_{sjk}），公司数量（n_j，n_{Sj}）和薪酬（w_j）在均衡时的情况。

3.2.5　生产性服务业聚集区位模型的结论

在这个经济体中有四个不同的因素相互作用，投入—产出链、薪酬差异、接近最终需求地、信息获取度。本研究着重分析了两个有垂直关系的部门，即供应生产与供应消费的服务业。对服务的需求来自工业，因而，制造业的成本与服务业有关，我们了解到需求成本链如何与生产性服务业对信息的需求和薪酬成本相互作用。当生产性服务业聚集在同一地区时，生产成本是非常低的，因为共享着本部门的所有信息。一方面，成本的减少使得更多的生产性服务业进入这个市场，因为每一企业只需更少的工人就能产出同样产品；另一方面，专业化的投入让复杂产品的生产成本更低，提高了劳动生产率，这就说明工资成本比服务成本对制造业更重要，而投入—产出链的影响则被削弱了。

因为消费者的分散，贸易成本倾向于向制造业的分散，因为制造业和服务业的联系，贸易成本倾向于两者地理位置上的连接。薪酬成本是阻碍聚集现象的，因为当企业都处于同一地区时工资就会升高，服务业为了能便于获得信息而主动聚集。聚集的强度依赖于贸易成本，因而，这种聚集的强度取决于各种水平的贸易成本，可以得到不同的结果。

本研究通过带入不同贸易成本值来解释模型，令 t 函数来代表这个地区企业的数量。我们考虑两个地区从它们对电信共享的不同程度中获利。当 $K_1 = 0.7$，$K_2 = 0.3$ 时，意味着地区 1 有更好的技术环境。

在图 3.2 和图 3.3 中，电信网络 $T = 0.5$，虚线代表当每个地区拥有同样数量的企业（$n_1 = n_2$）或它们全部聚集在地区 1（$n_2 = 0$），或地区 2（$n_1 = 0$）时经济体活动的空间分布。这些知识对比经济均衡的参考，在 $n_1 = n_2$ 线之上，有 $n_1 < n_2$ 的空间分布，在 $n_1 = n_2$ 线之下则有 $n_1 > n_2$ 的分布。实线和虚线代表经济平衡，加入一个均衡离 $n_1 = n_2$ 线非常接近，则说明两地拥有几乎同等数量的企业（图 3.2 中，$t = 1.5$，$n_1 > n_2$）。然而，假如均衡离 $n_2 = 0$ 比较近，说明企业都分布在地区 1；反之都分布在地区 2，实线表示稳定均衡，而虚线表示不稳定的均衡。

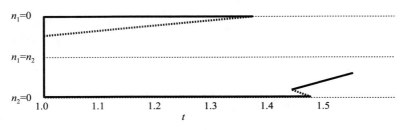

图 3.2　生产性服务业区位，$T = 0.5$

资料来源：本研究绘制。

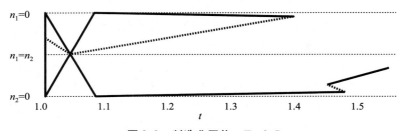

图 3.3　制造业区位，$T = 0.5$

资料来源：本研究绘制。

　　假如两地间的企业分布小，就能不影响最终平衡，整个等式仍是平衡的，假如一个小的企业分布背离就可以导致经济趋向不平衡，那么这个等式就是不稳定的。

　　经济等式不仅代表制造业部门中企业的数量，也代表着生产性服务业中企业的数量，接下来本研究将信息分布于制造业和服务业，图中的粗实线代表生产制造业，同时另一个图中对应服务业，细实线和虚线同理类似。

3.2.5.1　贸易成本的变动

　　此部分中，我们分析当科技环境一定时，贸易成本如何影响企业的空间分布，我们采用类似维纳布尔（Venable）的贸易成本值以便对比我们的结果。图 3.3 中我们观察到，当 $t > 1.48$ 时，一个均衡成立，在这个均衡中，制造业公司同时存在于两个地区，但是 $n_1 > n_2$。因为经济体只能有一个均衡，因而它是稳定的，服务业也可以得到相同的结果。

因而尽管它们倾向于分布在地区 1，但 t 值越高，两种产业仍是越分散的。一部分是接近最终需求地是制造业重要组成部分，另外，两个部门的联系也使得它们更接近，所有这些导致企业的分散，然而，我们无法找到一个完全均匀分布的企业，因为地区 1 有个更吸引服务业的技术环境优势。

当贸易成本有所降低时，即 $1.45 < t < 1.48$ 时，三个均衡出现，其中两个是稳定的，一个不稳定，在一个稳定均衡中大部分的制造业在地区 1，尽管地区 1 比地区 2 有更多的企业，但其他的则相对比较分散。生产性服务业也是一样的，但是比起其他地区间不均等的生产，高度集中则成为一个均衡状态。

对比维纳布尔的结论，尽管大部分企业聚集在地区 1 时达到均衡，地区 2 的企业聚集却是不同的，当企业全部分布在地区 2，建立在地区 1 的企业更易获利，因为它们靠近市场也是导致贸易成本较高的重要因素。当 $K_1 > K_2$ 时，地区 1 的服务业更容易从别地获取所需信息，反之则不一定是正确的，所有这些都说明企业会聚集到地区 1。

当 $1.4 < t < 1.45$ 时，达到单一均衡，制造业（见图 3.3）和服务业（见图 3.2）大部分聚集在这里，因为贸易成本不高，制造企业也没有接近它们市场的必要。另外，信息是服务业一个很重要的因素，距离使得收集和传播信息的成本更高，因而，服务业倾向于在地区 1 集聚。因为两部门存在联系，我们已经知道服务业希望靠近需求地，而制造业靠近供应地，因而，这些因素促使了工业的集聚。

当 $1.1 < t < 1.4$ 时，三个均衡出现，两个稳定（实线），一个不稳定（虚线）。在地区 1 和地区 2 聚集的制造企业达到平衡，服务业也类似。然而，我们发现经济体达到第一个均衡比达到第二个均衡更容易，事实上，这个将它们区分的不稳定均衡更接近于第一个均衡，这意味着有更多来自不均衡中的背离导致地区 1 中制造企业的聚集大于地区 2，因而，我们可以说，它们的聚集比在地区 2 更容易达成。就像先前同样的因素作用一样，唯一不同的是导致了更多聚集现象中接近最终需求地这个因素并不是必要的。

制造业靠近消费者会是一个重要因素，然而，当贸易成本低时，其他因素就会参与作用：例如不同地域的薪酬差异。从图 3.4 可得，虚线代表地区 1 的工资水平，实线代表地区 2 工资水平。当 $t > 1.1$ 时，贸易成本减少，图 3.2 和图 3.3 中的工资差别会增加。

这就是为什么 $1.05 < t < 1.1$ 时，我们观察到两地间制造业的聚集并不是接近最终需求地结果，是因为高贸易成本而非存在工资差别，意识到上述贸易成本后，两个均衡就出现了：服务业聚集在地区 2，制造业分布于地区 1 和地区 2，其他的则相反。当 t 值降低时（$t < 1.05$），上述过程就会继续，工资成本使服务业聚集在一个地区而制造业聚集在另一地区，这就取代了均等地分布。特别的，两个不同的均衡出现，一个是服务业聚集在地区 1，制造业倾向于聚集在地区 2；另一个则是服务业聚集在地区 2 而制造业聚集在地区 1。证明如下，假如两个部门都聚在同一个地方，当地薪酬会升高以致企业的搬离，因为生产性服务业希望聚集在一起共享信息，且两部门的联系逐渐削弱（贸易成本降低），所以它们希望搬到别的地方。当移至另一个地方时，服务业希望聚集在有信息优势的地区 1，然而这对制造业并不是很必要的。另外促使两个部门独立的主要来自服务业聚集的优势，重要的是，当服务业聚集，生产成本达到最低，因而服务成本不及薪酬对制造业的重要性。

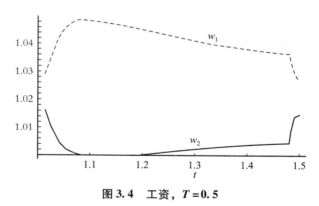

图 3.4　工资，$T = 0.5$

资料来源：本研究绘制。

当贸易成本很低时，模型的结果并没有依赖地区间获取信息的不对称。事实上，当 $K_1 = K_2$，上述空间布局除了两个均衡都与那个不均衡保持着同样的距离。

模型同时表明，当贸易成本上升时，制造业企业在经济活动空间布局上更有决定性，因为它们要靠近消费者，所以这个现象促使了服务的分散，相较于高的贸易成本，当贸易成本比较低时，服务业部门则似乎决定了经济活动空间分布，服务业对信息的需求引起了它们的聚集，这就导致了当地工资的升高，从而导致生产者向其他地区转移。

从历史上看，不仅经济活动最初的分布为经济均衡创造条件，同时也因为经济贸易成本一开始起到很重要的作用。只有当贸易成本不是很高的时候，大部分企业分布在地区 2 的现象才能出现。

3.2.5.2　信息通讯业对区位的影响

接下来我们会重点分析信息通讯业的发展如何影响服务业和制造业的空间分布。众所周知，这个影响来自贸易成本的水平，因而我们设 t 函数代表每个地区企业分布的数量，当 $t=1$ 时，我们将图 3.2、图 3.3 与图 3.5、图 3.6 进行对比分析。

信息通讯业的发展如何影响经济活动空间结构的分布？第一，我们认为这会导致更多的分散。然而，这并不是模型应当解释的，当贸易成本很高时，模型表示了两地间一个更好的通讯系统事实上是会导致分散的。

当一体化发展到中级水平时，电信的发展会促进服务业在地区 1 的聚集，因为不均衡 $t=1$ 比 $t=0.5$ 更接近上线（当 $t=1.3$ 时与同样的图对比）。这意味着，这里会有更多到 $n_2=0$ 线的背离，这也同时引发制造业向地区 1 聚集。同时，这里也有几种不同程度的一体化导致因电信的发展而激起的一个生产空间分布的剧烈变动。事实上，经济体可以从一个大部分企业都聚在地区 2 的空间分布转移至均衡消失的某一分布中（例如，在图 3.5 和图 3.6 中，$t=1.35$）。因而，我们可以保证只有当贸易成本升高时，高度发展的信息通讯业会导致服务业的分散，而由此引起制造业的分散。

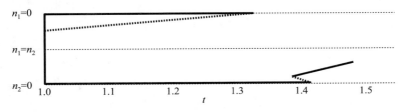

图 3.5　生产性服务业区位，$T=1$

资料来源：本研究绘制。

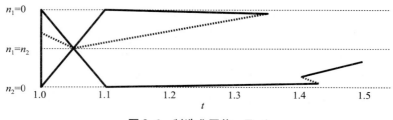

图 3.6   制造业区位，$T=1$

资料来源：本研究绘制。

当贸易成本降低时，空间分布就不受信息通讯业发展的影响了。就像上文提到的那样，服务业位置分布同时受它们与生产者的联系及信息获取度的影响。当低贸易成本可以轻易达到时，它的重要性就远胜于服务业与生产者之间的联系，因此服务业倾向于集中到单一的地区。因为另一个地方已经被制造业占据，制造业此举是为了避免因两部门聚集而产生的高薪酬成本，同时，信息通讯业的发展也不会影响任一部门的区位选择。

最后，贸易成本的下降与信息通讯业的发展有着相反的效果，因为成本的减少，使得服务业和制造业的区位都发生了如图 3.5 和图 3.6 的从左至右的转移，但是对于既定的贸易成本值，对比当 $t=1$ 与 $t=0.5$ 的经济体空间分布，信息通讯业的发展却带来相反的结果。

3.2.6   总结

近年来，新经济地理在区域经济和产业集聚等理论研究中被广泛应用。克鲁格曼和维纳布尔（Krugman and Venables）的研究为本书模型的建立提供了重要的参考框架，但是他们只关注了生产的选址而忽略了作为中间投入的生产性服务企业在高级工业集聚模式中的定位。生产性服务业是一种信息导向型行业，所以信息也是分析选址的一个要素。在这个模式下，另一种因素也被强调了：信息获取性。与维纳布尔（Venables，1996）的结论不同的是，在本书模型中，当运输费用低廉时信息密集型行业（生产性服务业），因为使用信息的比较优势而选择通信方面有优势的地区集聚而不是像制造业企业那样选择人力费用便宜的地区。当运输费用因接近目的地而低廉，投入产出链无关紧要时，薪酬差异成为解释工业选址的关键因素。因此，在本书中我们认为国家间的工业集聚会导向不同的模式，信息导向型行业会在拥有良好技术环境的中心区域集聚，而制造商则会选择边缘低薪水的区域集聚。

　　此外，当运输费用高昂时，生产厂商更愿意分散他们经销点来达到接近消费者并提供服务的目的。相比之下，当运输费用低廉时，服务型部门则选择经济活动的空间集聚。这些企业共享信息的需求导致了集聚，并提高了当地的薪酬水平；另外因为低价的运输费用和信息外溢而引起的上下游联系不紧密时，生产厂商就会搬到其他地方。

　　根据模型，当运输费用高昂的时候，企业间的良好通信就会导致分散，这是因为相近于最终需求地是最影响运输费用的重要因素，而且服务是不需要集中起来。相反地，当存在生产性服务企业作中间商的时候，我们发现信息通讯技术的改进会使得集中服务更能接近信息，对于其他部门与此同理。这是因为信息通讯技术的改进会降低服务部门的成本，由此使得他们的服务更加便宜。这暗示了部门间的联系会比市场影响弱。因此，即使大多数企业已经在信息能力弱的地区落址，通信技术能力的改进还是意味着生产厂商可以比搬去其他地区而获得更多的利润。因为这个地区对服务商来说也是很有吸引力的，也会引起集聚从而获得更加优越的信息途径。除此以外，低运输费用和分散经销的企业经营是不会受到通信技术改进的影响，因为现在最重要的因素是薪酬差异。

3.3　本章小结

　　本章主要以新经济地理学理论为基础，研究生产性服务业集聚的动因，并构建面向生产性服务业集聚的区位理论模型。

　　3.1节对生产性服务业集聚动因的分析主要是在借鉴克鲁格曼等人把产业空间集聚理解为向心力和离心力两种力量权衡作用的结果，并在其理论基础上，分需求和供给两个层面归纳了生产性服务业集聚与扩散的动态演变因素，进而给出了一个基于产业层面、地理层面和时间层面的三维度生产性服务业集聚动态演变模型，提出导致生产性服务业集聚动态发展的原因很多，归根结底是集聚带来的收益与成本的比较，当收益大于成本时，集聚力起主导作用，集聚区域进一步扩大，但达到临界点后，高额的租金成本、过度竞争和拥挤将使得集聚离心力作用加强，企业开始搬迁，集聚最终将走向分散。

　　3.2节在克鲁格曼和维纳布尔研究制造业集聚区位模型的基础上，构建了一个包含农业、制造业和生产性服务业的三部门两地区模型，将作为中间产品部门的生产性服务业与作为最终产品部门的制造业的区位选择和产业集聚研究结合起来，提出当地区间贸易成本降低时，生产性服务业倾向于在一些信息获取丰富、人口素质高的核心地区聚集，然而制造业更偏向于低酬劳的边缘地区。当贸易成本居于中等水平时，信息通讯业的发达将有助于生产性服务业在核心地区的聚集。因为生产性服务业以信息和知识为导向，企业集聚可以通过正式或非正式渠道较少信息和知识传播的障碍，从而成为生产性服务企业区位选择的一个重要考虑因素。

第4章

基于生产性服务业集聚的
空间增长模型

区位选择与区域经济发展是西方区域经济理论的两大主题,微观经济活动主体理性的区位选择导致经济活动在某一优势区位的聚集和扩散,在中观和宏观上表现为区域经济增长。上一章分析了生产性服务业集聚与区位选择模型,这一章主要研究生产性服务业的集聚对城市和区域经济发展的作用,并建立空间模型加以阐述。

4.1 生产性服务业集聚对城市和区域
经济发展的作用

生产性服务业的聚集远远超过了其他种类的服务业以及整体工业制造业。而且,作为提供高质量高层级服务的生产性服务业的空间聚集和发展似乎也成为导致区域差异性的一个新的重要因素,其空间区位的选择也可能成为解释区域不均衡发展的重要相关因素 (Laurence,2005)①。生产性服务业的集聚和增长对于区域经济的发展具有重要的直接和间接作用。

4.1.1 生产性服务业集聚对城市和区域经济发展的直接作用

大量的研究表明,生产性服务业在本地经济的存在或者缺失将成为导

① Laurence Moyart. The Role of Producer Services in Regional Development:What Opportunities for Medium – Sized Cities in Belgium? [J]. The Service Industries Journal, 2005, Vol. 25, No. 2:213 – 228.

致区域经济发展差异的重要原因（O'Huallachain，1991[①]；Hansen，1994[②]）。在空间层面上，因为各种集聚要素（密集的需求、高资质的劳动力市场、多种细分服务的可得性、聚集经济等）的汇聚，最具战略性的生产性服务业及其地域扩张都非常明显地集中于超大型的大都会区域。

4.1.1.1 扩大就业效应

从直接作用来看，首先，生产性服务业集聚对区域就业结构在数量上和质量上都产生重要影响。事实上，当制造业就业停滞甚至削减的时候，生产性服务业就成为创造就业机会的重要补充，而且生产性服务业通常雇佣相对高素质高技能的劳动力。特别是当人力资本作为经济发展的一个基本要素被越来越多的研究和认识以后，生产性服务业在就业结构质量层面改变上的重要性就更加显著。

格默尔（Gemmell，1982）[③] 认为城市产业结构将随着经济发展、城市规模的扩大与就业人口的迁移而改变，在城市发展初期，就业人口以第一产业为主，第二、第三次产业就业比例相对较少；随着城市规模逐渐扩大，第二、第三次产业就业比例增加，第一产业就业比例相对减少，其中第二产业就业增加速度比第三产业就业增加速度快；当城市规模发展至某一时期 A 时，第二产业就业比例则呈现递减的趋势，第三产业就业则快速增加，到某一时期 B 时，第三产业就业会超越第二产业就业，成为城市产业结构内部的主要力量。产业结构变化以及各次产业就业关系如图 4.1 所示：

在第二产业和第三产业主导地位转变的过程中，生产性服务业在大城市的集聚无疑发挥着重要作用。贝尔（Bell，1973）[④] 认为，后工业社会来临的首要特点是服务经济的形成和发展。在后工业社会或信息社会，大城市一般有两种发展可能：一种是通过发展生产性服务业，改变城市产业结构，增强城市竞争力，如纽约和伦敦等；另一种是如果不能通过生产性服务业延续发展，制造业将由于大城市较高的成本而迁移，城市可能趋向

① O'Huallachain, B., Sectoral clustering in American metropolitan areas [J]. Regional Studies, 1991, 25 (5): 411-426.
② Hansen, N., The strategic role of producer services in regional development [J]. International Regional Science Review, 1994, 16 (2): 187-195.
③ Gemmell, N., Economic development and structural change: The role of the service sector. Journal of Development Studies, 1982 (6): 37-66.
④ Bell, D., The Coming of Post-Industrial Society: A Venture in Social Forecasting [M]. Basic Books, New York. 1973.

衰落，如匹兹堡等。生产性服务业由此承担了避免大城市出现产业空心化的作用，并且成为吸纳城市就业的主要部门。所以，在服务经济时代，大城市产业结构越来越高级化和服务化，城市主导产业逐渐从制造业转变为生产性服务业，人力资源由制造业向生产性服务业转移，就业结构从原来的以蓝领（体力劳动）为特征的制造业就业为主导，转变为以白领（办公室工作）为特征的生产性服务业就业为主导。

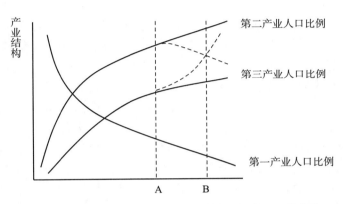

图 4.1 格默尔（Gemmell）理论中的产业就业结构变化

资料来源：作者根据格默尔（Gemmell，1982）绘制。

4.1.1.2 扩大出口效应

生产性服务业作为一种区域输出部门，越来越成为许多城市和区域发展的经济基础和支柱。自从 20 世纪 80 年代以来，许多研究者通过修正和重新解析原始经济基础模型，阐述了大都会区域和世界城市的经济基础和结构的转变（Noyelle and Stanback，1984[①]）。他们都认为服务出口的发展是大都会和城市经济发展到最终阶段的一个特点。但是他们的研究过于强调传统的城市等级框架体系，着重于高等级的主要大都会区域，而没有考虑许多非都会区域和城市的情况，不过他们有时也承认在低等级城市也存在服务出口（Noyelle，1994[②]）。然而，大量的实证研究表明，生产性服

---

① Noyelle，T. J. and Stanback，T.，The Economic Transformation of American Cities，Totowa，NJ：Rowman and Allanheld，1984.

② Noyelle，T. J.，Services et mutations urbaines aux Etats-Unis.（Eds.）in J. Bonamy and N. May. Services et Mutations Urbaines，Paris：Anthropos. 1994.

务在区域间的销售占到被调查企业营业收入的 20% ~ 50% 。加勒奇（Gallouj，1997）① 指出，由于生产性服务企业的规模、市场地位、服务类型、区位选址等方面的不同，生产性服务业的出口量也存在很大差异。

另外，正如在许多研究文献中经常看到的，生产性服务业从主要的城市都会区域出口到较低等级的中心城市的数量并没有减少，这样导致了区域间生产性服务贸易"去中心化"理论的出现（Bayers and Alvine，1985②；Coffey and Pole'se，1987③；Stabler and Howe，1988④；Illeris，1994⑤）。而且这些服务贸易流很可能超越城市等级，存在于不同地区甚至不同国家的同等级城市之间。这样，生产性服务业就成为许多偏远地区（而不仅仅是大都会地区）经济发展基础的一项重要要素。会计、法律、广告和咨询等商务服务业也因此很可能产生多种效应。正如汉森（Hansen，1990⑥，）指出，"不可否认制造业出口对一个区域本地经济具有显著的多种效应，同样大量的事实也证明服务出口也能够成为区域发展的催化剂。"萨维（Savy，1994）⑦ 也承认如果经济的基础理论仍然是要参考经济模型来描绘经济发展的过程的话，那么，"经济基础"从某种意义上讲应该被重新检验而扩展到生产性服务业。生产性服务业的活动可以将他们的服务提供给超出他们所在城市区域的遥远的客户。

至于生产性服务出口，必须作出两点解释。第一，由生产性服务出口所产生的区域间贸易的估计与现实相比通常是被低估的。这是因为分析和测量工具使用的相对缺乏，一般是通过调查而进行的间接测量，并且没有考虑它们空间上的其他方式。正如科菲和波利思（Coffey and Polese，

---

① Gallouj，C.，Asymmetry of information and the service relationship：Selection and evaluation of the service provider ［J］. International Journal of Service Industry Management，1997，8（1）：42 – 64.

② Beyers，W. B. and Alvine，M. J.，Export services in post-industrial society，Papers of the Regional Science Administration，1985，57：33 – 46.

③ Coffey，W. J. and Pole'se，M.，Trade and location of producer services：A Canadian perspective ［J］. Environment and Planning，1987，19：597 – 611.

④ Stabler，J. C. and Howe，E. C.，Service exports and regional growth in the post industrial era ［J］. Journal of Regional Science，1988，28（3）：303 – 315.

⑤ Illeris，S.，Location and market relation of producer service firm. IVth RESER Conference，Barcelona，1994.

⑥ Hansen，N.，Do producer services induce regional development? Journal of Regional Science，1990，30（4）：465 – 476.

⑦ Savy，M. Est-ce encore l'industrie qui structure l'espace?：Analyse de la contribution des branches d'activite' e'conomique aux diffe'renciations inter-re'gionales，Revue d'Economie Re'gionale et Urbaine，1994，2：159 – 178.

1987)① 所强调的那样： "如果跨国企业出口变得最明显和最容易衡量，……还有其他若干重要方式……但是，大多数涉及服务贸易的分析只涉及直接出口……因此，区域间和国际间服务贸易不能仅以微小的出口进行计量，因为一部分重要的贸易流动份额是看不见的或者是通过无形的渠道流出，以企业内部交易和诱导或体现服务的形式完成。"

第二，生产性服务所产生的乘数效应问题。实际上，如果出口收入不是当地的主要收入来源，那么重要的出口收入并不会在本地活动中创造重要的乘数效应（由于漏出的存在）。更精确地，区域乘数的价值取决于出口收入回流本地和在本地的花费支出，比如，出口水平和当地持有资本水平。"只有当它们成功地保持其经济作用，基本活动才会在当地产生乘数效应"（Polese，1994）②。因此，有些经济活动可以是拥有较高的出口水平但微弱的区域效应，而另一些活动则产生低水平的出口但重要的地方联系。通过贝叶斯（Beyers，1990）③、波特菲尔德和普尔弗（Porterfield and Pulver，1991）的研究，这就使我们可能实际区分工业和服务业活动，因为服务业，即使它们的出口比工业部分少（前向联系），但通常被形容成与当地经济有更近更紧密的联系（后向联系）。因此，即使生产性服务业的出口潜在性比制造业低，但生产性服务通过乘数效应有能力创建一个等效的区域影响，或者一个比工业更高的影响。

4.1.2 生产性服务业集聚对城市和区域经济发展的间接作用

生产性服务业集聚除了对城市和地区的就业和出口的直接贡献外，还具有改善区域环境、提高区域生产率和竞争力以及促进区域重建或再发展的作用。

4.1.2.1 改善区域环境

生产性服务业通常都集聚在信息通讯设施完备、交通顺畅且出行便利、装潢现代且分布密集的高级写字楼等办公地点，并且在这些高楼林立

① Coffey, W. J. and Pole'se, M., Trade and location of producer services: A Canadian perspective, Environment and Planning A, 1987, 19: 597–611.

② Polese, M., Economie urbaine et re'gionale: Logique spatiale des mutations e'conomiques, Paris: Economica. 1994.

③ Beyers, W. B. and Alvine, M. J., Export services in post-industrial society, Papers of the Regional Science Administration, 1985, 57: 33–46.

的密集办公地区周围有着环境良好的餐饮、休闲、娱乐和酒店住宿等商务消费服务设施。过去工业经济主导的城市以烟囱林立为标志，而今这些却成为落后城市的象征，相反，以信息通讯发达、高楼林立、环境优雅、交通便利为主的生产性服务业集聚地，才成为现代城市的象征。生产性服务业对城市和区域发展环境的改善和提升是对城市功能强化和城市形象塑造的质的飞跃。

生产性服务的地方基础设施的存在对当地企业的竞争力和生产力都有贡献（Catin，1995）①。总之，生产性服务正在逐渐成为后福特主义经济的关键部门。然而，这种间接贡献更难以理解和衡量。正如方坦（Fontaine，1987）② 指出，"甚至可以询问这是否是可衡量的"。文章认为，仍然缺少一种方法来评估生产性服务对地方和国家生产系统有效性的真实影响。根据法雷尔和希契斯（O'Farrell and Hitchen）的研究，存在一个很大的差距以弥合我们对生产性服务能在其他企业效率问题中扮演何种角色的理解。"然而，一个地区生产性服务的缺乏或者发展可能存在的问题，将阻碍当地生产效率，竞争力和业绩，包括价格和质量竞争能力的提升，从而破坏区域发展进程"（O'Farrell and Hitchesn，1990）③。

尽管这些测量困难重重，在许多文献中还是达成了一个广泛的共识，即生产性服务对于地方企业生产力和竞争力的贡献不仅可以通过实用工具指标真正的测量或通过建立的模型被考虑，而且生产性服务企业从这些活动应用中产生的效应也可以被部分地衡量。根据巴策特和博纳米（Barcet and Bonamy，1988）④ 的说法，"服务的价值并不是服务本身，而是它的效应的总和，是它可能会产生的收入"。因此，通过它们的角色和效应来引导其他活动和生产系统，使其被当作一个整体，人们可以尽可能地进行思考，至少在理论上，考虑生产性服务的间接贡献。

---

① Catin, M. Les me′canismes et les e′tapes de la croissance re′gionale, Re′gion et De′veloppement, 1995, 1: 11 – 28.

② Fontaine, C. L′expansion des services: un quart de sie′cle en France et dans le monde de′veloppe′. Rexervices, Vol. I, La dynamique des services, 1987: 26 – 94.

③ O′Farrell, P. N. and Hitchens, D. M., Producer services and regional development: A review of some major conceptual and research issues [J]. Environment and Planning A, 1990, 22 (1): 141 – 154.

④ Barcet, A. and Bonamy, J. La productivite′dans les services, perspectives et limites d′un′concept. In O. Giarini and J. R. Roulet (eds), L′Europe face a′la nouvelle Economie des services, 1988.

4.1.2.3　生产效应：提升竞争力

越来越多的人认识到生产性服务业集聚在更加开放和复杂的区域发展和生产系统效应中扮演了一个积极的、战略性的角色。在这个被形容为"后福特主义"或"柔性生产"系统的新的生产组织中，服务成为一个必不可少的因素，贯穿上游，下游或是与生产过程并行。伊列雷斯（Illeris，1996）[1] 指出，"如果大量的消费性服务总是被认为能够胜任引导活动或辅助性活动，这一定不是在生产性服务成为生产系统越来越重要的组成部分的情况，因为没有后者，前者将无法发挥作用。"

人们认识到大量的服务活动贯穿上游（研发，市场研究等），下游（分销，维修等）或是与生产过程并行（管理等），这表明，生产和服务之间是不存在对立因素的，但是经济中的这两个重要部分要达到真正的互补需要一个共生的发展（Tordoir，1994）[2]。通常来讲，生产性服务的存在支持新活动的创造，创新的采用，对当地企业适应生产和市场的新条件的能力起重要作用。而且生产性服务业还有助于生产系统的灵活性。

由于上述种种原因，生产性服务活动集聚因此成为支持地区生产力发展和本地企业等生产组织提高盈利能力和竞争力的一个重要组成部分。此外，生产性服务业似乎也在经济发展较为落后的地区重建中发挥着一种特殊的作用。

4.1.2.3　地方重建和再发展

在地方重建中，生产性服务业集聚促进了区域经济结构的转型和多样化。许多研究表明，地方和区域一级的服务性基础设施密集程度和多样化的缺乏加剧了地区经济发展的危机，起着"消极"作用（Marshall，1988[3]；Martinelli，1992[4]；Gallouj，1997[5]）。这种缺失造成的负面影响表

①　Illeris, S. , The Service Economy：A Geographical Approach ［M］. Chichester：Wiley, 1996：21.

②　Tordoir, P. , Transactions in professional business services and spatial systems, Tijdschrift voor Economische en Sociale Geografie, 1994, 85 (4)：322 – 353.

③　Marshall, J. N. , (ed.) Service and uneven development ［M］. Oxford：Oxford University Press, 1988.

④　Martinelli, F. , Services aux producteurs et de'veloppement re'gional, Espaces et Socie'te's, 1992, 66 (7)：185 – 216.

⑤　Gallouj, C. , Asymmetry of information and the Service relationship：Selection and evaluation of the service provider ［J］. International Journal of Service Industry Management, 1997, 8 (1)：42 – 64.

现为区域企业对创新的有限性，以及需求向在服务条件和能力方面有更好设施和人员配备的其他地区的区域转移。由于对于外部的区域服务企业需求增加而导致的成本增加，本地生产性服务企业发展不足，使得地方能力下降或在本地区域中保留培训有素的专业人员变得困难。他们的研究还指出了生产性服务在发展落后地区的滞后发展所产生的消极后果，尤其是当存在限制生产性服务发展和需求的恶性循环存在的时候。需求的疲软阻碍了当地生产性服务企业对本地区域内企业提供充足和优质的服务的可能性，进而影响了当地生产性服务企业的建立和发展。而生产性服务企业发展的不足，也无法满足当地的服务需求。因此，当地生产性服务企业的发展是否充分，将影响到其所在区域的其他企业的发展，进而影响到区域环境和发展条件。

生产性服务业集聚在区域发展进程中起着重要作用，因为它们创造了一个能够吸引其他活动的经济环境。根据库尼亚和拉辛（Cunha and Racine，1984）[1]，菲利普、利奥和布丽安（Philippe，Le'o and Boulianne，1998）[2]，鲁布卡巴－贝尔梅霍（Rubalcaba-Bermejo，1999）[3] 的研究，生产性服务业在区域发展中的战略角色是由于它们在出口方面角色的减弱或是它们对就业的直接贡献超过了它们吸引其他活动的能力，只要它们有足够的活动和罕见的技能。它们的这种影响和作用直到最近才在制造业中被发现和应用，并逐步地被广泛认可。这一重要的吸引效应不仅是定量的而且是定质的被当作吸引企业和劳动力市场建立模型时的一个重要考虑因素。一个地区内这些活动的存在正成为其他经济活动本地化的一个新因素。

因此，生产性服务业集聚不仅对城市和区域的出口和就业做出的直接贡献，而且还提高了在城市和区域环境下当地企业的生产力，改善了区域环境，甚至重新塑造了区域的吸引力。生产性服务业集聚在区域发展中的作用可以总结归纳为直接作用和间接作用两个方面，见图4.2。

---

① Cunha，A. and Racine，J. B.，Le rôle des services aux entreprises dans une socie'te' post-industrielle: Technologies nouvelles et de'centralisation，Revue d'Economie Re'gionale et Urbaine，1984，5：731－56.

② Philippe，J.，Le'o，P. Y. and Boulianne，L. M.，Services et me'tropoles: Formes urbaines et changement e'conomique，Paris：L'Harmattan，collection Villes et Entreprises，1998.

③ Rubalcaba-Bermejo，L.，Business Services in European Industry: Growth，Employment and Competitiveness，Brussels：European Commission，1999.

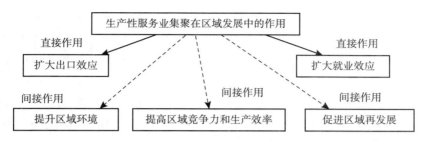

图 4.2　生产性服务业集聚在区域发展中的作用

资料来源：本研究整理。

由于所有这些原因，生产性服务业集聚正在成为经济发展的一个积极元素，并且对其的发展和控制也是城市区域动态发展的一个重要因素。

4.2　生产性服务业集聚与区域经济增长的空间计量模型分析

随着信息通讯技术的发展，需要频繁面对面交流的复杂的知识密集型生产性服务业越来越在最发达的国家地区和国际化大都市中集聚。这种集聚也通过生产性服务业广泛的产业关联性、专业化知识的外溢带动着城市和地区经济的增长，这种增长一方面表现为生产性服务业就业的增长从而吸纳和扩展着城市就业水平，另一方面通过专业化知识的投入提升制造业效率，从而提高整个城市和地区的经济效率。本节主要通过引入空间相互作用（包括跨市场的输出交换和跨市场的信息外溢），构建包含生产性服务业和劳动力市场以及空间误差修正项的动态城市增长模型。

4.2.1　聚集经济与区域经济增长的理论研究

近年来，发达国家的就业增长主要是服务业活动扩展导致，尤其是那些将服务性产出主要用作中间投入的企业所在的国家。因此，许多经济研究者已经越来越将焦点放在服务经济的分析上。

在鲍莫尔（Baumol，1967）[1] 模型中，与不断提高的制造业生产力相比，服务行业的就业增长与其停滞的生产力有关。但是这个假设并不适用全部的服务部门，它只对一些特殊的行业活动有说服力，尤其是生产性服务业。

格莱泽等（Glaeser et al.，1992）[2] 主要研究聚集经济与经济增长的关系，假设企业地理上的集聚促进了全要素生产率（TFP）的提高，因而外部经济会引起当地劳动力的需求。在格莱泽等（Glaeser et. al，1992）做出巨大的贡献后，很多实证分析已经尝试过测度外部经济的集聚效应对全要素生产率（TFP）以及其对就业的影响。在大量研究集聚现象的文献中，有三种不同的研究思路，分别来自马歇尔（Marshall）、阿罗（Arrow）和罗默（Romer）[3]、波特和雅各布（Porter and Jacobs）所作的假设。

马歇尔－阿罗－罗默（M-A-R）外部经济效应实际上与同一产业内运作的企业间的知识外溢有关（地方化经济）：通过促进知识的传播，部门的专业化因而被认为促进了产业的成长。波特（Porter，1990）认为，同属一个部门的企业高度聚集所带来的良好效果会在供应商的本地竞争中得到加强，因为供应商的竞争可以促进创新的行为。不同于马歇尔－阿罗－罗默的分析方法，雅各布（Jacobs，1969）[4] 认为信息的外溢并不会在单个的产业内产生，科学技术会在不同产业中同等传播。而且，在特定地区内运作的部门数量越多，一个产业内成功的创新行为被其他产业模仿的可能性就越大。在这种假设下，经济行为（城市化经济）的完全聚集比起经济行为的专业化（地方化经济）更能促进经济的发展。

迄今为止，对集聚的实证研究主要集中于制造业及其子部门行业的数据分析。这个模式反映了一个假设，那就是由于服务产业的产出具有无形性、不可贸易性，以及技术上不能分割生产和消费两个阶段，服务企业的地理位置则可以更接近地体现整个经济体活动的空间格局，这个格局不包括任何当地供应商聚集（集群）。然而，这个假设很快就变得过时了，因为随着近年来技术的发展，尤其主要体现在信息通信技术（ICT）领域的

① Baumol, W., Macroeconomics of Unbalanced Growth: The Anatomy of Urban Crises. The American Economic Review, 1967, 57 (3): 415 – 426.
② Glaeser, E. L, Kallal, H. D., Scheinkman, J. A. et. al., Growth in Cities [J]. Journal of Political Economy, 1992, 100: 1126 – 1152.
③ Romer. P. M., Increasing Returns and Long-Run Growth. Journal of Political Economy, 1986, 94: 1002 – 1037.
④ Jacobs, J., The Economy of Cities, New York: Vintage. 1969.

最新技术发展，使得一些服务外包到非常遥远的地方逐渐成为可能。加斯珀和格莱泽（Gaspar and Glaeser，1996）① 以及维纳布尔（Venables，2001）② 预见到，那些需要频繁面对面交流的复杂的知识密集型的服务经济活动，将有可能在最发达的国家的大型城市中聚集。

一些后来的文献则提出专业化供应商和受专业化培训的劳动力的本地可得性以及相邻企业机构之间的知识外溢对经济增长的重要性。事实上，奥尔顿（Oulton，1999）③ 强调了作为投入的不断上升的服务业利用率是如何增加整体经济效率的。同时，范艾克等（Van Ark et al.，2002）④ 追踪若干服务业子部门，研究发现这些服务业的良好发展有力地推动了美国生产力的快速提高，其中包括那些传统的零售批发贸易活动。为便于更好地研究要素生产率（TFP）的增长方式与就业动态变动的关系，城市增长模型近期已经扩展至包括当地劳动力供给的分析（Cingano and Schivardi，2004）⑤。

在几乎很少的运用服务业部门的数据进行实证假设分析的研究中，库姆斯（Combes，2000）⑥ 发现针对法国而言，雅各布（Jacobs）外部经济会产生积极效应而专业化会产生负面效应，这个结论与制造业完全相反。而在意大利，帕奇和尤塞（Paci and Usai，2006）⑦ 认为专业化同时阻碍了制造业与服务业的发展。至于西德的研究，布列恩等（Blien et al.，2006）⑧ 运用了动态面板技术，认为多样性是具有正面效应的，但是只能暂时性地作用于服务业的就业增长。同样，专业化也会带来正面效应，但是也不能持久地促进就业的增长。令人惊奇的是，教育的积极效应只在制

① Gaspar, J., Glaeser, E. L., Information Technology and the Future of Cities. NBER Working Paper Series, 5562, 1996.
② Venables, A. J., Geography and International Inequalities: The Impact of New Technologies. Journal of Industry, Competition and Trade, 2001, 1 (2): 135 –159.
③ Oulton, N., Must the Growth Rate Decline? Baumol's Unbalanced Growth Revisited. Working Paper 107, Bank of England, 1999.
④ Van Ark, B., Inklaar, R., McGuckin, R., Productivity, ICT Investment and Service Industries: Europe and the United States. Groningen Growth and Development Centre, Research Memorandum GD –60, 2002.
⑤ Cingano, F. and Schivardi, F., Identifying the Sources of Local Productivity Growth. Journal of European Economic Association, 2004, 2: 720 –742.
⑥ Combes, P. P., Economic Structure and Local Growth: France, 1984 –1993. Journal of Urban Economics, 2000, 47 (3): 329 –355.
⑦ Paci, R. and Usai, S., Agglomeration Economies and Growth: The Case of Italian Local Labour Systems, 1991 –2001. Prima Edizione Dicembre, 2006/12 (working paper).
⑧ Blien, U., Suedekum, J., Wolf, K., Local Employment Growth in West Germany: A Dynamic Panel Approach. Labour Economics, 2006, 13: 445 –458.

造业内体现。最后，大量的小型企业正抑制就业的增长。

迪斯美特和法查姆斯（Desmet and Fafchamps, 2005）① 分析了 1972 ~ 2000 年美国的就业空间分布是如何改变的，他们发现服务业就业聚集在主要的城市，而非服务业就业则趋于分散，这是以牺牲城市腹地的服务业就业为代价的。他们认为，非服务业与服务业产生的不同的行为可以有很多种解释，例如：运费的降低，对靠近熟练工人的需求上升，不同地区的生产强度等（Glaeser and Kahn, 2001）②。埃克斯和阿明顿（Acs and Armington, 2004）③ 充分证明了由于促进了新企业的建立，城市化经济能够提升服务部门的增长，这种效应会因当地更充裕的人力资本而得到增强。至于跨国境的分析，梅西纳（Messina, 2004）④ 则对按照 OECD 分类的国家的服务业就业形式的结构性因素和机构的作用进行了估计。

综上所述，尽管研究所得因国家和时期的不同而不同，大体上来说专业化经济带来的积极效应仍不明显。而这样的实证研究结果与学界的理论分析有着很大的出入，就像我们在下文所认为的那样，这些研究结果会受到计量经济学模型的一些影响。

由于缺少对 TFP（全要素生产率）的合理数据分解，对服务部门发展的集聚效应的实证分析可以在就业作为一个代理变量时得出。由于 TFP 的上升，集聚经济效益可以提高当地劳动力需求，在其他条件不变的情况下，对劳动力供给的影响也是一样。但是，辛佳诺和西瓦尔帝（Cingano and Schivardi, 2004）认为当劳动力供给反作用于预期可以提高 TFP 的地方条件时，就业就不再是一个好的代理生产力的变量了。在这种情况下，他们主张同时考虑当地的劳动力需求和供给，将通常的分析整合一体。

在这个背景下，本节旨在提供一个在地域水平上促进或阻碍生产性服务业的生产力及就业增长的结构性因素的经验性评估模型。按照先前对城市发展与集聚的研究成果，对生产性服务业的空间分布分析已经得到明确的证实。但是由于大部分的产出仍旧是在本地市场上销售，因而决定每个城市的服务业发展的当地需求所起的作用也变得十分必要。从方法论的角

① Desmet, K. and Fafchamps, M., Changes in the spatial concentration of employment across US countries: A sectoral analysis 1972 – 2000. Journal of Economic Geography, 2005, 9: 261 – 284.

② Glaeser, E. L., Kahn, M. E., Decentralized employment and the transformation of the American city. Working Paper 8117, NBER. 2001.

③ Acs, Z. J. and Armington, C., The impact of geographic differences in human capital on service firm formation rates. Journal of Urban Economics, 2004, 56: 244 – 278.

④ Messina, J., Institutions and service employment: A panel study for OECD Countries. Working Paper Series, 320, European Central Bank, 2004.

度来看，在建立本节模型研究时作出如下假设和创新：

（1）当地的服务需求是典型的，明确可模型化的；

（2）当地人力资本的投入对服务业部门就业的影响是可以分析的；

（3）假设存在误差修正结构，引入一个允许暂时性（非连续的）与长期动态性同时存在的动态描述的模型；

（4）论述跨城市地域的空间相互作用。

后面的分析将围绕上述四点展开，首先从一个包含着生产性服务业和劳动力市场的地方性供给和需求的简单静态模型入手，然后建立允许跨地域的市场和非市场存在的两个拓展模型。最后，将时间动态性引入模型，形成一个可以为后续经验分析使用的短期和长期动态指标模型。

4.2.2　一个包含生产性服务业和劳动力市场的静态模型

本节主要是为输出和劳动力市场建立一个地方性供给和需求的简单理论模型。此部分中，我们引入一个静态的部分均衡的模型，此模型同时考虑了地方劳动力市场和生产性服务业市场。此模型沿用了格莱泽等（Glaeser et al.，1992）的模型，并在辛佳诺和西瓦尔帝（Cingano and Schivardi，2004）的基础上增加了劳动力供给效应。我们还精确地分析地方输出需求，且将人力资本引入生产函数。

因为制造产业都生产贸易产品，输出需求函数则可以忽略，因为所有的企业都面对大致相同的需求曲线。但是这种情况并没有在服务部门出现，本部门相当大一部分的输出只在局部地区贸易，且相邻都市地区市场的潜力大不相同，在此情况下对本地需求所作的可靠分析有助于更好地理解就业的变动。

本模型包含 2 个市场，分别是劳动力和服务市场，有 4 个内生变量，分别为：服务业产出（Y），对应的劳动力输入（L），输出价格（ρ）以及薪酬率（w）。

假设在 i 地，服务产品由单个生产性服务企业提供生产，这个企业通过运用 Cobb-Douglas 公式表示其服务产出，其中增强的劳动力资本作为单一变量计算产出：

$$Y_i = A_i (L_i H_i)^\alpha \tag{4.1}$$

这里 H_i 表示 i 地劳动力的平均人力资本，由于存在一些固定要素（土地），生产过程用递减的规模报酬表示（$0 < \alpha < 1$）。

在这里本研究认为服务是不可贸易的。因而，市场被完全地分割，产出价格在地区间存在差异，且产出价格由地区内部供给（Y_i^s）和需求（Y_i^d）的平衡决定。

假设地区的服务需求曲线是价格的乘数函数，规模变量（S_i）用于衡量市场的大小，一系列外生变量（X_i）描述当地需求的结构特征，可得：

$$Y_i^d = f^d(p_i, S_i, X_i) = p_i^{-\sigma} S_i^{\gamma} \prod_{r=1}^{R} X_{ri}^{kR} \qquad (4.2)$$

根据辛佳诺和西瓦尔帝（Cingano and Schivardi, 2004），本研究认为在面临跨地域不断增长的流动成本时，劳动力是可以流动的。劳动力个体会将他们在某个城市的居住条件最大化，也就是说，通过提高或减少个人福利来建立他们的居所，这依赖于当地的薪酬条件和一系列地方特征不断提高的便利设施（amenities）或非便利设施（disamenities）的减少。在此假设下，i 地的劳动力供给可以按 4.3 式表示：

$$L_i^s = \frac{1}{M_i} w_i^{\delta} \prod_{q=1}^{Q} Z_{qi}^{\eta q} \qquad (4.3)$$

式中，L_i^s 代表劳动力供给的工资弹性，M 代表来自 i 地市场的工人圈分布的平均距离，$Z = [Z_1, \cdots, Z_Q]$ 是一系列都市条件 Q 的特征值。

在劳动力及输出市场均衡的情况下，下列是对于就业水平的对数性缩减形式的表达式：

$$l_i = \beta_0 + \beta_1 a_1 + \beta_2 h_i + \beta_3 s_i + \beta_4' x_i + \beta_5' z_i + \beta_6 m_i \qquad (4.4)$$

$x_i = [x_{1i}, x_{2i}, \cdots, x_{Ri}]'$，$z_i = [z_{1i}, z_{2i}, \cdots, z_{Qi}]'$，$\beta_4 = [\beta_{41}, \beta_{42}, \cdots, \beta_{4R}]'$ 和 $\beta_5 = [\beta_{51}, \beta_{52}, \cdots, \beta_{5Q}]'$ 中的小写字体代表相应变量的对数形式。

在公式（4.4）中的系数的缩减形式与下列等式的基本结构参数有关：

$$\beta_0 = \rho\sigma \frac{\delta}{\delta + \rho\sigma} \qquad (4.5)$$

$$\beta_1 = \theta \frac{\delta}{\delta + \rho\sigma} \qquad (4.6)$$

$$\beta_2 = \alpha\theta \frac{\delta}{\delta + \rho\sigma} \qquad (4.7)$$

$$\beta_3 = \rho\gamma \frac{\delta}{\delta + \rho\sigma} \qquad (4.8)$$

$$\beta_{4r} = \rho k_r \frac{\delta}{\delta + \rho\sigma} \qquad r = 1, 2, \cdots, R \qquad (4.9)$$

$$\beta_{5q} = \frac{\eta_q \rho\sigma}{\delta + \rho\sigma} \qquad q = 1, 2, \cdots, Q \qquad (4.10)$$

$$\beta_6 = -\frac{\rho\sigma}{\delta + \rho\sigma} \tag{4.11}$$

其中
$$\rho = \frac{1}{\sigma(1-\alpha) + \alpha} \tag{4.12}$$

$$\theta = \frac{\sigma(1-\alpha) + \alpha - 1}{[\sigma(1-\alpha) + \alpha](1-\alpha)} \tag{4.13}$$

这些参数需要根据理论模型为其设定符号，并且，规模报酬递减和 σ（劳动力需求的价格弹性的绝对值）的非负性的假设体现了 $\rho > 0$。

为了使 $\theta > 0$，$\sigma > 1$。假设劳动力供给的工资弹性（δ）是正的，当地服务业供给的价格弹性大于 1，此绝对值是得出均衡就业对 TFP 的弹性为正的充分条件，且随着 δ 而升高，这个结果与库姆斯等（2004）一致。

人力资本（β_2）与 TFP 的弹性等比例变化，因而两者表示符号相同。

当劳动力供给的工资弹性非零时，在相同的需求转变下，系数 β_3 和 β_4 表明了输出市场向就业均衡转变的两种需求储备形态。尤其当服务需求对市场规模的弹性（γ）为正时，当地市场规模的扩大会导致更高程度的就业均衡（$\beta_3 > 0$）。

最后，对于便利设施，不断变动的劳动力供给变量的系数预期为正；对于非便利设施，则为负，同时与当地的劳动力总量有关的就业弹性（β_6）为负数（周边性会抑制经济活动）。

4.2.3 引入空间相互作用

在此部分中，允许地区间相互的作用，从而构建允许跨地域的市场和非市场存在的两个不同的拓展模型。第一个模型去除了输出市场空间分割的假设，而第二个模型则允许跨地域的知识传播。两种情况下，本研究只做静态均衡的分析。

4.2.3.1 跨市场的输出交换

假设运输成本用一系列系数 c_{ij}，$0 \leqslant c_{ij} \leqslant 1$，$i$，$j = 1$，2，…，$N$ 表示，此系数可以用于衡量第 j 个市场目前价格减少情况，因而本研究考虑坐落在 i 地的服务企业向不同地区（用 N 表示）的顾客销售产品的情况。为了满足本研究设定的这个运输成本条件，假设当 i 和 j 地距离升高时，$c_{ii} = 1$，c_{ij} 趋向于零。

当 i 地的某种工资水平和某种销售价格在所有市场既定时，通过各地市场边际成本与边际收益相等，i 地的代表公司就可以解决各地局部优化的问题。

劳动力需求直接与下列因素相关：a）现有市场的输出需求的结构特征和规模；b）外部薪酬水平，此薪酬的增加会使得外部供应商在本地市场的竞争力下降。同时，当地的劳动力需求与下列提高外部竞争者生产力的因素呈反向关系，如 TFP、人力资本。一切的空间作用效应会受到个别市场空间分割的影响。

因而，复杂的劳动力供给函数无法让本研究得出当地服务产业就业水平缩减形式的一个可靠的、可研究的公式。通常来看，均衡的就业水平同时依赖于当地的外生变量的值和在余下地域观测到的相同变量的加权值。因而为了得到实证分析，本研究通过引入外生变量的空间滞后值来扩展表达式 4.4 中的模型，由此出一个可利用的近似值，进而得出对数线性表达式。

$$l_{it} = \beta_0 + \beta_1\alpha_i + \beta_2 h_i + \beta_3 s_i + \beta_4' x_i + \beta_5' z_i + \beta_6 m_i + \bar{\beta}_1 L_{ai} + \bar{\beta}_2 Lh_i$$
$$+ \bar{\beta}_3 Ls_i + \bar{\beta}_4' Lx_i + \bar{\beta}_5' Lz_i + \bar{\beta}_6 Lm_i \tag{4.14}$$

其中，$Lx_i = [Lx_{1i}, Lx_{2i}, \cdots, Lx_{Ri}]'$，$Lz_i = [Lz_{1i}, Lz_{2i}, \cdots, Lz_{Qi}]'$，$\bar{\beta}_4 = [\bar{\beta}_{41}, \bar{\beta}_{42}, \cdots, \bar{\beta}_{4R}]'$，$\bar{\beta}_5 = [\bar{\beta}_{51}, \bar{\beta}_{52}, \cdots, \bar{\beta}_{5Q}]'$，L 表示空间滞后因子，对于普通变量 x，有如下关系式：

$$Lx_i = \sum_{j=1}^{M} \omega_{ij} x_j \tag{4.15}$$

非零系数 ω_{ij}（也可以理解为空间权数）随着地理距离而降低，在 $i=j$ 时为零。

上述基于当地劳动力需求水平的外生变量影响的定性讨论可以给本研究提供一些等式（4.14）中衡量空间作用效应的系数指标。更具体的是，自从外部竞争者的生产力上升使得劳动力需求向左移，$\bar{\beta}_1$ 和 $\bar{\beta}_2$ 已经预期为负。当在相同的情况下（当地市场潜力上升使得劳动力需求右移）$\bar{\beta}_3$ 预期为负，对应的 $\bar{\beta}_4$ 也与其符号一致。

可以通过分析变量符号对薪酬水平的影响来得到它们对当地劳动力供给的作用。例如，使得劳动力供给右移出当地市场的因素会引起竞争者所付薪酬的减少，这会对当地企业的劳动力需求和生产产生负面影响。通常，$\bar{\beta}_5$ 和 $\bar{\beta}_6$ 的符号会与 β_5 和 β_6 的符号相反，同时，$\bar{\beta}_6 > 0$。

4.2.3.2 跨市场的信息外溢

继续保留输出市场空间上分割的假设，第二个拓展模型可以通过信息外溢，从当地实行全要素生产对某地外的企业的影响中得到。更进一步，本研究认为，新的科学技术可以通过人与人之间面对面的交流而传播（Gaspar and Glaeser，1996；Venables，2001），而不仅仅只是书本格式化传播。其次，下列当地的 TFP 水平的规格会被本研究严格应用到一个假设中：

$$A_i = U_i \prod_{j=1}^{M} U_j^{\psi\omega_{ij}}, \ \psi > 0 \qquad (4.16)$$

设当地的知识储备的生产（U_i）和其他地区可用知识的几何组合，即空间权重（ω_{ij}），由于市场间的地理距离而下降，且 ψ 是衡量空间作用强度的非负参数。对数变换后如下表示：

$$a_i = u_i + \psi L u_i \qquad (4.17)$$

上式表示一个空间移动平均模型（SMA：Haining，1978；Anselin，2003）。替换表达式（4.4）后得出下列某地就业均衡水平的缩减形式的表达式：

$$l_{it} = \beta_0 + \beta_1 u_i + \beta_2 h_{it} + \beta_3 s_{it} + \beta'_4 x_{it} + \beta'_5 z_{it} + \beta_6 m_{it} \qquad (4.18)$$

其中$\bar{\beta}_1 = \psi\beta_1$。城市间存在信息外溢，就业因而是用邻近地区 TFP 值表示的函数，这个结果是在输出可以跨城市交换的假设得到的。但是，当 ψ 非负时，外生变量的空间滞后系数与相应的非滞后系数同为负，在此情况下，一个相反的结论会在市场可以相互作用的条件下成立。

4.2.4 动态研究

根据格莱泽等（Glaeser et al.，1992）最初的研究成果，城市发展模型的动态研究出现了很多问题，例如当滞后因变量存在回归形式时，存在或缺乏可逆的形式和参数定义及解释（Combes，1999）。本研究认为，那些面临都市动态发展的研究的缺陷可能来自于缺少长期的合理增长方式以及短期的改革过程。基于这些考虑，本研究在本部分里继续将时间动态性引入模型，具体会在下列两部分详述。

4.2.4.1 长期动态

在格莱泽等（Glaeser et al.，1992）模型中，发展趋势是由长期的多要素生产率增长决定的，这也被认为是由动态外部集聚促进的。笔者认为当一个工业城市的高就业水平可以因为能够更好地靠近自然资源从而被静态外部效应解释时，长期的就业增长只能因为外部动态效应而持续，而这个外部动态效应主要是与知识外溢的强度以及市场竞争度相关的。

ξ 代表促进知识外部效应的结构性因素的对数向量，城市增长模型假设 TFP 增长与 ξ 有如下对数关系（Cingano and Schivardi，2004）：

$$a_{it} = a_{it} - a_{it-1} = \lambda' \xi_{it} \qquad (4.19)$$

当本研究使就业水平的缩减形式的等式和上述 TFP 增长的替代等式的时间上不同时，就可以得到下列动态的关系：

$$l_{it} = \beta_1 \lambda' \xi_{it} + \beta_2 h_{it} + \beta_3 s_{it} + \beta_4' x_{it} + \beta_5' z_{it} + \beta_6 m_{it} \qquad (4.20)$$

长期的均衡下，就业增长与地域决定有关。假设当式（4.20）等式右边所有的变量中不包含当地 TFP 时，这些变量是在时间上固定或者在空间上不变的，因而可以从（4.20）式中得到如下简单等式：

$$l_{it} = const + \tilde{\beta}_1' \xi_{it-1} \qquad (4.21)$$

其中 $\tilde{\beta}_1 = \beta_1 \lambda$，根据标准方法，在这些代表结构性特点的因素在一段时间内大致不变的前提下，最初的 TFP 决定因素的值应当被最新的值所替代，就可以避免同时出现的问题。由于增加了因变量的最初水平，式（4.21）作为一个统计变量去检验模型的动态性而被引入，这个实证性估计方程最开始出现在格莱泽等[1]的文献中：

$$l_{it} = const + cl_{it-1} + \tilde{\beta}_1' \xi_{it-1} \qquad (4.22)$$

由于增长是用于衡量一种长期的趋势的，为了减小参数估计可能导致的商业循环波动，这个模型的估计通常会考虑一种从开始到最后的时间跨度，一般是十年或几十年。

由一些知名的研究经济发展和聚集的文献可知（Islam，2003）[2]，系数 c 的负值表示回归平均，回归平均是指每一个经济体形成长期稳定的聚集水平的趋势。在此种条件下，当至少有一个 $\tilde{\beta}_1$ 元素非零时就可以观测到附条件的集聚，每一个城市都会在某个产业中达到不同稳定性的就业水平。

在城市经济学术语中，当外部动态效应存在时，附条件的集聚表示存

---

[1]　Glaeser, E. L, Kallal, H. D., Scheinkman, J. A. et al. Growth in Cities [J]. Journal of Political Economy, 1992, 100：1126 – 1152.

[2]　Islam, N., What have we learned from the convergence debate? [J]. Journal of Economic Surveys, 2003, 17：309 – 362.

在着静态的外部集聚效应。不同的长期增长率会因为缺少回归平均（mean reversion）而有不同的定义。

4.2.4.2 短期动态

根据格莱泽等（Glaeser et al.，1992）最初的研究成果，大部分的实证分析都基于存在外部集聚效应的推论，此推论是单独由类似于式（4.21）的动态过程的长期均衡得到的。但是，当可调整的成本或输出名义上的刚性或者是劳动力市场存在时，由于 TFP 升高而导致的就业水平新的均衡则不会同时出现。

而且，当向均衡调整的速率减慢时，过程中可观测的中期演变仍旧会被短暂的动态性影响。

假设均衡水平最终在长期内达到，在工业城市的就业动态则可以用误差修正（ECM）的方程模型化，科兹奇和廷斯利（Kozicky and Tinsley，1999）[1] 的理论模型可以激发一个提供高弹性的动态研究，在加入了短期动态的其他温和限制的条件下，此动态研究对于静态稳定的和联合一体化系统都适用（Hendry et al.，1984）[2]。

目前，考虑到含有标准增长方程的城市发展模型需要更高程度的灵活动态规格，需要加入一个自回归到分配的滞后模型中（ADL）。

ECM 模型主要是 ADL 模型的再参量化，ECM 模型使得上述那些为外部集聚效应的自然发展提供有用信息的持久和暂时性的动态的相互分离成为可能（与静态相比）。

本研究会对（4.4）式有关的均衡进行模型的修正，考虑滞后一期项，如下：

$$
\begin{aligned}
l_{it} = &\gamma_1 a_{it} + \gamma_2 h_{it} + \gamma_3 s_{it} + \gamma_4' x_{it} + \gamma_5' z_{it} + \gamma_6 m_{it} \\
&+ c\{ l_{it-1} - \beta_0 - \beta_1 \alpha_{it-1} - \beta_2 h_{it-1} - \beta_3 s_{it-1} \\
&- \beta_4' x_{it-1} - \beta_5' z_{it-1} - \beta_6 m_{it-1} \} + \varepsilon_{it}
\end{aligned} \tag{4.23}
$$

ε_{it} 是时间和空间上的无关联的白噪声（white-noise），此变量的引入使得不可见特性的变动对就业动态的短暂影响成为可能。

在静态或动态的外部集聚效应的假设下，从式（4.23）可以得到两种

① Kozicky, S., Tinsley, P. A., Vector rational error correction. Journal of Economic Dynamics and Control, 1999, 23: 1299-1327.

② Hendry, D. F., Pagan, A. R., Sargan, J. D., Dynamic specification. (Eds.) in Z. Griliches and M. Intrilligator Handbook of Econometrics, Ⅱ, Amsterdam, North Holland, 1984.

不同的 ECM 规格。在第一个前提下，集聚效应只作用于 TFP 水平，对数线性可表示如下：

$$a_{it} = \lambda' \xi_{it} \qquad (4.24)$$

将式（4.24）带入式（4.4）和式（4.23），可得下列有关 ECM 公式的长期就业水平的表达式：

$$l_{it} = \beta_0 + \tilde{\beta}_1' \xi_{it} + \beta_2 h_{it} + \beta_3 s_{it} + \beta_4' x_{it} + \beta_5' z_{it} + \beta_6 m_{it} \qquad (4.25)$$

$$\begin{aligned} l_{it} = {} & \tilde{\gamma}_1 \xi_{it} + \gamma_2 h_{it} + \gamma_3 s_{it} + \gamma_4' x_{it} + \gamma_5' z_{it} + \gamma_6 m_{it} \\ & + c \{ l_{it-1} - \beta_0 - \tilde{\beta}_1 \lambda' \xi_{it-1} - \beta_2 h_{it-1} \\ & - \beta_3 s_{it-1} - \beta_4' x_{it-1} - \beta_5' z_{it-1} - \beta_6 m_{it-1} \} + \varepsilon_{it} \qquad (4.26) \end{aligned}$$

其中本研究认为 $\tilde{\gamma}_1 = \gamma_1 \lambda$。

从表达式（4.25）中可以得知，假如 TFP 的决定因素与所有其余的右边变量都是稳定的，就业过程也不会出现长期的增长。

假如这个外部集聚效应是有自动的动态性，这种动态性的定义是：当等式（4.19）应当在 t 时间替换等式（4.24）时，在 1 时开始的过程就是一个附条件的假设，则：

$$a_{it} = \sum_{h=0}^{t-1} \lambda' \xi_{it-h} \qquad (4.27)$$

式（4.27）表示，当 TFP 促进因素长期不变时，本研究定义：

$$\lambda' \xi_{it} = \lambda' \xi_i = \lambda_i^* \qquad (4.28)$$

TFP 保持一定速率增长，根据简单的指数趋势法，增长的变量水平可以按如下表示：

$$a_{it} = \lambda_i^* t \qquad (4.29)$$

当 TFP 决定因素可以随时间变动，长期的动态 TFP 会变得更复杂，虽然仍可以表达一个指数的增长，但是增长率仍随时间变动。

将式（4.27）带入式（4.4）得：

$$l_{it} = \beta_0 + \tilde{\beta}_1' \sum_{h=0}^{t-1} \xi_{it-h} + \beta_2 h_{it} + \beta_3 s_{it} + \beta_4' x_{it} + \beta_5' z_{it} + \beta_6 m_{it} \qquad (4.30)$$

式（4.30）表示了，在保留其余解释变量不变的情况下，工业城市的就业以 TFP 增长的一定比例的速率均衡增长。

根据式（4.13）和式（4.30），ECM 模型可以写作：

$$\begin{aligned} l_{it} = {} & \tilde{\gamma}_1 \xi_{it} + \gamma_2 h_{it} + \gamma_3 s_{it} + \gamma_4' x_{it} + \gamma_5' z_{it} + \gamma_6 m_{it} \\ & + c \{ l_{it-1} - \beta_0 - \tilde{\beta}_1 \sum_{h=1}^{t-1} \xi_{it-1} - \beta_2 h_{it-1} - \beta_3 s_{it-1} - \beta_4' x_{it-1} \\ & - \beta_5' z_{it-1} - \beta_6 m_{it-1} \} + \varepsilon_{it} \qquad (4.31) \end{aligned}$$

　　由于包含在等式右边中的当前水平代替了 ξ 变化的当前水平不代表一个标准的 ECM 模型。但是，当重置参量后它可以转变为标准的形式：

$$l_{it} = \tilde{\gamma}'_1 \xi_{it} + \gamma_2 h_{it} + \gamma_3 s_{it} + \gamma'_4 x_{it} + \gamma'_5 z_{it} + \gamma_6 m_{it} + c\{l_{it-1} - \beta_0 - \tilde{\beta}'_1 \xi_{it-1}$$

$$- \tilde{\beta}'_1 \sum_{h=2}^{t-1} \xi_{it-h} - \beta_2 h_{it-1} - \beta_3 s_{it-1} - \beta'_4 x_{it-1} - \beta'_5 z_{it-1} - \beta_6 m_{it-1}\} + \varepsilon_{it}$$

$$(4.32)$$

且
$$\tilde{\beta}_1 = \tilde{\beta}_1 - \frac{\tilde{\gamma}_1}{c} = \left(\beta_1 - \frac{1}{c}\gamma_1\right)\lambda$$

　　比较式（4.26）和式（4.32）后可证实两个模型主要的差别在于长期均衡中 TFP 决定因素的滞后变量的最新总量不同。

　　上述得出的 ECM 外部动态集聚效应是根据现在的就业水平得出的，这个水平不仅依赖当前的 TFP 促进因素值也依赖于过去的值。

　　不同于增长恒等式，外部动态效应因而可以从过程水平中评估，而非长期的增长率。

　　同样，外部动态效应的推论不需要舍去回归平均值。事实上，当 $c=0$ 时，意味着存在一个单位的自回归，式（4.31）缩减至式（4.20），其结果就是外部动态效应的推论缩减成一般增长方程的估计，也可能增加至包括了工业城市中影响就业的其他变量的改变，这些显著的改变是跨时间和空间的。

　　同时，当 $c<0$ 时，如当过程可逆，对外部动态效应的推论以来自过程水平的信息为基础。

　　外部动态效应反映的是工业城市就业水平是一个递增变量。当除去过程的平均回归假设后，这个过程就类似于一个有漂移项但无趋势项的随机漫步模型，且相反情况也是正确时，服务水平会在一个指数时间趋势内稳定。在两个条件下，基于斜率的推论则可以由 ECM 估计参数得到。

　　基于现有的自回归外部动态集聚效应的推论，且由于回归平均法只能影响长期内过程的随机行为，因而生产者按照推论来生产也不能为本研究的研究提供合理的实证性策略，至少在本书中的 ECM 环境应用分析无法得到，同时这个策略也不能证实实际的趋势。

4.2.4.3　识别问题

　　本研究可以从某个工业城市至全部城市的就业比例中得到一个广泛运用的 MAR 外部经济效应的代理，这可用来衡量当地经济生产某类货物或服务的专业化程度。

动态规格的缺陷在于同时包含了库姆斯（Combes，1999）所分析的因变量和专业度的滞后变量，库姆斯也讨论了当全部就业（或就业密度）滞后值包含在回归量中，所出现的可识别问题，以便控制外部经济城市化或当地市场规模的效应。

假定静态外部集聚效应一定，欠识别的问题延伸至上述的 ECM 结构中。为了说明这个事实，$\bar{l}_{it}$ 代表 i 市在 t 时的就业总数的对数形式，同时 $spec_{it} = (l_{it} - \bar{l}_{it})$，考虑式（4.26）的简化形式，将这个只有非相关的解释变量的形式代入合理的表达式可得：

$$
\begin{aligned}
l_{it} &= c\left\{ l_{it-1} - \beta_0 - \tilde{\beta}_1 spec_{it-1} - \beta_2 \bar{l}_{it-1} \right\} + \varepsilon_{it} \\
&= c\left\{ l_{it-1} - \beta_0 - \tilde{\beta}_1 (l_{it-1} - \bar{l}_{it-1}) - \beta_2 \bar{l}_{it-1} \right\} + \varepsilon_{it} \\
&= c(1 - \tilde{\beta}_1)\left\{ l_{it-1} - \frac{\beta_0}{1 - \tilde{\beta}_1} - \frac{(\beta_2 + \tilde{\beta}_1)}{1 - \tilde{\beta}_1} \bar{l}_{it-1} \right\} + \varepsilon_{it}
\end{aligned}
\quad (4.33)
$$

式（4.33）并没有把专业化的对数系数与就业总量分开分析。

相反，当外部动态效应存在，且对城市就业作回归时，当前水平的因变量对过去专业化程度的依赖表明了这些变量的效应。因而，本研究有：

$$
\begin{aligned}
l_{it} &= c\left\{ l_{it-1} - \beta_0 - \tilde{\beta}_1 spec_{it-1} - \tilde{\tilde{\beta}}_1 \sum_{h=2}^{t-1} spec_{it-h} - \beta_3 \bar{l}_{it-1} \right\} + \varepsilon_{it} \\
&= c(1 - \tilde{\beta}_1)\left\{ l_{it-1} - \frac{\beta_0}{1 - \tilde{\beta}_1} - \frac{\tilde{\tilde{\beta}}_1}{1 - \tilde{\beta}_1} \sum_{h=2}^{t-1} spec_{it-h} - \frac{(\beta_2 + \tilde{\beta}_1)}{1 - \tilde{\beta}_1} \bar{l}_{it-1} \right\} + \varepsilon_{it}
\end{aligned}
$$

$$(4.34)$$

式（4.34）表示了如何对已经识别的 $\bar{\gamma}_1$ 附条件（这会添加至 $\tilde{\beta}_1$ 的定义中）。$\tilde{\beta}_1$ 和 β_2 都是已知的。且已知链严格按照专业化随时间改变的假设。在这种提供长期有效时间的指标条件下，此条件不见得有约束力。

本节主要对生产性服务业的就业增长的空间分布下的结构因素进行分析。为了研究，本研究首先引入劳动力市场和产出市场的需求供给的简单理论模型，同时在允许人力资本储备空间内存在差异的条件下，运用对当地服务产出的精确分析得来的相关城市发展的实证性文献中普遍采用的规格来拓展本研究的模型。因而，接下来两个一般模型被构建，这两个模型允许不同市场中各机构的相互交流。第一个去除了输出市场空间上分割的假设，第二个则允许跨地域的信息外溢。两种情况下可以得出就业等式的缩减形式，此就业水平包含了等式右边的内生变量的空间滞后值。

特别要注意的是，此过程中有时间动态的一般均衡。跟现在的研究成果一致，更具弹性的标准城市增长模型可以由误差修正模型得到，此误差修正模型提供了包含在统一的分析环境中的短期动态和长期动态的全要素生产率 TFP 的增长。本研究也考虑包含空间滞后回归以及空间自相关修正的形式。

4.2.5 一个来自意大利的实证研究

瓦尔特和加辛托（Valter and Giacinto, 2007）[①] 曾经针对意大利生产性服务业在不同地域的集聚与本地经济的长期发展做过实证研究，并且运用了上述理论模型进行了经验验证。这里对他们的研究结论做一概括。

根据意大利第八次人口普查的数据，2001 年全部行业就业增长比起 1991 年高出 8 个百分点，其中服务业的就业增长占主导，增长率为 8.9%，但是制造业的就业却减少了 1.8%。但是这种全国性的整体格局不能掩饰跨地区的差异。在西北部，服务业就业增长了 10.6%，其中伦巴第（Lombardy）地区增长最为显著，增长 12.4%，但是制造业就业却下跌了 4.6%，同样在东北部，服务业的表现也远远好于全国水平，增长率达到 9.5%。在中部，就业的变动大致与全国水平相符；这些地区中，增长主要集中在首都罗马所在的拉齐奥（Lazio）地区。在南部，服务业的就业增长是最低，只有 5.2%，同时南部制造业就业减少了 0.5%。

意大利第三产业的积极表现大部分归功于生产性服务业，在此期间，生产性服务业就业增长了 6.1%，社会服务业就业增长了 2.1%，个人服务业增长 0.8%，只有分配服务业下降 0.2%。在生产性服务业中，约有 5/6 的增长来自商务服务业；同时房地产服务业也提供一个积极的推动，相比较金融及保险服务业则较稳定。在不同的地区里，伦巴第（Lombardy）的商务服务业就业增长了 6.5%，拉齐奥（Lazio）增长 8%，远远高于平均水平；这基本上也是因为这两个地区包含了意大利最大的两个城市：米兰和罗马。

对于生产性服务业，供应商地理集聚的赫芬达尔（Herfindah）的指数相当高，这个指数是由跨地域劳动力市场的就业分布计算的，并且在 OECD 的 9 种行业分类中达到了最高值。在全国水平上，这个指数值高于制造业 3 倍的水平。更高的集聚水平出现在西北以及中部，而东北及南部

① Valter Di Giacinto and Giacinto Micucci, The Producer service sector in Italy: Long-term growth and its local determinants, working paper, Temi di discussion series, 2007.

的生产性服务业的集聚比制造业并没有高出太多。

然而如果用制造业就业的分布来表示对生产性服务业的需求的话，那么1991～2001年生产性服务业需求的空间集聚是下降的，同时，由于商务及服务行业子部门的发展，供给的地理集聚是升高的。

根据就业与人口数的比率，2001年在最大的都市地区都专业化地提供生产性服务业。这个结论在地方就业与人口比率的相互关系值中得到证实，这个值等同于生产性服务业的0.66；在所有产业中最高，且是制造业就业的两倍。

1991～2001年，意大利生产性服务业部门的就业快速增长，对整体就业的增长起到了很大的贡献。空间分割的分析证明了不同的城市有着不同的增长率，这导致了一个高度的经济地理聚集。

另外，通过他们的模型检验分析，主要研究成果如下：

（1）不同于从标准城市发展回归分析中得到的现象，生产性服务业的长期就业增长主要是受动态的马歇尔－阿罗－罗默（MAR）外部集聚经济效应的促进，Jacobs的城市外部经济效应只起很小的作用。同时，当地供给者的竞争也被认为会负面影响就业的长期增长。这些研究结论与辛佳诺和西瓦尔帝（Cingano and Schivardi，2004）对意大利制造业部门和其工业地区的分析结果一致。

（2）基于供给的角度，当地的人力资本投入会对生产性服务业部门的长期就业水平产生一个相当积极的影响，这个结果也在阿明顿和埃克斯（Armington and Acs，2004）对美国的研究中得到证实。

（3）基于需求的角度，当本地市场规模依旧至关重要时，由于仍存在很多不完全贸易化的服务业经营活动，潜在的消费者的规模也会变得很重要，越小的企业更倾向于更多地依赖外部的服务供给者；并且当地制造业的技术水平也会产生一个虽然很小，但却是负面的影响。

（4）在重要的跨地域相互作用存在的基础上，本研究不能够完全区分这些外部经济效应（市场效应与技术外溢）的来源；某些时候，当信息外溢在其他情况下占主导时，系数估计的符号看似会得出输出产品可贸易化的假设。然而，这些效应都很重要，而且对未来不同空间作用机制的研究提供了保证。

4.3　本章小结

随着信息通讯技术的发展，需要频繁面对面交流的复杂的知识密集型生产性服务业越来越在最发达的国家地区和国际化大都市中集聚。这种集聚通过生产性服务业广泛的产业关联性、专业化知识的外溢带动着城市和地区经济的增长。这种对区域经济的作用一方面表现为对城市和区域的出口和就业做出的直接贡献，另一方面通过专业化知识的投入提高了当地企业的生产力，改善了城市和区域环境，甚至重新塑造了区域的吸引力。

通过构建包含生产性服务业和劳动力市场的静态和动态模型，引入空间相互作用（包括跨市场的输出交换和跨市场的信息外溢），在标准城市增长模型中加入误差修正模型，分析短期动态和长期动态的全要素生产率（TFP）的增长，并且建立包含空间滞后回归以及空间自相关修正因子的空间计量模型，通过瓦尔特和加辛托（Valter and Giacinto，2007）对意大利生产性服务业集聚与本地经济的长期增长所做的实证研究，得出生产性服务业集聚带动的就业增长与城市的整体就业和经济增长率正相关。生产性服务业的长期增长主要受动态马歇尔－阿罗－罗默的外部集聚经济效应的促进，雅各布的城市外部经济效应只起很小的作用。人力资本投入对生产性服务业长期就业水平具有积极影响，本地市场规模对生产性服务业尤其是小企业集聚具有重要影响，跨地域的空间相互作用（市场效应和技术外溢）也影响着生产性服务业的集聚和长期发展。

第 5 章

生产性服务业的创新理论与
案例调查

伴随着自 20 世纪中后期开始的全球经济服务化趋势，服务业不断发展壮大，内部分工不断细化，产业链不断延伸，已经成为发达国家经济增长最快的部门，并逐渐成为发展中国家的重要经济力量。服务业创新也越来越成为理论研究的一个重要课题。本章在大量查阅国外服务业创新的相关研究文献基础上，试图对国外服务业创新的理论研究进行一个较为系统的梳理，以进一步深化服务业创新研究。

5.1 基于不同学派的服务业创新研究综述

近年来，在信息通讯技术和管理理念及手段变革的驱使下，服务业分工更加细化，服务内涵更加知识化、信息化；服务方式逐渐虚拟化、外包化；服务空间载体呈现集聚化、集群化；服务范围不断全球化；服务功能不断创新化。因此，服务业创新越来越受到经济学、管理学和社会学等领域研究学者的关注，但到目前为止，学术界对服务业创新尚没有形成统一的系统化的理论框架。

从 20 世纪六七十年代至今，学术界对服务业创新研究大体经历了三个阶段，即从早期（20 世纪 60 ~ 70 年代）的忽视阶段到中期（20 世纪 80 ~ 90 年代）的开始重视阶段，再到近期（21 世纪以来）的越来越多的系统化研究阶段。在这一系列的发展过程中，可以将服务业创新研究归为四种不同的研究派别（或称研究视角），它们分别是"忽视"派、"从属"派、"区别"派和"综合"派。

第一种是"忽视"派，持这种观点的人很少关注或者根本不知道服务业领域的创新。因为他们认为创新只关乎机器、设备等的技术改进，这个过程涉及它们的发展和商业化。服务业仅仅是新技术的应用者而非"真正的创新者"。第二种是"从属"派,认为服务业创新应该从属于制造业创新,试图用由研究制造业技术创新而发展来的概念性工具来研究服务业创新。第三种是"区别"派,起源于 20 世纪 90 年代,其方法及要求是排斥在先前创新研究中作为焦点的技术创新中心化。相反,他们的研究集中在组织创新和知识型服务业创新两个领域,其中正式的研发和"硬"技术创新要比技术推动的制造业领域内影响力相对弱些,创新研究方法也集中体现服务业的特点和服务活动区别于制造业的典型特征。第四种是"综合"派,其研究方法始于一种共识,即研究创新应该结合技术和非技术形式的变化分析,还要分析拓展后的创新概念同制造业和服务业的关联性。从本质上讲,这一学派试图深入探究服务创新与整个经济的关联性,而非仅仅是服务业。

5.1.1 "忽视"派:服务业创新长期被忽略

直至 20 世纪 70 年代前后,还鲜有人研究服务业创新,或者真正的从整体上研究服务业,除了富克斯(Fuchs,1968)[①] 和贝尔(Bell,1973)[②] 提出发达国家经济已经步入"服务经济"和"后工业时代"。而富克斯和贝尔的研究主要是关于服务行为的系统性理论研究,并没有将创新纳入到他们的研究中。这种对服务业创新的"忽略"主要归咎于早期经济学界几乎把服务业作为非生产部门,甚至是"剩余部门"。亚当·斯密认为物质财富才是重要的,而且制造业用新机器和其他货物的形式"奠定"技术进步。所以,斯密(Adam Smith,1776)[③] 曾说:"卑贱奴隶的劳动不会奠定或者变成实物或者商品。他的服务通常转瞬即逝,很少会在身后留下什么。"斯密的制造业至上的观点一直延续并主宰了经济学界思想长达两个世纪(Hill,1999)[④]。

20 世纪 70 年代,随着服务业的日益壮大,开始出现了关注服务创新

① Fuchs, V., The Service Economy, National Bureau of Economic Research. Massachusetts. 1968.

② Bell, D., The Coming of Post-Industrial Society: A Venture in Social Forecasting [M]. Basic Books, New York. 1973.

③ Smith, A., the Nature and Causes of the Wealth of Nations [M]. Oxford: Oxford University Press, 1776: 338.

④ Hill, P. Tangibles, Intangibles and Services: A New Taxonomy for the Classification of Output [J]. Canadian Journal of Economics, 1999, 32 (2): 426 – 446.

的声音。如帕维特和罗斯维尔（Pavitt and Rothwell，1976）① 提出了服务业中也存在创新，但他们的研究主要关注制造业中的附加服务，也未将服务业作为独立的创新主体进行考虑。识别和衡量创新的"基于客观存在"的方法② 发展只能使服务对产生新技术无益的观点更加巩固（Pavitt，1984③；Pavitt，1987④；Pavitt et al.，1989⑤）。"基于客观存在"的方法集中在识别创新的"实体"——如新药或者新的计算机系统。因为服务不会直接产生客观存在（尽管服务常常帮助创新实体的发展），所以大部分可识别的创新被归因于制造业。

基思·帕维特（Keith Pavitt，1984）在一个创新数据库的基础上建立了创新活动的细致分类，并以此识别出四种类型的技术活动，前两种是新技术的生产者，包括以科学为基础的行业（例如制药、电子科技）和专业供应商（如仪器和专业机械），第三种是规模集中型生产者（如汽车制造商和散装化工用品生产商），他们既是新技术的生产者，也是新技术的需求用户，而第四种是供应商主导型——被视为被动依赖于新技术的人。Pavitt 的分类是将服务企业归类为"主要供应商"，所以被认为是无益于创新的，因为创新研究主要关注于新技术研发而不是使用新技术。

直至今日，很多创新研究只关注新技术，研究焦点都集中在新技术的研发上，而非这些新技术如何扩散和使用。因此，技术生产行业例如微生物技术受到更多的关注，而技术使用行业如服务业和"低技术"制造业（Von Tunzelmann and Acha，2005）⑥ 却遭受忽略。所以，创新越来越被界定在狭窄的范围，即集中到了技术创新上，大多包含在机械、设备和其他产品（如新药）的研发和涉及高新科技产品研发和市场开拓过程中。

在创新研究领域之外，社会学家和经济史学家开始广泛地研究技术扩

---

① Pavitt, K. and Rothwell, R., A Comment on a Dynamic Model of Product and Service Innovation [J]. Omega, 1976, 4 (4): 375 – 377.

② Archibugi, D. and Pianta, M., Measuring technological change through patents and innovation surveys [J]. Technovation, 1996, 16: 451 – 468.

③ Pavitt, K., Patterns of technical change: towards a taxonomy and a theory [J]. Research Policy, 1984, 13: 343 – 373.

④ Pavitt, K., The size distribution of innovating firms in the UK: 1945 – 1983 [J]. Journal of Industrial Economics, 1987, 35 (3): 297 – 316.

⑤ Pavitt, K., Robson, M., Townsend, J., Accumulation, Diversification and Organization of Technological Activities in UK Companies, 1945 – 1983. in Technology Strategy and the Firm: Management and Public Policy. Dodgson. Harlow, Longman, 1989.

⑥ Von Tunzelmann N. and Acha, V., Innovation in "low tech" industries. (Eds.) in J. Mowery, D. C. and Nelson, R. R. The Oxford Handbook of Innovation, Oxford University Press, Oxford, 2005: 407 – 432.

散（Rogers，1995①；Stoneman，2002②）。尽管有这些对技术扩散的研究，技术应用常被认为是不成问题的，因此具有次级的重要性——主要的研究和兴趣集中在生产而不是新技术的使用方面。但是，正如埃杰顿（Edgerton，1999）③ 指出的，多数经济进步来自"正在使用的技术"，而非创造新技术本身。

支持新技术创新的主要实证研究集中在使用研发数据和专利指标作为创新活动的衡量标准。因为服务企业（除电信和计算机软件公司）从传统上来说很少从事研发活动，部分因为服务业对创新手段不熟悉（Sundbo，1997④；Evangelista，2000⑤；Sundbo and Gallouj，2001⑥；Gallouj，2002⑦；Tether，2005⑧）且很少获得专利（European Commission，2004）⑨，所以在创新方面，服务业通常被边缘化。

值得注意的是时至今日，这种对服务业创新"忽略"观点仍占主导地位，在创新研究范围内，对服务业（和"低技术"制造业）创新研究仍处于边缘状态，较"热门"领域如微生物技术或者纳米技术受到更多关注，尽管从统计数据上看服务业占经济的份额比重要远远超过那些"热门"行业。

5.1.2 "从属"派：将服务业创新纳入制造业

到 20 世纪 80 年代，发达经济体服务业的持续增长意味着服务业越来越难以被忽略，继而一小群创新研究者开始研究作为经济的重要组成部分

① Rogers，E. M.，Diffusion of Innovations ［M］. New York，1962.
② Stoneman，P.，The Economics of Technological Diffusion ［M］. Oxford：Blackwells，2002.
③ Edgerton，D.，From innovation to use：ten（eclectic）theses on the history of technology ［J］. History and Technology，1999，16：1 - 26.
④ Sundbo，J.，Management of Innovations in Services ［J］. The Service Industries Journal. 1997，17（3）：432 - 455.
⑤ Evangelista，R.，Sectoral patterns of technological change in services ［J］. Economics of Innovation and New Technology，2000，9：183 - 221.
⑥ Sundbo，J.，Gallouj，F.，Innovation as a Loosely Coupled System in Services.（Eds）. in Metcalfe，J. S. and Miles，I. D. Innovation Systems in the Service Economy：Measurement and Case Study Analysis ［M］. Kluwer Academic Publishers，Boston，Dordrecht and London，2001.
⑦ Gallouj，F.，Innovation in the Service Economy：The New Wealth of Nations ［M］. Edward Elgar Publishing Ltd，Cheltenham UK，Northampton，MA.，USA，2002.
⑧ Tether，B. S.，Do services innovate（differently）? Insights from the European Innobarometer survey ［J］. Industry and Innovation，2005，12：153 - 184.
⑨ European Commission. Patents in Service Industries ［R］. DG-Research，EUR 20815，Brussels，2004.

的服务业创新。这个阶段的研究基本被认为是用研究制造业（技术）创新的概念工具来研究服务业创新。因此，这个阶段被视为是将服务业同化或者纳入更广阔创新研究的努力。

其中，最值得关注的是将服务业创新同化并用研究制造业创新的概念研究服务业的尝试，即麦欧佐和索爱特（Miozzo and Soete, 2001）① 将Pavitt 的分类应用到服务业。像帕维特（Pavitt）一样，麦欧佐和索爱特（Miozzo and Soete）将服务技术活动分成以下类型：

• 供应者主导行业——如公共或者集体商品（教育，医疗，行政）和个人服务（饮食，修理行业，理发等）；

• 生产密集型行业，分以下两种类型：

a）规模密集型行业：涉及大规模后台行政任务的服务业，主要应用信息技术来削减成本。

b）网络行业：依赖实体网络的行业（如交通旅游业，零售运输业）或者依赖虚拟网络的行业（如银行，保险，电信和广播电视）。公共行业如水电气供应也包括在这一分类中，尽管它们不被视为私营服务业。这些服务行业在界定创新和"服务依赖型"的新科技中扮演了主要角色。

• 专业技术提供者和基于科学技术的服务行业。这组包括软件和专业商务服务（包括技术和设计服务）。技术主要源自商业本身的创新活动，尽管创新常常是在和特定客户的紧密合作中发展而来。

图 5.1 体现了帕维特分类和麦欧佐 – 索爱特分类的紧密关联。两种分类都强调内在的技术，而不是其他的如基于技能的能力因素等。值得注意的是，除了专业供应商创新中强调用户和生产者互动之外，客户和需求的作用在这种分类中被忽略掉了。

这一时期，欧洲国家通过现在被称为欧盟创新调查（CIS），开始直接衡量创新。欧盟创新调查（CIS）和经合组织（OECD）的奥斯陆（Oslo）创新手册最初只衡量研发和专利而丢掉了很多创新因素（Smith, 2005）②。欧盟创新调查采用一种"基于主体"的方法——即不是关注创新的实体（如基于客体的方法），而是关注企业创新活动的各个方面，包括是否引进新的或者有显著改进的产品和流程。然而，欧盟创新调查（CIS）最初是

---

① Miozzo, M., Soete, L., Internationalisation of services: A technological perspective [J]. Technological Forecasting and Social Change, 2001, 67: 159 – 185.
② Smith, K., Measuring innovation. (Eds.) in Fagerberg, J. Mowery, D. C. and Nelson, R. R. The Oxford Handbook of Innovation, Oxford University Press, Oxford, 2005: 148 – 177.

调查制造业者的创新活动，围绕产品创新和流程创新这两个传统的方面进行调查，没有涉及组织创新。尤其是 1992 年起的欧盟创新调查在大多数国家主要局限在制造业范围内。

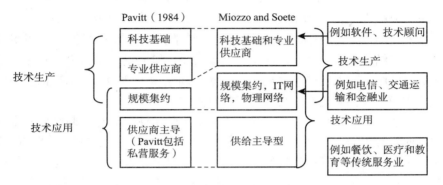

图 5.1 Pavitt 与 Miozzo 和 Soete 对创新和技术发展轨迹的分类

资料来源：修改自 Pavitt（1984）以及 Miozzo and Soete（2001）。

后来，奥斯陆创新手册和欧盟创新调查将调查范畴调整至服务业。这次调整几乎没有说明服务业的特点，仅仅是在提及服务业的时候把"产品"换成"服务"。于 1997 年开始的第二次欧盟创新调查包括了很多私营的服务行业，尽管没有公共服务业（Tether et al.，2001）[1]。

埃万杰利斯塔（Evangelista，2000）[2] 利用意大利创新调查数据，结合帕维特（Pavitt）和麦欧佐和索爱特（Miozzo and Soete）分类将服务企业分为如下四类：

● 技术使用者——是最低程度的创新组，与服务业中"供应者主导型"的原型关系最密切。这些企业依赖外部技术，通常是来自制造业和（或者）信息技术业。这组中的活动包括垃圾处理，陆运和海运，安保，清洁，法律服务，旅游服务和零售。

● 互动型服务商。在这个行业中，创新源自于客户的交流，而非内部研发或者技术收购。严重依赖于开发或安装的软件或者获取的专有技

① Tether, B. S., Miles, I., Blind, K., Hipp, C., de Liso, N. and Cainelli, G., Innovation in Services-An Analysis of CIS－2 data on Innovation in the Service Sector, A report for the European Commission（under CIS Contract 98/184），2001.

② Evangelista, R., Sectoral patterns of technological change in services［J］. Economics of Innovation and New Technology, 2000, 9：183－221.

术。这个分类中的活动有广告，银行，保险，宾馆和酒店。

- 基于科学技术的服务商。这些企业是新技术知识的主要发生器，并将这些新技术知识扩散至制造商和服务提供者。他们的创新活动一般处在创新和知识生产链的上游，常常与公有或者私人的研究机构有密切互动（Tether and Tajar，2006）[①]。这些活动包括研发服务，工程、计算机和软件服务。

- 技术咨询服务商——他们将基于科学技术的服务商和互动型服务商的特点结合起来。他们内部从事创新活动，但大量应用客户的知识。虽然所有的服务商都可能或多或少有"解决问题"的活动，技术咨询服务商主要作用是提供满足客户特定需求的解决方案。

麦欧佐和索爱特的分类和埃万杰利斯塔的实证研究在强调服务业多样性方面是有用的，而且显示将所有服务商归为"供应商主导"是严重的错误。然而，埃万杰利斯塔的研究发现尽管这是个错误，但并不是一个坏的初步估计。尽管就业人数只占服务业就业人数不到5%，但技术密集的"基于科学技术的服务商"创新的花费占到全行业的30%，而"技术使用者"的创新花费只占全行业的很小一部分。

埃万杰利斯塔的成果有力地支持了麦欧佐和索爱特的概念性成果，而且表明服务业创新很大程度上反映了帕维特对制造业创新的构思。同时，由欧盟创新调查数据引起的埃万杰利斯塔的发现也印证了在所有行业中，资金支出是创新支出的最大的构成项目（Evangelista et al.，1998）[②]。总地来说，埃万杰利斯塔总结出服务业创新与制造业创新的相同点多于不同点，而且总体来说，研究发现服务业和制造业的创新并无多大差异——可能有些差异需要强调，但这些差异主要是程度上的，而不是类型上的。

然而，一些研究学者（Sundbo，1997[③]；Gallouj，2002[④]）尤其是那些追随区别方法（见下节）的人却批评说，这些发现都是基于一种采用了源自研究制造业的概念和数量分析工具的方法。这有点像用研究哺乳动物行为的观点去研究爬行动物或鸟类的行为。他们强调处在参考框架内的

① Tether, B. S. and Tajar, A., Are Services Starved of External Research? An Analysis of UK Firms' Innovation Linkages with Specialist Knowledge Providers. Working Paper, CRIC and Manchester Business School, University of Manchester. 2006.

② Evangelista, R., Sandven T. Sirrilli, G. and Smith, K., Measuring innovation in European industry [J]. International Journal of the Economics and Business, 1998, 5: 311 – 333.

③ Sundbo, J., Management of Innovations in Services [J]. The Service Industries Journal. 1997, 17 (3): 432 – 455.

④ Gallouj, F., Innovation in the Service Economy: The New Wealth of Nations [M]. Edward Elgar Publishing Ltd, Cheltenham UK, Northampton, MA., USA, 2002.

行为的相同点和不同点，从而发现很多相同点，但那些在参考框架外的行为却被忽略了（例如仅用研究哺乳动物的观点去研究鸟类可能会忽略鸟类最基本的特征——它们会飞！）。这些批评家特别指出，这种创新的观点采用了一种非常狭隘的技术的观点——很少注意到相互作用（如通过快递服务创新，对其他服务业也很重要），也很少注意到技能（Tether et al.，2005）[1]，而且主要的注意力还是在生产而非使用新技术。

5.1.3　"区别"派：服务业创新的"自主研究"

第三种研究思路强调服务业创新采用与制造业创新原型不同的模式。美国学者理查德巴拉斯（Richard Barras，1986）[2] 做出大胆的尝试，首次将服务业作为独立主体，研究发展服务创新理论，并提出了"逆向产品周期"创新模型。通过研究金融服务业，巴拉斯（Barras）观察到，与艾伯纳西和厄特巴克（Abernathy and Utterback，1978）观察到的通过产业生命周期而进行的传统创新模式（即创新从最初的新产品开发到创新的注意力转移至生产流程模式的主导设计）不同，金融服务业的创新从最初关注于流程管理（如提高后台办公效率的信息通讯技术的应用），继而转向产品。这一方面是通过学习，另一方面是通过基于信息通讯技术的灵活性而增强的客户定制化的服务能力。因此，按照巴拉斯的观点，服务业创新活动的生命周期分为三个阶段：渐进性过程创新、根本性过程创新和产品创新。服务业通过引入大型计算机、小型和微型计算机、网络等特定的技术系统引发创新，其目的分别是改善服务创新效率、提高服务质量、形成新的服务。而第三个阶段恰恰反映了服务业作为"创新者"的身份。

巴拉斯不仅称服务业可能会遵循完全不同的创新模式，即通过一种"逆向产品周期"，而且信息通讯技术的应用已将服务业带入工业化时代。"他们开始将适合的产业技术应用到信息密集型的服务活动中，并且以此重新组织他们工作的重要部分"（Levitt，1972）[3]。最终，服务企业将变成

① Tether, B. S., Mina, A. Consoli, D., Gagliardi, D., A Literature Review on Skills and Innovation. How Does Successful Innovation Impact on the Demand for Skills and How Do Skills Drive Innovation? Department of Trade and Industry, London, 2005.

② Barras, R., Towards a Theory of Innovation in Services [J]. Research Policy, 1986, 15 (4): 161 - 173.

③ Levitt, T., Production-line approach to service [J]. Harvard Business Review, 1972, 50 (5): 41 - 52.

重要的独立创新者。

巴拉斯的模型非常有影响力，标志着理论研究服务业创新的第一步。然而，他的这种"一劳永逸"的服务业创新模式也招致相当多的批评（Uchupalanan，2000①；Miles，2005②），尤其是如帕维特（Pavitt）最近介绍的分类主张的那样，制造业创新有多重模式。如果制造业存在多重模式，为什么服务业只存在一种模式呢？

巴拉斯的模型可被视为介于上文讨论过的同化方法和更为激进的 20 世纪 90 年代发起的"区别"研究之间的一种，因为尽管巴拉斯主张服务业创新模式与制造业不同，但他仍将技术放在他的分析的中心。很多学者都对这种过度强调技术的研究不以为然，就像加勒奇（Gallouj）指出的：

"服务业创新和技术创新（由服务业应用）的研究是最古老且最多的，这种研究从某种程度上高估了技术方面的重要性，或者准确地说，低估了创新的其他方面"（Gallouj，2002）③。

20 世纪 90 年代中后期见证了服务业创新研究的大量增长，且相当多的研究是由来自法国、丹麦、荷兰和挪威的非主流创新研究领域的研究人员开展的。然而，正是这些主流领域外的研究人员挑战着关于创新的界定和衡量创新的正统，这些学者开始服务业创新的"自主研究"，探索隐藏在原有主导下的既定概念框架背后的其他创新方式。

这些学者首先强调"服务业的特点"和服务业如何区别于制造业。例如，服务是无形的，且经常（但不是总是）同时生产并消费，并有涉及消费者的直接参与，如一些服务业，比如空中交通管制，常常是提供者和使用者联合生产（Tether and Metcalfe，2003）④。这意味着很难定义一个服务产品并观察到服务产品明显改变的瞬间（例如，识别明显地服务创新要比识别产品创新难），且服务创新可能会涉及比实物产品创新的逐步改进模式更多连续的或者波浪式的变化。服务过程通常不是全部在公司内部完成，例如，快递过程是一个"服务产品"，产生了被广泛接受的产品和流程的两方面创新难题。除此之外，也有服务业中如何区别流程创新和组织

---

① Uchupalanan, K., Competition and IT-based Innovation in Banking Services [J]. International Journal of Innovation Management, 2000, 4 (4): 491 – 528.

② Miles, I., Innovation in Services, (Eds) in Fagerberg, J., Mowery, D. and Nelson, R. Oxford Handbook of Innovation, Oxford University Press, Oxford, 2005.

③ Gallouj, F., Innovation in the Service Economy: The New Wealth of Nations [M]. Edward Elgar Publishing Ltd, Cheltenham UK, Northampton, MA., USA, 2002: 2.

④ Tether, B. S. and Metcalfe, J. S., Horndal at Heathrow? Capacity creation through co-operation and system evolution [J]. Industrial and Corporate Change, 2003, 12 (3): 437 – 476.

创新的困惑。

　　通过研究从清洁到如管理咨询的基于知识的服务业创新，这种研究思路拒绝将"技术创新"作为中心，而是强调组织创新和在工作实践中的创新。其实，萨博（Sundbo，1997）① 表示传统的基于研发的技术创新代表一种特例，而经济活动（包括服务业）的多数创新是由策略导致（如公司的策略是创新的核心决定因素）而非技术驱使。虽然技术为很多策略决定的创新提供了便利，但他们的发展不一定依赖于尖端技术或者拥有优于竞争者的技术，因此"硬"技术在服务业发挥的作用要比在一直都是创新研究重点的技术生产制造业弱很多。

　　这些研究者强调脱离狭隘的技术创新概念的必要性，像那些在同化阶段的研究者一样，仅仅采用研究基于技术的制造业而得到的概念和实证工具是不合适的。相反，他们倡导发展更加符合服务业特点（尤其无形性，高度依赖人和知识以及高度互动性）的概念和实证工具（Tether，2005）②。一些特别进行的大规模调查工作已经开始，尤其是由卓腊尔和加勒奇（Djellal and Gallouj，1997）在法国从事的调查。

　　在总结调查和案例的基础上，萨博和加勒奇（Sundbo and Gallouj，2001）③ 列出了一些源自表 5.1 服务业创新模式。这里列出的模式并不全面，只是选择性地列出了不同的几种创新模式，在这些模型中"实力"技术的作用并不是那么突出。简而言之，这种研究思路试图侧重于组织和人及其互相作用，而不是技术。

表 5.1　　　　　　　　　　**各种服务业创新的模式或模型**

模式或模型	内容
古典研发模式	凡是以技术进步的线性模型为基础的创新，主要是通过专门的研发部门来发展的。这是典型的古典产业创新模式，在制造业中越来越少见，而在服务业中更是少见。但一些特殊的服务业遵循这个模式，例如，电信公司和大型套装软件生产商。

　　① Sundbo, J., Management of Innovations in Services [J]. The Service Industries Journal. 1997, 17 (3): 432–455.
　　② Tether, B. S., Mina, A. Consoli, D. and Gagliardi, D., A Literature Review on Skills and Innovation. How Does Successful Innovation Impact on the Demand for Skills and How Do Skills Drive Innovation? Department of Trade and Industry, London, 2005.
　　③ Sundbo, J. and Gallouj, F., Innovation as a Loosely Coupled System in Services. (Eds) in Metcalfe, J. S. and Miles, I. D. Innovation Systems in the Service Economy: Measurement and Case Study Analysis, Kluwer Academic Publishers, Boston, Dordrecht and London. 2001.

续表

模式或模型	内容
服务的专业模式	这种模式是基于能力和（专案）"措施"，而不是商品。通常这种创新进程不是形式化的，但是严重依赖于员工的专业技能。管理和工程顾问公司就是这样的例子。
新工业格局模式	这是一个古典研发模式和专业服务模式之间的混合模式，公司中有研发或创新部门，但是创新越来越被分散到专业人士。它在健康服务和大型工程顾问公司被建立起来。
有组织的战略创新模式	在这种模式下，很少有研发或创新部门，并且替代创新越来越分散，特殊项目通过专案，跨职能团队被分散（伴随着营销这个最突出的职能）。创新进程经常通过独特的管理措施来组织。这个模式在大型的，专业管理服务公司里是常见的，例如航空公司及零售商。
创业模式	这种模式以起始企业提供激进的创新为基础，经常基于替代技术和商业模式来发展业务。许多"dot.com"企业效仿这种模式，再如在线保险和西南航空这样的公司被誉为"低成本"模式的鼻祖，也被 EasyJet 和 RyanAir 等效仿。
手工模式	这种模式在操作型服务中被建立，如清洁和餐饮业。创新区域规模小，并且往往是不重复的（即变换种类而不是真正的创新）。越来越多的根本性创新来自外界，通过管理和新技术。
网络模式	这个模式是基于公司网络的共同行动，而不是个别企业的单独行动。特许经营就是很好的例子。

资料来源：本研究总结 Sunbo and Gallouj（2001）所列的模式。

5.1.4 "综合"派：强调服务与整体经济创新的联系性和互动性

"综合"派的研究思路在服务业创新研究者中激起了争论。实际上，很多人都认为创新的概念应该扩展到包括非技术形式的变化，但也有人担心这个概念被无限扩展，包括了太多特设的、不可复制的和容易被逆转的偶发事件。一些研究者认为创新的概念应至少涉及一种技术变化的因素，不应该扩展到纯的组织变化（Drejer，2004）[①]，因为长期来说，主要还是由技术变化驱动生产力增长。

---

① Drejer, I., Identifying Innovation in Surveys of Services: A Schumpeterian Perspective [J]. Research Policy, 2004, 33 (3): 551 –562.

虽然各方都是坚持己见，但越来越多的服务业创新研究者认识到了技术和组织形式的创新具有同等重要性，且二者存在互补。戴尔罗吉克（Dialogic）咨询公司提供的模型强调创新的四个方面，其中仅有一方面是技术性的（见图 5.2）。技术和非技术变化的互相作用被同时强调。

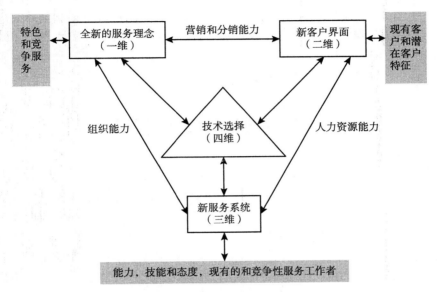

图 5.2　Dialogic 的四维服务业创新模式

资料来源：根据 Den Hertog（2000）改编。

综合研究方法下的共识强调创新特征的复杂性和多方面性，不仅是在服务业，在制造业也如此，因此包括越来越多的服务和制成品被列入"方案"（Howells，2004）[1]。这也引起了在管理实践中的主要变化，由"要么制造业要么服务业"的公司到以实现价值为目的组织转变。这已使研究的焦点由技术转移至知识，由单独的企业转移至了解价值链或者价值网络，将服务放至于一系列的相关活动中（Davies，2003[2]）。比如广为人知的某些生产性服务公司作为知识或者技术中间人在创新系统中发挥关键作用，

① Howells, J., Innovation, consumption and services: encapsulation and the combinatorial role of services [J]. The Services Industries Journal, 2004, 24: 19 – 36.

② Davies, A., Integrated solutions: the changing business of systems integration. (Eds.) in Prencipe. A. Davies, A. and Hobday, M. The Business of Systems Integration Oxford University Press, Oxford, 2003: 333 – 368.

为他们的客户创新，或者帮助他们的客户创新（Miles et al.，1995[①]；Hargadon and Sutton，1997[②]；Hargadon，1998[③]；Howells，2006[④]）。

这种研究思路少了对服务业创新特质的研究，更多的是采用更为宽广的创新构思，即不侧重技术变化而通过调查服务业的步骤体系，来了解更多经济体的创新活动。所以，除了技术变化，这种研究思路也对组织变化、社会网络、"综合方案"的发展和一系列其他支持服务业和制造业创新的体系感兴趣。这种关注的转移需要纳入很多传统创新研究之外的工具和理论，如集群组织性、社会网络、市场营销、战略和沟通研究等。为了实现对服务业甚至整个经济创新的全面理解，很多研究还在不断进行中。

5.2 生产性服务业创新的特征和分类

随着信息技术革命和服务经济的发展，以知识为基础的创新活动正在成为经济发展和演变的主要动力，越来越多的研究开始将生产性服务业与创新相结合。大量研究发现，很多生产性服务业具有高度创新性，生产性服务业并非仅仅是制造业的技术创新"使用者"，而且是重要的创新主体。特别是以知识密集型的生产性服务业为主的创新在经济中的表现就更加突出，不仅具有高知识密集度、高互动性和高技术度等特点，而且拥有并开拓出生产性服务业独特的创新空间，表现出多种创新类型。

5.2.1 生产性服务业创新的特征

5.2.1.1 生产性服务业与制造业创新的比较

生产性服务业的创新与制造业创新既有相似性，也有不同。一般的制

---

① Miles, I., N. Kastrinos, K. Flanagan, R. Bilderbeek, P. Hertog, W. Huntink and M. Bouman. Knowledge-Intensive Business Services: Users, Carriers and Sources of Innovation Luxembourg: EIMS Publication No. 15, Innovation Programme, Directorate General for Telecommunications, Information Market and Exploitation of Research, Commission of the European Communities. 1995.

② Hargadon, A. and Sutton, R. I., Technology brokering and innovation in a product development firm [J]. Administrative Science Quarterly, 1997, 42: 718 – 749.

③ Hargadon, A., Firms as knowledge brokers: Lessons in pursuing continuous innovation [J]. California Management Review, 1998, 40: 209 – 227.

④ Howells, J., Intermediation and the role of intermediaries in innovation [J]. Research Policy, 2006, 35: 715 – 728.

造业创新模型（包括搜索，战略选择和履行阶段）对生产性服务业创新也是适用的，甚至，来源于制造业的很多模型和服务性的创新都有关联。但是生产性服务业创新也具有自身的独特性。生产性服务业创新更多的表现为：一是概念创新成为创新的起点，而不像制造业是以技术和产品创新为发端。一种创意、一个想法很可能就会成为创新的开始。例如，比竞争对手要小的美国西南航空公司却占有令人羡慕的市场份额，它们的成功之处在于从客户需求出发，寻找并锁定新的细分目标市场，即在减少飞机周转时间和费用上实施创新，这一创新随后变成了新一代廉价航空公司的模板，彻底改变了航空业的格局。二是过程创新更加普遍，即业务模式、运营流程等方面的创新，例如，以信息技术为基础的物流管理技术对原有的企业运输、仓储和库存管理等环节的整合。三是管理和组织创新成为企业创新的高级形式，这种创新常常并非局限于组织个体内部，而是在同一企业不同部门之间、不同分支机构之间甚至是不同企业之间的合作创新。例如，目前非常流行的供应链管理对跨企业间的组织管理实施变革，以提高整体价值链的运作效率。

　　生产性服务业和制造业创新在创新的源头、战略选择和资源配置、创新项目落实和创新工具方法等方面都有着较大的差别，可以从表 5.2 中更为详细地展示出来。比如，生产性服务业创新更加强调需求导向。在服务创新的背景下，寻找和使用需求方面的知识是差不多的。一些服务在同时地创造和消耗，终端用户理解这一点，移情作用对于成功是必不可少的。这并不是说类似于技术可能性的新知识是不重要的，但是服务创新的重点会转向需求方面的知识。

表 5.2　　　　　　　　　制造业和生产性服务业创新的比较

创新核心概念	制造业	生产性服务业
寻找新的可能性	R&D、实验室、设计原型、测试机床试验工场、模拟等	客户需要的分析，移情作用分析，概念测试，探索性研究，人种论等
战略选择和项目的资源配置	文件工具，图表显示，风险或盈利矩阵	发展商务典型案例
创新项目的落实	路由管理模式，NPD 系统，重量级项目管理，突发事件工程学，对制造业专门设计，CAD/CAM	新服务发展项目，市场测试，beta 测试，市场开发团队
过程创新工具方法	精益生产和供给，持续改善整体质量，六西格玛质量管理方法	业务创建，过程极致

　　资料来源：作者研究整理。

5.2.1.2 生产性服务业区别于其他服务业创新的特点

随着以互联网为基础的信息技术网络的不断发展，服务业创新特别是具有高知识密集性的生产性服务业创新日益受到重视，创新的范围和领域也不再仅仅局限于产品和技术，而是向着组织、管理、模式等多层面扩展。埃文斯和沃斯特（Evens and Wurster, 2000）[①] 指出，传统的服务要么是为一个广阔的市场（具有高度通达性）提供标准，要么为特定客户提供专门定制化的服务，当然这种服务需要支付更多的报酬。而这一切都会被网络技术所击败。建立在网络技术之上的服务既可以满足高通达性市场需求，又可以满足定制化需要，从而建立全新的市场和经营网络，摧毁任何以往与信息有关的传统服务经营方式。

在服务经济时代，生产性服务业创新能使服务部门更好地引领经济发展的趋势，从而使生产性服务业成为推动经济发达地区的重要动力。在制造业与服务业日益融合相互推动的发展态势下，生产性服务业创新成为很多发达国家投入创新的重点。如果生产性服务业不改变其服务内容和服务创建以及交付的方法（即通常所说的产品和工艺创新），生产性服务业的生存和发展甚至制造业的创新发展都成为了问题。因此，生产性服务业创新的压力会比制造业更大，因为服务中的新方法很容易被模仿而且不容易保护。相比于消费服务业和社会服务业，生产性服务业更加具备创新的动力和条件。

生产性服务业创新具有向着更加复杂更深层次创新的驱动力，因为生产性服务业创新的成果很容易被模仿，其原有的领导地位也会因新的创新而取代，除非一个组织有更深一层的创新，比如特殊的业务运作流程和不易被发现的隐形经营模式。举例来说，银行业的领导地位并不容易被巩固，只有那些较早地在信息和通信技术等基础领域投入较多创新的银行才可能获得长期的竞争优势。再比如说有价证券和股票交易等传统金融活动已经被像嘉信理财这样的用最新模式提供金融服务的公司所控制。所有零售商，比如泽拉和贝纳通（Zara and Benneton）公司都采取信息化，通过信息系统对潮流做出反应，从而使他们的产品运营更加合理，成为行业的领导者。因此，生产性服务业的创新常常与 IT 信息通讯技术的创新发展相关联，并且大规模应用信息技术所需的创新投入成为了很多生产性服务企业创新的重要保护壁垒。

---

① Evans, P. and Wurster, T., Blown to bits: How the new economics of information transforms strategy [M]. Harvard Business School Press, Cambridge, Mass. 2000.

生产性服务业的创新可以为企业在区域以及全球的激烈竞争中带来长期的竞争优势。花旗银行是第一个提供 ATM 机服务的银行，通过创新，它作为技术领先者确定了它在银行业的重要地位。美国银行通过应用新技术和组织管理其众多分支机构所形成的银行间网络以提升总体效率的实践已经作为了经典服务创新案例写入教材。贝纳通是世界成功的零售商之一，其成功主要归功于它花费了超过 10 年的时间来完成其以复杂的 IT 信息为基础的产品网络创新。

生产性服务业创新在许多方面同消费服务业和社会服务业存在差异，因为，生产性服务业创新更具有竞争性、高投入性、高互动性和高知识密集性。生产性服务业就像一条纽带，将技术知识和产业发展紧紧相连，它一方面积极地使用新技术改进并提高自身服务效率和质量（如金融、保险、广告、咨询等服务），另一方面创造并扩散新技术（如软件开发和服务）。生产性服务业的创新在很大程度上取决于信息通讯技术（ICT）的投入使用。ICT 技术已经主导了生产性服务业技术创新范式。另外，相关企业和客户的参与互动对于生产性服务业的创新具有决定性意义，因为生产性服务业具有知识密集特性，其服务产品的提供和服务过程的管理都需要高度的显性和隐性知识，只有良好的信息沟通、知识交流和互动学习，才能真正实现和完成创新，让各方参与者都从创新成果中获得收益。因此，生产性服务业的创新较多的表现为合作创新。

5.2.2 生产性服务业的创新分类

生产性服务业的创新分类研究是一个很少被专门界定与探究的，但又是服务业创新理论研究无法回避的话题。诺曼（Normann，1991）[①] 将服务创新分为四种类型：社会创新、技术创新、网络创新和复制创新。其中社会创新主要包括客户参与创新和组合创新。这种分类的不足之处在于由于没有一个明确的分类标准，而使得这四种分类相互有所重叠。迈尔斯（Miles，1995）[②] 依据服务部门的特性将服务创新分为三类：产品创新、

① Normann R. , Service management, strategy and leadership in service business（2nd）［M］. UK Chichester：John Wiley and Sons, 1991.

② Miles. et al. , Knowledge-intensive business services：Users, carriers and sources of innovation ［R］. EIMS Publication No. 15, Innovation Program, Directorate General for Telecommunications, Information Market and Exploitation of Research, Commission of the European Communities, Luxembourg, 1995.

过程创新和传递创新。萨博（Sundbo，1998）[1] 进一步从创新对象的角度将服务创新分为三类：产品创新、过程创新、组织创新和市场创新。

加勒奇和温斯坦（Gallouj and Weinstein，1997）[2] 将服务创新描述成三种动态特征属性，即最终特性、技术特性和能力特性。他们认为任何引起以上一种或几种特性的改变都成为创新，进而提出服务创新的六种类型：根本性创新、提高式创新、附加式或替代式创新、重组创新、形式化创新、专门化创新。加勒奇和温斯坦模型的最大优势在于他们不单纯指出引进新的服务是一种创新，还提出了增值、附加、替代、重组和形式化等更适用于服务业的创新类型。

这里参考蒂德（Tidd et al.，2005）[3] 的研究，提出将生产性服务业创新分为四种类型，即产品创新、过程创新、定位创新和范式创新，并以这些分类为基础，构建生产性服务业的创新空间模型图示，见图 5.3。

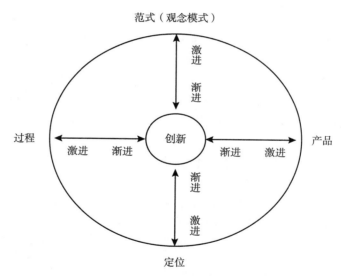

图 5.3　创新的空间

资料来源：作者根据蒂德（Tidd et al.，2005）的研究整理。

① Sundbo J.，The organisation of innovations in services ［M］. Danmark：Roskilde University Press，1998.

② Gallouj F，Weinstein O.，Innovation in services ［J］. Research Policy，1997，4（26）：537 – 556.

③ Tidd，J.，Bessant，J.，Pavitt，K.，Managing innovation：Integrating technological，market and organizational change ［M］. John Wiley and Son，Chichester. 2005.

　　生产性服务业的产品创新是指改变由组织提供的产品和服务；过程创新是指改变服务交付和配送的方法；定位创新是指改变引入产品或服务的环境；范式创新是指改变组织设计的潜在的思维模式。在这里产品创新和过程创新非常容易理解，比如一个新的意外事故保险单就是一种产品创新，网络电子保险单理赔就是一种过程创新。

　　而定位创新和范式创新则相对复杂一些，在特定的环境中，确定的产品或工艺概念的重新定位可以产生创新。比如说路可查德（Lucozade）是英国的一种早已存在的饮料，最初是作为一种葡萄糖饮料去帮助孩子或者病人来恢复身体。这种与疾病的联系被商标拥有者抛弃。当葛兰素史克（GSK）公司重启这项产品，并作为一种健康饮料来帮助运动练习后的恢复，这种转变是"定位"创新的一种很好的例子。再比如服务中的定位创新包含在廉价航班中的新的市场部分。本来廉价运输没有挑战已存在的航线，而是发展了一个新的市场，用廉价来取代舒适和额外服务。创新同样包含在大范围的新传媒应用的发展，包括互联网和移动平台。这些从根本上分割和开放了新的市场空间。

　　范式创新是当人们用另一种眼光看待事物时就会产生的创新类型。亨利福特从根本上改变运输的面貌不是因为他发明了汽车或者发展了制造技术。他的贡献在于他通过提供了一种特殊的制造工艺，改变了潜在模式，使得汽车从针对一小部分富有的顾客变成普通人也能买得起。这种相当于汽车方面创新的大量生产工艺的转变开始制造和传播开来。在银行保险领域，新近越来越多的电话银行、网上银行、在线保险等利用互联网高效快捷处理相关金融业务，实际上就是一种完全区别于传统金融服务的范式创新，它包含了产品创新、技术创新、模式创新和管理创新的综合运用。

　　在上述生产性服务业的创新空间中，每一种类型的创新又区分为渐进式和激进式创新，表 5.3 给出了每一种类型的渐进式和激进式创新的例子，可以更好地帮助理解创新空间的存在。

表 5.3　　　　　　　　　服务业中渐进式和激进式创新的案例

创新类型	做得更好——渐进式	另辟蹊径——激进式
产品创新：提供给终端客户的服务	修正和改进已提供服务，如更加定制化的抵押按揭或储蓄产品，电信服务中的增值业务	激进式市场分离，如网上在线销售

创新类型	做得更好——渐进式	另辟蹊径——激进式
过程创新：创造和交付服务的方式	通过"后台"服务过程优化来降低交付成本，通过精益生产减少浪费，六西格玛管理	过程路径的激进转变，如从面对面交易到在线交易，传统的零售方式到超市和自助购物方式转变
定位创新：目标市场及其细分	开辟新的细分市场，如为学生提供特殊保险	服务方法途径的激进转变，如健康医疗服务转向社区
范式创新：商业模式	商业模式的再思考，如保险和投行经营转向直接在线的系统	观念模式的激进转变，如从产品制造商向服务提供商转变，IBM

资料来源：作者根据蒂德（Tidd et al.，2005）的研究整理。

5.3 生产性服务业创新过程及其在区域创新系统中的作用

生产性服务业的创新过程通常包括寻找、选择和贯彻执行三个阶段。在这三个阶段中都始终包含着不断学习的过程。生产性服务业正日益成为知识创新的重要来源，构成区域甚至国家创新系统的重要组成部分，发挥着桥梁、纽带和动力源作用。

5.3.1 生产性服务业的创新过程及其管理

生产性服务业的创新空间模型提出了如何组织和管理好生产性服务企业创新过程的问题。创新是组织自身更新再造和提供产生和转换完成更新的新方法的一种核心过程。如何通过创新得以生存和成长，获得一个有竞争力的优势地位？这对于任何生产性服务企业都是一个挑战。因此，这里首先归纳出通常情况下创新过程所包含的三个阶段，进而提出各个阶段的管理建议。本研究将创新过程用图5.4来概括。

生产性服务业的创新过程通常包括以下三个阶段：寻找、选择和贯彻执行。在这三个阶段中都始终包含着不断学习的过程。

（1）寻找阶段：浏览并搜索企业的环境（内部的和外部的）来学习和加工处理关于潜在的创新的信号。这些可能表现为各种不同的类型，要么是寻找某种研发活动机会，要么研究现有行业法规如何与企业行为相一致，要么是对同业竞争者的经营活动进行深入的调查研究以发现学习和改进的可能性。这些都是企业创新活动必须考虑的企业内部和外部环境变化。

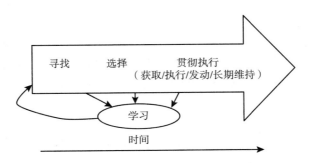

图5.4　生产性服务业创新过程的阶段

资料来源：作者研究整理。

（2）选择阶段：接下来在搜寻的基础上要对寻找到的这些潜在的可能引发创新的事件中作出战略选择，即如何配置好企业的资源以完成创新。因为即使是资源非常丰富而充足的组织也不可能将每一个创新机会都付诸实践，因此挑战在于，选择提供最好的创新机会，去发展最具竞争力且能够获得和保持优势地位的那些项目。

（3）实施阶段：为了实现这种创新，必须让这种创新从概念和想法向一系列贯穿不同层次的发展阶段转变，最终完成一个新的产品或服务、或者一种新的业务流程设计、或者一种新的组织管理方式的最终进化。

一个最终的可选择的阶段是为了反映先前的阶段以及为了回顾曾经成功和失败的经验，是为了进一步优化创新管理的过程以及从经验中学习相关的知识。

生产性服务企业或组织在真正进行创新行为和管理创新过程中可能会遇到各种各样的问题，发生许多不可预知的变化，而且这些变化依赖于它们出现的地方和一些偶然事件。例如，大公司可能比那些一成不变的小公司在创新过程中做得更加深入，而且知识密集性部门内的公司，如软件和信息服务公司，会更加注重正规的研发（R&D）过程，这些公司会把自己的创新活动与一定数量的经营所得相挂钩，但是其他公司，如银行或保险公司则会更加注重与客户的联系，且把它作为一个服务创新的契机。网络型公司不得不处理复杂的协调安排问题从而确保合作创新项目的成功完成以及设置完善的法律文件去保护它们所重视的知识产权问题。

创新管理是关于找寻最适合的方法去解决在管理过程中所出现的一系列问题，同时这个方式是最适合组织发现这个问题时的特定情况的。生产性服务业比起制造业更重视各种要素资源，例如，相对重要的需求面则很可能是创新管理过程的触发启动点。而且生产性服务业的创新可能涉及一些特殊的挑战，例如，竞争的强度与进入壁垒的缺乏都使得企业需要保持持续的创新，同时合作创新，共同创造选择权也开启了那些建立锁定与最终用户良好关系的可能性。

5.3.2 生产性服务业创新在区域创新系统中的作用

5.3.2.1 生产性服务业在创新系统中的桥梁功能

西方有学者提出了知识经济两大基础设施的看法：第一种是由研究机构、技术组织和高等教育所组成的"公共知识基础设施"，第二种则是具有私人性质的生产性服务业。在日益发展的知识经济中，生产性服务业作为创新系统内第二知识基，在传递和扩散外部知识的过程中，帮助和参与客户企业进行各种与知识有关的创新活动，促进创新系统内部各创新主体之间的知识流动和整合（如图5.5所示）。生产性服务业不仅在由高等教育机构和公共研发机构所组成的第一种基础设施与产业界之间架起更加畅通的桥梁，而且也在不同产业网络之间架起了知识日益激增的桥梁。生产性服务业在创新体系或创新网络中作为网络的节点，不仅是创新的桥梁和载体，而且也是创新的源泉和催化剂，它在激发创新活动的裂变式连锁反应上发挥着主要的作用。

图5.5中方形表示创新系统的主要参与者，箭头表示知识流。从中不难发现，生产性服务业作为创新系统中的第二知识基，对系统内外的知识具有很强的吸收和扩散能力，同时生产性服务企业增强了创新系统内企业与科研机构、政策机构之间的联系，也就是构筑了客户企业内部和外部知识之间的知识桥梁，便利了创新系统内企业内外部知识的整合。

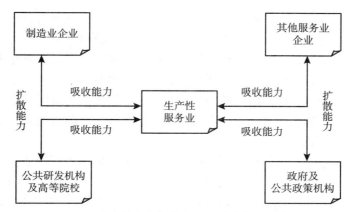

图 5.5　生产性服务业在创新系统中的桥梁功能

资料来源：修改自 Walter Thomi，Thorsten Bohn（2003）.

5.3.2.2　生产性服务业是区域创新系统中的创新组织者和创造者

国外对生产性服务业创新研究主要集中在知识密集型生产性服务业领域，因为知识密集型的生产性服务业更具有创新的压力和动力。迈尔斯（Miles et al.，1995）[①] 从支持创新的程度出发，认为知识密集型生产性服务业在创新系统中具有促进创新、传递创新和创新的来源作用。扎尼奇和斯派尔卡姆（Czarnitzki and Spielkamp，2003）[②] 基于知识密集型服务企业与制造业企业互动角度，把知识密集型生产性服务业作为创新系统中的知识购买者、知识提供者、合作创新者。

因此，知识密集型的生产性服务业创新在区域创新系统中不仅发挥着"创新桥梁"作用，而且由于与制造业生产和其他服务行业的紧密联系，生产性服务企业可以整合企业内部知识和企业外部客户、其他中介组织和研究机构的创新知识，从而形成新的创新，发挥创新组织者和创造者的作用。

生产性服务业作为创新网络的有力组织者，在创新网络的各种创新主体之间承担着联结纽带作用。生产性服务业通过其与区域创新系统中各个子系统及相关成员的广泛联系和有机联结，而成为创新系统中知识的生产

[①]　Miles，L.，Kastrinos，N.，Flanagan，K. et al.，Knowledge Intensive Business Services：Users，Carriers and Souces of Innovation［M］. EC：EIMS Publication，1995.

[②]　Czarnitzki，D.，Spielkamp，A.，Business Services in Germany：Bridges for Innovation［J］. Service Industrial Journal，2003，23（2）：1 - 30.

和扩散的重要传播者、促进者和系统组织者。这种组织作用通常是通过生产性服务业之间及其与其他产业之间构建的正式的和非正式的合作创新网络来实现。生产性服务业的合作创新成员包括客户、信息服务提供商、其他专业公司等，还包括大学、商业发展组织、政府部门。生产性服务业除了充当将知识在这些组织和机构之间有效地传递扩散的组织者角色外，还承担着将这些知识信息汇集、重新组合、提炼加工，创造出新知识、新方法和新模式等创新开拓者的功能。

生产性服务业不但是创新的组织者，更是知识创新的创造者。由于生产性服务业本身就是知识密集型的服务产业，因此，在创新网络中，生产性服务业既是新思想、新知识、新概念、新模式的缔造者，也是创新过程的管理者，通过各种途径和方法帮助客户企业和创新网络中的各种主体更好的运用创新知识和成果，创造出更多的创新收益。比如很多管理和信息咨询服务公司不仅充当着创新的媒介，而且扮演着将不同来源的知识信息加以综合改进的创新"提炼场"角色，从而创造出更多的创新成果再应用于更多更新的客户。

5.3.3 生产性服务业创新系统的构建

生产性服务业在创新系统和创新网络中扮演着知识创新的传递者、组织者和创造者的作用，而其本身也形成了一个相对独立和完整的创新系统回路，反映着各种创新活动主体间的相互联系和信息反馈。图5.6显示了生产性服务业创新系统的主要构成要素和信息知识流动状况。首先最上层虚线框表示服务创新系统的核心路径，即服务创新起始于生产性服务企业的战略规划，通过服务企业内部 R&D 活动使得产品或服务的质量得以提升，再基于市场开发的平台获取提升的附加服务从而导致创新过程的实现。这条创新的核心路径最终通过回归下一次的战略规划而形成完整回路。[①]。

其次，除核心创新路径外，图5.6中下方部分反映的是服务创新系统的一些辅助创新路径，主要说明生产性服务企业创新资源的产生途径和知识流的传递路径和方式。其中，科学基础存在于公共领域，主要由政府资助并以大学或公共科研机构作为执行主体的基础研究组成。技术基础设施由基础技术、共性技术、技术信息、研究和测试设备、与战略规划有关的

---

① 李春景，曾国屏. 基于知识密集型服务活动的服务创新系统研究 [J]. 自然辩证法研究，2006，22（7）：102－106.

信息、产业和政府规划合作的论坛以及知识产权的授予等部分组成的实体（Tassey，2005）[1]。科学基础和技术基础设施作为服务创新系统的基本知识源和创新源，通过技术式扩散、非技术式扩散（即专门创新、预期创新和形式化创新）以及二者的综合创新，为创新系统提供必要的科学知识与技术知识，降低核心路径中产品或服务提升阶段以及市场开发阶段的风险。反过来，作为创新创造与传播的重要载体，基于知识密集和技术密集的服务创新系统的新产品或新服务可以进一步扩充科学基础和技术基础设施的知识存量，构成完整的创新回路[2]。

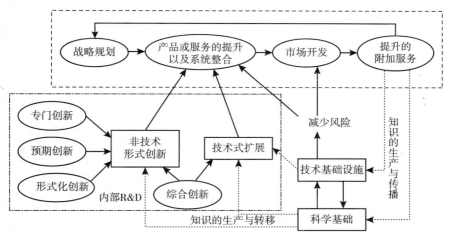

图 5.6　生产性服务业创新系统

资料来源：李春景，曾国屏. 基于知识密集型服务活动的服务创新系统研究［J］. 自然辩证法研究，2006，22（7）：102 – 106.

5.4　生产性服务业创新的衡量与调查案例

5.4.1　服务业创新的衡量

服务业创新的衡量较为困难，无论在衡量方法还是衡量的工具指标等

①　G. Tassey. Underinvestment in Public Good Technology ［J］. Journal of Technology Transfer，2005，30：89 – 113.
②　李春景，曾国屏. 基于知识密集型服务活动的服务创新系统研究［J］. 自然辩证法研究，2006，22（7）：102 – 106.

方面都显不足。因此，服务业创新衡量已经大大落后于真实世界（NES-TA，2006）[1]。

衡量创新的关键度量指标是研发（R&D）。这可以由旨在增强欧洲竞争力的里斯本战略（Lisbon Strategy）赋予研发的重要性反映出来。研发的重要性还反映在由经合组织的弗拉斯卡蒂手册（Frascati Manual）（第一版是在20世纪60年代早期出版）对研发界定的标准化方法的不断改进和变化中。目前使用2002年出版的第六版手册。研发数据因此有了长期连续性和在国家间可对比的优势，尽管一些批评者认为研发动机的不同（例如通过研发投入获得减税）和数据收集的差异意味着研发数据并不是有些人认为的那样具有可比性。可以说，衡量研发也变得越来越困难，因为创新实践变得越来越扩散，并且不再依赖大公司的实验室研发（在第一版弗拉斯卡蒂手册出版时被认为是创新的组织模型）（Roussel et al.，1991）[2]。除此之外，对将研发作为创新衡量标准的主要批评是投入，而非产出，且企业和国家在将投入转化为创新产生的能力上差异会很大。

另一种传统的创新（技术的）指标是专利。专利被广泛使用是因为存在大规模的专利数据库（尤其是来自美国专利局和最近的欧洲专利局）。对于专利，企业不得不开发可申请专利的东西，且这在国与国之间有差异（尤其是软件专利和商务流程专利方面）。同时不同企业和行业间对专利的倾向也存在很大差异，而且专利仅对化工尤其是制药业的防御机制有效。最后，专利是发明，而不是创新的衡量标准——许多专利设备都没有商业化。他们仅仅是衡量发明的一部分标准，因为许多发明都没有注册专利。

由于对研发和专利作为衡量创新（与发明努力和发明相关）的标准的不满，导致了在20世纪80年代到90年代出现了新的衡量方法。一种是被称为"基于客体的方法"，以直接识别创新成果为基础，或邀请各行业专家鉴定主要创新成果，或者使用商业期刊识别新产品通告并将之归类。虽然这些方法显示大量的创新并不是直接来自研发投资，但这些方法偏向于生产有形物品的行业——因为对专家来说，比起新方法和新工艺，他们更容易记住新设备（可能会被陈列在博物馆）。简单来说，商业期刊更多的是记录新的有形的产品，而非一种做法，如"即时制生产系统（Just-In-Time）"。

---

① NESTA. The Innovation Gap：Why policy needs to reflect the reality of innovation in the UK，National Endowment for Science，Technology and the Arts（NESTA），London，2006.

② Roussel，P. A.，Saad，K. N.，Erickson，T. J.，Third Generation R&D：Managing the Link to Corporate Strategy［M］. Arthur D. Little，United States，1991.

另一种衡量创新的主要方法就是"基于主体的方法",这种方法基于询问企业(主体)是否引进创新成果。虽然该方法由 European Innobarometer 在其他特定调查中采用过,使用"基于主体的方法"主要还是从 1992 年欧盟首次进行的创新调查(CIS)开始的。原则上来说,基于主体的方法对制造业和服务业同样适用,但实践中——尤其是欧盟创新调查的具体实践中——该方法侧重于制药业。特别是作为经合组织收集创新数据的指导原则的第一版奥斯陆创新手册 Oslo Manual(OECE,1992),研究焦点集中在技术性产品和流程创新(或者 TPP 创新)上,那时创新被认为是产品或者流程表现的阶梯形变化。服务业创新的学者认为这对服务业来说是不合适的,因为服务业创新被认为是连续的或者波浪形的,而非基于偶然的阶梯形变化。最近几年在奥斯陆创新手册(Oslo Manual)中已经将创新的概念扩展,不再强调技术,并开始包括其他形式,例如组织或者市场营销创新,但在倾向于较狭隘的立足于科技的定义的学派和倾向于更广泛更整体的概念的学派之间仍存在争论。

欧盟创新调查至今已经提供了大量对创新的深入调查,但仍然聚焦于商业化运作新产品和新工艺的行为,且仅局限于帮助了解技术和实践(技术如何融入到组织和工艺以及组织结构的其他变化)。创新和企业策略之间的联系仍然没有被很好地开发,但策略和扩散的过程还有融合的过程对经济发展和商业绩效是非常重要的。表 5.4 总结了衡量创新的不同方法和各种机构进行的相关研究,以及各种衡量方法的适用范围、特点和不足。

表 5.4　　　　　　　　创新的阶段、主要活动及衡量

创新的阶段	重点活动	特别相关	衡量	缺点与不足
发明	研发与面向发现的其他活动	经济的高科技行业	研发调查,专业数据库	新型小公司的非正式研发和企业发明
新产品和新工艺的商业化	引进新产品和新工艺	基于产品和工序分离的部门竞争	欧共体创新调查	公司战略与创新行为的联系;技术与组织变化的联系
技术和实践的扩散与集成	技能,技术和组织形式的组合与相互调整	所有的经济部门,特别是那些使用而不是开发新技术的部门	专案调查衡量例如在 2.4 节中提出的调查分析	缺乏进行专案调查的实施身份;在方法上缺乏详细内容方面的调查

注:工作场所以及由于引进计算机及新的工作习惯所导致的工作场所的变化的调查在此也有涉及。目前没有专门针对这个阶段的创新的研究。

资料来源:本研究整理。

5.4.2 欧洲 DTI 的服务业创新调查

鉴于以往适用技术性指标和欧盟创新调查等在内的创新研究在服务业领域存在相当的局限性，因此作为欧盟出资的服务业创新研究，DTI 开发了一种实验方法，从多角度不同层面研究服务企业的创新变化，而非侧重于发明或者（技术的）创新的商业化。本节将介绍 DTI 通过对超过 900 家服务企业的实证调查研究，深入探究在相同技术形式的基础上服务业创新的技术和组织变化的程度。本次调查于 2003 年开始，聚焦于四种服务行业的创新或者"变化"。调查选取的四种不同服务行业包括公路运输，呼叫中心和信息处理，老人福利和设计及相关服务行业，研究在广阔的"服务业"领域内创新的多样性。这四类服务活动可抽象为从事四种不同类型的转型：公路运输涉及位移的转变，将货物从一个地方搬运移动到另一个地方；呼叫中心和信息处理涉及信息的转移；老人福利服务业集中在人身上；而设计及其相关行业涉及知识的转移。

与欧盟创新调查（CIS）不同的是，这个研究是旨在调查在技术创新相同的基础上，技能和组织变化的程度。相应的分析也有四个基本内容，分别是：（1）通过包括技术和非技术形式的创新的概念结构，来研究服务业创新。（2）强调服务业创新经常涉及技术和非技术的行业，例如组织结构、与其他企业的关系。服务业创新常常是一个相对更复杂，更具有互动性和互补性的过程。（3）研究对技能的投资（即通过培训）和技术的相对平衡。（4）研究服务业变化的障碍。

5.4.2.1 方法论和调查

这里 DTI 的研究人员认为所有行业都有创新活动，包括技术、组织和关系形式的变化。下面的调查分析是为了研究不同服务行业活动范围内创新模式的基本特点（Howells and Tether，2004）。

首先，创新就其本质来说是非常多样化的，而且大规模的创新调查行为需要还原。在参与调查的共计 1007 家公司中，排除那些没有任何一种创新变化（调查设计了八个方面的变化）的公司和那些变化水平一样的公司。这样最终剩余 932 个样本供分析。其中，238 家活跃在公路运输行业；226 家活跃在呼叫中心和信息处理行业；281 家在设计及其相关行业和 187 家老人福利服务公司。被调查的公司都在欧盟 15 个成员国内。在分析的样本中，196 家公司位于德国，186 家位于英国，186 家位于法国，131 家位于意大利，120 家位于西班牙，113 家在其他较小的欧盟国家。

不像欧盟创新调查（CIS），这个调查的目的不是为了给不同国家和行业的创新活动制定标准，且这个调查并不是要十分科学。相反，这次调查试图最大限度反映企业的实际。在此基础上，调查人员较多选取每个行业中规模较大的企业（大多数服务业企业，包括这些行业中的企业，都是微型公司），尽管 30% 的企业雇员数少于 10 人，16% 的企业雇员数多于 250 人。其中，3/4 的企业是独立公司或者合伙企业，其他的是较大公司的子公司或者分公司。

值得注意的是这个调查有一些新颖之处（或创新）。首先，调查的语言和用语很简单，减少了将概念从一种语言翻译成另一种语言时产生的问题，尤其是避免"创新"这个词出现在问卷前部。相反，受访企业被问及他们企业在过去三年内各方面的"变化"程度。避免"创新"出现在调查前部是因为它被认为是一个承载太多东西的概念，需要一个定义（可能会产生很多问题）而且因为创新很容易和离散的时间联系起来，这在以连续或者波浪变化为主的服务业内很难被鉴别出来。尽管"变化"和"创新"的关系很有争议（至少因为服务业或者流程可能会因为除了创新之外的原因而变化），但总体上还是避免出现"创新"这个词。

其次，通过调查组织的技术和技能，该调查尽量突破"产品"、"流程"和"交付"创新的局限，也包括组织结构和与客户及其他企业关系的变化，以便在更广阔的背景下理解创新，而非清点创新发明和比较创新比率。

5.4.2.2　创新的多样性、互补性和协同性

这里主要研究总结调查中各行业受访企业的创新"变化"模式，尽可能地克服以往过于强调产品、流程和技术指标的创新，更多重视创新的软的或者组织的一面，而且研究技术创新和软性或者组织形式创新之间的相互关系。

（1）创新的多样性。图 5.7 包括了企业被问及的"变化"的所有方面。在每次调查案例中，企业都会被问到这些方面在过去三年的变化程度，从"完全改变"到"显著变化"到"略有变化"到"保持不变"。

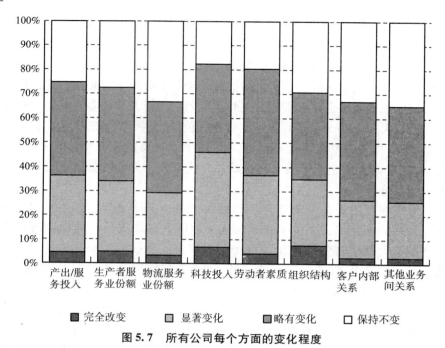

图 5.7　所有公司每个方面的变化程度

资料来源：Bruce Tether and Jeremy Howells（2007）。

在此涉及的前四个变化的方面可能会被认为是创新的传统的技术层面：

- 所提供产品和服务的变化
- 生产服务的手段的变化
- 传递服务的手段的变化
- 生产或者传递服务所用技术的变化

在这些变化中，调查发现，最广泛的变化是生产或传递服务所用的技术的变化，几乎半数受访企业报告称有显著或者完全的变化，仅有17%的受访企业声称他们的技术没有变化。超过1/3的企业声称他们的产品或者服务完全或者显著地改变。生产服务的手段的变化也被发现有相同的趋势，但少部分公司报告了传递服务的手段发生广泛的变化。

图5.8显示了各行业显著或者完全变化的程度。值得注意的是，尽管可能不奇怪，信息处理服务业的技术变化程度要高于提供老人福利服务业，但服务变化的程度是相似的。据此可推断在不同行业之间，技术在服务提供和改变服务提供方式中发挥的作用是显然不同的。

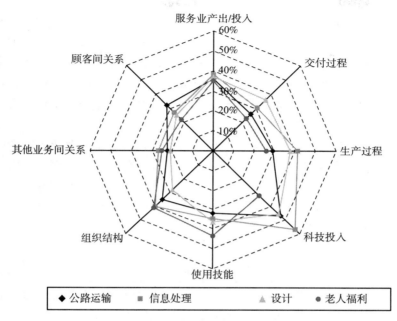

图 5.8　不同行业显著或者完全变化的程度

资料来源：Bruce Tether and Jeremy Howells（2007）。

对于其他类别的变化（即创新的软性的或者组织方面），主要考虑以下几点：

- 生产和递送服务时使用的劳动力技能的变化
- 企业组织结构的变化
- 客户关系的变化
- 与其他企业关系的变化

生产和递送服务时使用的技能的变化程度与企业服务的变化程度以及他们生产和递送服务方式的变化程度相同，有 1/3 的企业声称他们所用的技能在过去三年完全或者显著变化（见图 5.7）。这可能不代表这个行业中的所有企业，因为在此使用的方法可能侧重于更有活力或者创新精神的企业。这里重要的是技能变化水平与所提供服务和提供手段的变化水平相似性暗示了这些变化方面的联系。公司组织结构变化程度和他们与其他公司（包括客户）关系的变化程度要低一些，但仍有至少 1/5 的受访企业声称在过去三年这些方面有完全或者显著地变化。

（2）创新的互补性。为了更深层次地研究这些变化方面的联系，这里计算了企业如果在一个方面发生变化（显著或者完全）后，其他方面发生变化的概率。尽管这样的分析没有说明任何直接的因果关系，但至少可用作测试互补性（Swann，2006）[1]。如果一家企业更容易在一个方面发生变化时不发生第二个方面的变化，这两方面即被认为是互补的。然后，要注意互补性得分不一定就是对称的——A 发生后 B 也发生的概率不一定等于 B 发生后 A 也发生的概率。

结果显示在表 5.5 中，垂直列中给出了公司发生了显著或者完全的变化后，水平行中列出的方面发生显著或者完全变化的概率。例如，服务发生变化的公司中，57% 的公司也改变了他们的生产流程。概率等于或者超过 50% 表示互补性（例如，发生水平行中方面变化的公司更容易不发生垂直列中的方面的变化）。

表 5.5 不同方面变化的互补性 单位：%

	So	P	D	T	Sk	O	IC	OC
服务业（S）	100	57	47	59	53	52	38	33
生产过程（P）	61	100	56	69	55	46	41	31
分配过程（D）	58	66	100	69	52	42	40	32
电子技术（Y）	47	51	44	100	50	39	34	26
技能（S）	53	51	41	63	100	49	39	30
组织结构（O）	53	44	34	51	51	100	37	34
客户内部关系（IC）	52	52	44	58	54	50	100	52
其他内部关系（OC）	51	45	40	51	47	50	59	100

资料来源：Bruce Tether and Jeremy Howells（2007）。

值得注意的是，很多单元格内的数据都等于或者超过 50%，而在 6 个单元格内的得分是在 45% ~49%，说明企业在发生水平行内的方面的变化后几乎不可能再发生垂直行内方面的变化。仅有 11 个单元格内的得分低于 40%，最低得分是 26%，如仅有 1/4 技术发生变化的企业改变了他们与其他企业的关系。有意思的是，如果企业没有发生任何显著或者完全变化，他们更不容易改变他们的技术（显著地或者完全地）。与客户和其他企业关系的变化和企业组织结构变化显示了与其他方面变化最低的联系。

---

① Swann, P., Innovators and the Research Base: An Exploration Using CIS4. A report for the DTI, Nottingham University Business School, Nottingham, UK, 2006.

另外，表 5.6 显示了四个行业中每个行业的结构矩阵差异。尤其是，报告了技术方面（服务，流程，技术）变化的设计企业更不容易报告在其他方面的显著或者完全变化，包括软性组织方面的变化，但这与报告组织变化的企业不同。

表 5.6　　按照行业分析的各方面变化的互补性　　单位：%

公路运输行业

	Se	P	D	T	Sk	O	IC	OI
Se	—	50	41	55	43	50	40	29
P	62	—	52	67	54	46	46	26
D	56	58	—	66	47	44	44	27
T	42	41	37	—	46	38	41	25
Sk	49	49	38	67	—	54	46	46
O	51	38	32	50	49	—	49	33
IC	44	42	35	60	45	53	—	49
OI	47	34	32	53	38	53	72	—

呼叫中心和信息处理行业

	Se	P	D	T	Sk	O	IC	OI
Se	—	62	45	67	56	55	35	41
P	57	—	51	75	51	45	37	39
D	58	70	—	84	46	40	34	31
T	45	55	44	—	48	41	29	30
Sk	60	59	39	76	—	53	40	35
O	52	46	30	57	46	—	32	37
IC	50	57	38	52	53	48	—	55
OI	56	58	34	61	45	55	53	—

设计及其相关行业

	Se	P	D	T	Sk	O	IC	OI
Se	—	63	52	60	55	45	42	29
P	61	—	63	76	54	3.6	40	25
D	54	68	—	63	53	33	39	31
T	48	64	49	—	51	33	31	24
Sk	54	55	50	63	—	38	35	30
O	60	50	42	55	51	—	36	33
IC	64	62	57	58		41	—	57
OI	52	47	53	53	53	45	67	—

老人福利服务业

	Se	P	D	T	Sk	O	IC	OI
Se	—	49	48	52	62	60	34	34
P	65	—	57	45	65	67	43	39
D	72	65	—	67	65	60	49	42
T	58	37	49	—	63	54	36	27
Sk	49	39	34	45	—	55	35	30
O	51	43	34	59		—	33	30
IC	52	50	50		69	60	—	45
OI	47	40	38	34	53	49	40	—

注：表中字母符号与表 5.5 采用了相同的定义。
资料来源：Bruce Tether and Jeremy Howells（2007）。

与之相反的是，在老年福利服务企业中，流程变化和技术变化之间几乎没有发现什么互补性。这可能表明创新的主要轨迹之间的差异——在设计服务行业（包括公路运输和信息处理服务业），主要的创新轨迹是围绕着技术、流程和服务，而在老年福利服务业的主要创新轨迹围绕技能、组织安排和服务。

总地来说，表 5.5 和表 5.6 的分析表明发生一种形式变化的企业更容易产生其他形式的变化。图 5.9 显示如果各种方面的变化是相互独立的（比如，如果一种变化的概率独立于其他变化），受访公司报告的显著或者完全变化方面的数目要比预期的值高。这显示了如果这些方面的变化在统计学上是独立的，企业即比预期假设更容易报告没有显著或完全变化或者多方面的变化（注意这里已经将报告八个方面相同变化水平的企业排除）。同时值得注意的是，如果这些方面的变化在统计学上相互独立，报告两到三方面显著或者完全变化的企业要比预期的少。在按照行业分析的时候也有相同的特点。

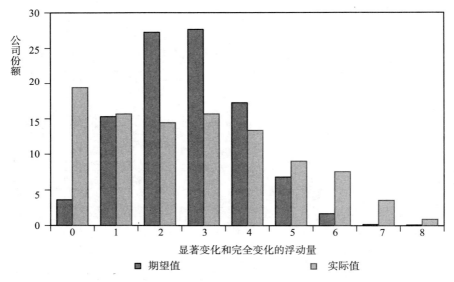

图 5.9　按变化程度分析企业分布的期望值和实际值

注：横轴数字分别代表图 5.7 中的横轴那 8 个方面。
资料来源：Bruce Tether and Jeremy Howells（2007）。

（3）主成分分析。通过将变化归为不同领域来简化结果——比如一组与技术变化关联的变化，和另外一个与组织变化关联的变化。主成分分析法显示（见表 5.7）至少四个行业中的三个行业变化的方面有二元表现——一种是以服务提供和递送流程（包括在这些流程中使用的技术的变化）的变化为中心，另一种与组织变化关联的变化，包括企业的结构和他们与他们的客户及其他企业关系的变化。所提供服务的变化和劳动力所使用技能的变化与流程变化的联系要比他们与组织变化的联系更为紧密。然后，进一步分析显示更多的企业声称流程变化和组织变化同时发生或者不发生，这显示他们并不是真正地独立的。

表 5.7　　　　　　　　8 个方面变化的主成分分析法

	所有企业		公路运输		信息处理		设计	
	PC－1	PC－2	PC－1	PC－2	PC－1	PC－2	PC－1	PC－2
Se	0.58	0.34	0.63	0.18	0.49	0.47	0.57	0.36
P	0.79	0.17	0.80	0.13	0.76	0.30	0.80	0.13
D	0.76	0.12	0.71	0.11	0.80	－0.02	0.75	0.20
T	0.75	0.05	0.71	0.15	0.76	0.01	0.78	0.01
Sk	0.53	0.32	0.60	0.25	0.47	0.49	0.53	0.31
O	0.19	0.63	0.17	0.66	－0.04	0.67	0.24	0.64
IC	0.19	0.77	0.20	0.83	0.11	0.77	0.20	0.80
OI	0.09	0.81	0.15	0.80	0.15	0.73	0.05	0.85

　　注：主成分分析法是一种通过将变化减少到一定数量而达到简化数据的统计手段。另表中字母符号定义参照表 5.5。

　　资料来源：Bruce Tether and Jeremy Howells（2007）。

　　主成分分析法发现对老人福利服务企业来说只有一个构成，所以这个行业的结构在此没有公布。对于所有的企业和其他三个行业，大约55%的变量都在这些主成分构成中得到"解释"。

　　（4）创新的协同性。布鲁斯特瑟和杰瑞米豪威尔斯（Bruce Tether and Jeremy Howells，2007）的这项研究没有证明企业声称的变化是内部相互关联的，而仅仅是巧合或者协同，但从他们对最重要的创新（事实上研究的样本都是相对较小的企业）的描述得到的证据的确明显地显示服务业创新常常涉及各方面的变化，包括技术相关的方面和非技术的方面。这也显示了从其他研究获得的服务业创新的研究发现，比如前面丹赫托格（Den Hertog，2000）研究提出的四维服务业创新模式（见图5.2）。这与"供应商主导"或"技术使用者"这些术语描述出来的服务业创新是被动应用技术的情形完全不同的。

　　企业重视投资新技术和技能，进一步证明了服务业创新不仅仅涉及被动采用技术。表 5.8 对比了企业对培训现有员工的重视程度与投资新技术的重视程度。前三列显示了如果一个或者所有条件都被认为至少是中等重视，培训或者新技术哪个被认为更重要些，或者他们是否被认为同等重要。第四行显示了没有把培训现有员工和获取新技术认为至少是对企业中等重要的企业的比例（例如，他们最多是被认为有较低的重要性）。从研究数据的分布，可以令人惊讶的发现，大多数企业声称投资新技术和培训现有员工同等重要，但有 1/4 的企业认为培训员工更重要，1/5 的企业认为新技术更重要。

表5.8 培训投资和新技术投资的重要性

	培训更重要	两者均重要	新技术更重要	两者均不重要	
所有企业	25%	51%	20%	3%	100%
信息化进程	15%	62%	21%	2%	100%
设计	18%	56%	24%	2%	100%
公路运输	19%	49%	25%	7%	100%
老年福利	57%	36%	5%	2%	100%

资料来源：Bruce Tether and Jeremy Howells（2007）.

不同行业之间技术投资和培训投资的平衡点差别很大。可能不奇怪的是，在老人福利服务业里培训投资更重要，而在公路运输、设计和信息处理行业，企业明显偏向于新技术投资。这再次显示不同服务行业的创新轨迹有差异。在以人为基础的行业，比如老人福利服务业，相对技术和技术变化，技能和人的因素更重要。

5.4.2.3 创新的障碍

什么阻止企业创新？大多数创新和技术政策认为技术供应是阻止创新的主要因素。实质上来说，"供应商主导"型的企业被认为是要等到新技术到来以后再将这些新技术应用至企业中，然后提供新产品或者是提高现有产品的生产效率。虽然从长期来看，新技术供应的重要性是不可否认的，但在短期内，情况却非常复杂。事实上，可以认为在短期内，问题的关键并不是技术供应，而是技能禀赋（通过培训获得），组织结构和市场与企业关系不变的情况下，如何将新技术整合并被企业吸收。

图 5.10 显示了大量的因素被企业作为阻碍创新的因素，但没有一种非常突出地被认为比其他因素重要。然而，通过被认为是关键因素或者非常重要的因素的比例排序，很明显影响创新的最重要的因素是客户不愿意

或者不能为创新付出代价，而最不被认同的障碍是缺乏所需技术。2005 年英国创新调查的结果发现"缺少有关技术的信息"被认为是对创新最不构成障碍的，仅有 3% 的企业认为其是主要障碍，这与技术的低显著性相符（Robson and Ortmans，2006）[1]。

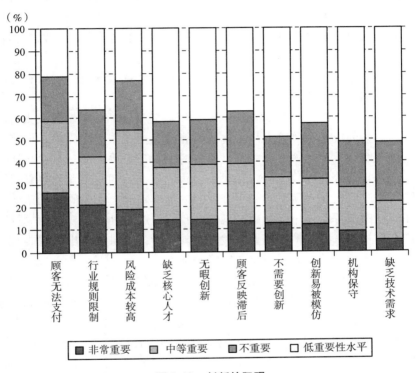

图 5.10 创新的阻碍

资料来源：Bruce Tether and Jeremy Howells（2007）.

进一步调查显示在制造业和服务业公司之间技术缺失的作用不甚明显。相反，与创新成本和风险相关的因素，还有管制，它是最普遍被认为是创新障碍的因素。根据英国创新调查，不确定的需求（和缺乏合格的人才）是中等程度的创新障碍，比缺乏技术信息或者市场更重要，但没有创新成本和风险重要。这个因素在制造业和技术服务公司中显得更重要些，

① Robson, S. and Ortmans, L., First findings from the UK Innovation Survey, 2005 Economic Trends, 2006: 58 – 64.

大约有10%的公司认为其是具有高重要性的因素，而只有6%的其他服务业企业这样认为。超过60%的制造业和技术服务公司和超过40%的其他服务公司认为需求的不确定性对创新具有一定的阻碍。

为了更进一步检验这个结论，这里将阻碍创新的调查数据分成三组。第一组是与需求有关——客户不想或者不能为创新支付代价；客户对创新没有响应；以前的创新使进一步创新没必要。这里意味着企业不创新是因为他们不需要，或者没有回报。第二组障碍与企业自身能力和内部创新阻碍有关——企业缺乏所需技术；企业缺乏创新所必需的关键人才；组织僵化使得创新很困难；公司太忙了没时间创新。这意味着企业如果有更多资源（包括时间）就会创新。

第三组"其他因素"包括公司认为管制阻碍创新；创新成果太容易被复制；创新的成本和风险太高。这些可能被包括在需求障碍里，但将其列在这里有两个原因——首先并不是所有的创新都关乎产品；其次，所有其他因素都是与政府的政策（包括创新政策）有关，且这些都对创新有直接影响，但政府仅仅对需求和一个企业的内部创新能力产生间接的影响。政府在管制中发挥的作用是显而易见的，政府通过专利、版权和商标提供知识产权保护，试图保护创新者不被抄袭。同时，对研发支出的税收减免也可被视为是一种减少创新成本和风险的努力。

图5.11显示企业不能被简单地根据他们面对的困难进行分类。相反，面对某一种困难的大部分企业同时也报告了面对着其他困难。例如，近半数的企业没有报告内部的创新困难，但这些企业中很大一部分声称"需求"因素或者"其他因素"在限制创新活动中发挥了至少是中等重要性。相同的模式可在那些面对需求或者"其他"因素的企业中发现。这意味着将创新障碍因素细分是不太容易的，而且也没有单独的或者明显的"魔弹"政策。当然，创新始终会有障碍（因为创新意味着风险和不确定），而且不能期望政府解决所有问题，尤其这些障碍不是简单的而是错综复杂的。

5.4.2.4 服务业创新调查的启示

自20世纪80年代早期开始，服务业被认为是"供应商主导"且没有受到创新研究的重视。然而经过近三十年的服务业创新研究，已经取得了一定的进展。

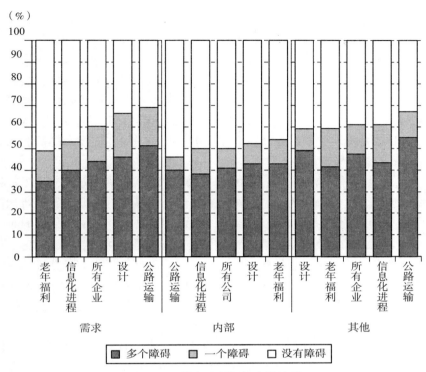

图 5.11　服务业创新的交叠障碍

资料来源：Bruce Tether and Jeremy Howells（2007）。

（1）众所周知，一些服务业企业在技术型的"创新系统"中发挥了重要的作用。值得注意的有被麦欧佐和索爱特（Miozzo and Soete，2001）① 列为"以科学为基础的和专业供应商"的企业和被埃万杰利斯塔（Evangelista，2000）② 列为"以科学技术为基础"的服务业企业。这些企业，包括研发、设计和工程咨询，常常比典型的制造商对创新的投入都要多，且常常与科研机构和大学有紧密的联系，一定程度上扮演了将技术知识应用至经济发展各领域的媒介和通道（Tether and Tajar，2006）③。

① Miozzo, M. and Soete, L., Internationalisation of services: a technological perspective [J]. Technological Forecasting and Social Change, 2001, 67: 159 – 185.

② Evangelista, R., Sectoral patterns of technological change in services [J]. Economics of Innovation and New Technology, 2000, 9: 183 – 221.

③ Tether, B. S. and Tajar, A., Are Services Starved of External Research? An Analysis of UK Firms' Innovation Linkages with Specialist Knowledge Providers. Working paper, CRIC and Manchester Business School, University of Manchester, 2006.

（2）服务业创新研究强调组织和其他非技术形式创新的重要性。很明显，这些形式的创新在服务业中尤其重要。

（3）强调技术和非技术创新之间的相互联系，如认为服务业创新不是被动采用新技术，常常涉及企业技术和组织方面的双向调整过程。服务业创新常涉及技术和非技术因素的互补变化的观点意味着服务业创新要比早期"技术应用"观点所指的复杂得多。这也意味着只有通过重视"软性"因素，比如技能和组织结构及它们与技术的互动才能实现技术的扩散和生产力的提高。

（4）创新研究常被局限在单方面、"单话题"的狭窄方面，强调某种类型的创新，比如单纯的产品创新和流程创新，那些不同类型的创新常被视为独立于彼此的（Damanpour and Evan，1984①；Reichstein and Salter，2006②）。甚至当创新被合起来考虑时，还是被局限在特定组织或者企业，很少与跨组织类型的创新联系起来。与之相反，布鲁斯特瑟和杰瑞米豪威尔斯（Bruce Tether and Jeremy Howells，2007）认为不同类型的创新常常以一种复杂的、互相依赖的和互补的方式作用于彼此。他们的研究目标是迈向一个比以前观点更为整合的、互相依赖的创新观点。

（5）强调需求的作用。服务企业的活动与他们的客户紧密相连，这使他们对客户的需求和惯例有更深入的了解。按照布鲁斯特瑟和杰瑞米豪威尔斯（Bruce Tether and Jeremy Howells，2007）的研究数据显示需求更多的是一个限制因素，而不是提供决定服务业创新活动的技术。这可能意味着考虑创新程度时，市场可发挥最佳的作用，更多的创新并不一定更好（可能会被浪费掉）。除此之外，可能会有其他一些细节问题，比如可能希望有创新但不想承担作为第一个新服务使用者的成本和危险。从某种意义上说，这些不是需求的问题，而是管理和客户关系的问题。

（6）服务业创新给衡量创新带来了挑战。服务业创新常常是无形的，且与人的知识有关（而非大规模嵌入设备或系统的知识）。因此，他们常是脱离现实的且非技术的。其他问题，比如自主服务和自助服务的显著性，是服务活动中创新过程的重要方面，但在衡量新服务经济时仍是未知的。这主要是因为创新调查（比如欧盟创新调查）尽管有很大的发展，但

① Damanpour, F. and Evan, W. M., Organizational innovation and performance: the problem of organizational lag [J]. Administrative Science Quarterly, 1984, 29: 392 - 409.

② Reichstein, T. and Salter, A., Investigating the sources of process innovation among UK manufacturing firms [J]. Industrial and Corporate Change, 2006, 15 (4): 653 - 682.

仍然集中在传统形式的技术创新。部分上讲，这源自对服务业过程创新概念理解的差异，但在衡量服务业创新上仍有问题。如前文所述，因为服务所具有的无形性的本性，服务创新很难用现存衡量指标和方法去衡量。这当然与服务业固有的特点有关，如强调客户定制，差异化和连续的变化（不是间断的变化），这使得服务业创新很难被量化研究（Tether，2005）①。

因此，服务业创新要比目前研究理解复杂得多。而且，服务业创新还会不断演进，且没有一个特定的服务业创新模式可循（Tether and Tajar，2006b）②。因为服务业不仅包括很多大型的组织（比如大规模零售商，航空公司，银行等），还有很多雇佣了一两个人的小型和微型企业。

在服务业创新这一领域的更进一步地研究可能应该考虑以下几个方面：

● 关注扩散。这种扩散促进了"最好"或者"合适"的行规的快速扩散。如果服务业创新（和制造业）涉及一系列的技术、技能和组织之间的双向调节，那么找到这些变化的"正确的结合"并不容易。需要关注一下政府现在是否保持了旨在刺激技术生产的政策和旨在鼓励技术和相关行规扩散的政策的平衡。需要知道什么有助于分享关于在行业内或者供应链（或者网）扩散技术的知识。

● 关注技能。最近几年研究创新的学者很少关注技能的作用（Tether et al.，2005）③，但很明显技能在创新和企业的更广阔发展中起着重要的作用。

政府和行业共同面对的挑战是"通才"④的发展，或者是 T 型技能人才（Iansiti，1993⑤；Madhavan and Grover，1998⑥；Lee and Choi，2003⑦）

---

① Tether, B. S., Mina, A. Consoli, D. and Gagliardi, D., A Literature Review on Skills and Innovation. How Does Successful Innovation Impact on the Demand for Skills and How Do Skills Drive Innovation? Department of Trade and Industry, London, 2005.

② Tether, B. S. and Tajar, A., The Organisational Co-operation Mode of Innovation: Its statistical identification and prominence amongst European service firms. working paper, CRIC, University of Manchester, 2006.

③ Tether, B. S., Mina, A. Consoli, D. and Gagliardi, D., A Literature Review on Skills and Innovation. How Does Successful Innovation Impact on the Demand for Skills and How Do Skills Drive Innovation? Department of Trade and Industry, London, 2005.

④ 通才是指能够将技术和管理与文化历史相融合的具有良好沟通和社会交往能力的全面发展的高素质人才。

⑤ Iansiti, M. Real-World R&D: Jumping the Product Generations Gap. Harvard Business Review, 1993, 71 (3): 138 – 147.

⑥ Madhavan, R. and Grover, R., From Embedded Knowledge to Embodied Knowledge: New Product Development as Knowledge Management [J]. Journal of Marketing, 1998, 62 (4): 1 – 12.

⑦ Lee, H. and Choi, B., Knowledge Management Enablers, Processes and Organizational Performance: An Integrative View and Empirical Examination [J]. Journal of Management Information Systems, 2003, 20 (1): 179 – 228.

的发展。T 型技能人才是那些结合了某个学科内深度专业知识和足以使其对其他学科有大概理解的知识广度。这使得 T 型技能拥有者能够系统理解自己专业与其他领域发展的互相作用。因此，T 型人才团队能够整合不同领域的知识，不是简单的互相"传话"。除了 IBM 和其他几家公司外，惠普宣称西方教育是社会复杂性导致的，专攻于此的趋势意味着 T 型技能人才的供应不会增加，而可能会缩减，尽管需求会增加。他们宣称 T 型人才对 IT 为基础的系统服务尤为重要。

很明显，新的创新技能的发展是政府和产业的问题，在此注意到有支持研发投资的税收优惠；相同的观点（支持和反对）可以将税收优惠应用至与创新相关的培训。应该关注引进这样的一个计划，尤其是涉及公司通用的而非个别公司专用的技能的发展。

● 关注需求。创新研究和政策一直由供方主导，尤其是技术的供应方。研究显示在服务业中技术提供不是创新主要障碍的证据（至少在短期内）——需求是一个更显著的限制因素。当然人和组织不应该被鼓励仅以创新为基础买东西，而且在此仅仅是缺少对创新的需求。例如，经常有人这样说，在项目管理中客户要求创新，但不是在他/她的项目中。换句话说，尽管客户想要新的主意和方法，他或她不想承担成为第一个吃螃蟹的风险。简单来说，商业中有句谚语，你永远不会因为买 IBM 而被解雇——意味着这是一个免于风险的采购方法。换句话说，可能有些问题与市场关联——或者系统错误，尽管二者都未被证明。

在这个领域内，一直强调政府和公共行业的角色或者潜在角色（Franhofer ISI，2006）①。公共行业是商品和服务的大买家，且有时候有人认为私人购买在长期内可用来鼓励创新和纳税人钱的最大价值化，而不是直接的最低成本解决方案。但公共行业总有做出错误决定的危险，最后变成了"疯狂的孤儿"（David，1987）②，采用了被市场拒绝的创新成果（Betamax Video 反对采用 VHS 制式）。

---

① Franhofer ISI，PREST，Lund University Institute of Technology and University of Athens / CERES. Innovation and Public Procurement：Review of Issues at Stake，Study for the European Commission，ENTR/03/24，Brussels，2006.

② David，P.，Some New Standards for the Economics of Standardization in the Information Age.（Eds.）in Dasgupta，P. and Stoneman，P. Economic Policy and Technological Performance，Stanford：Cambridge University Press，1987：206－239.

5.4.3　中国的生产性服务业创新调查

根据魏江、胡胜蓉（2007）① 对中国生产性服务企业创新的问卷调查，主要涉及金融业、信息通讯业（ICT）、科技服务业和商务服务业四个行业，结果发现，79% 的生产性服务企业在过去三年内发生了创新行为，其中科技服务业的创新比例最高，达到 90%，其次是信息通讯业（85%），而金融业发生创新的比例最低，只有 70%。从创新的来源看，魏江和胡胜蓉的研究印证了知识是创新的一个重要来源的观点。表 5.9 反映了从总体看生产性服务业创新中，内外部知识源都很重要，而且，相比内部知识源，外部知识源渠道更为广泛和多样。

表 5.9　　　　　　生产性服务业创新的内外部知识源

内部知识源	比重（%）	外部知识源	比重（%）	排名
技术专家	60.4	互联网	59.5	1
公司高层领导	59.8	竞争者	47.7	2
市场营销人员	44.2	专业会议	46.5	3
服务开发人员	42.2	服务业客户	31.2	4
公司知识库	36.1	政府和公共组织	28	5

资料来源：魏江，胡胜蓉.生产性服务业创新范式.北京：科学出版社，2007：82.

从四类不同的生产性服务业行业的调查结果来看（见表 5.10），企业内部知识源中，金融业、信息通讯业和商务服务业的首要知识源是公司高层领导，而科技服务业为技术专家，而且这两个知识源基本占到四个行业的前两位。市场营销在金融业和信息通讯业中处于比较重要的地位，而在科技服务业和商务服务业中却不那么重要了，显示了不同行业创新模式的差异性。

在企业外部知识源中，不同行业的差异性就更加明显了（见表 5.11）。

---

① 魏江，胡胜蓉.生产性服务业创新范式.北京：科学出版社，2007：77-96.

表5.10   不同生产性服务业行业创新的内部知识源

	金融业比例（%）	ICT 比例（%）	科技服务比例（%）	商务服务比例（%）
公司高层领导	62.4	59.6	50.9	60.5
技术专家	52.7	57.6	75.5	58.0
市场营销人员	52.7	52.5	43.4	30.9
服务开发人员	37.6	49.5	39.6	38.3
公司知识库	36.6	39.4	26.4	40.7

资料来源：改编自魏江，胡胜蓉．生产性服务业创新范式．北京：科学出版社，2007：83.

表5.11   不同生产性服务业行业创新的外部知识源

外部知识源	金融业比例（%）	ICT 比例（%）	科技服务比例（%）	商务服务比例（%）
互联网	38.7	72.7	67.9	61.7
竞争者	60.2	44.4	—	45.7
专业会议	47.3	41.4	41.5	59.3
技术服务提供商	—	42.4	32.1	—
母公司/联营公司	37.6	—	—	—
服务业客户	—	42.4	—	43.2
研发机构	—	—	47.2	—
政府或公共组织	36.6	—	—	—
展览会、交易会	—	—	30.2	—
杂志	—	—	—	43.2

资料来源：改编自魏江，胡胜蓉．生产性服务业创新范式．北京：科学出版社，2007：83.

    不同行业创新的外部知识源来自不同的重点渠道。互联网在信息通讯、科技服务业和商务服务业中均占据了最重要的地位，而竞争者成为金融业创新的第一大外部知识源。

    创新是从创新决策一直延伸到实现新产品或服务的市场销售并取得预期经济效益为止的整个过程。企业在创新方面的投资方向就体现了企业的创新活动重点。魏江和胡胜蓉的调查研究（见表5.12）发现，向市场推广新服务是生产性服务业创新活动的主要资金投向，主要反映在金融业和信息通讯业中；科技服务业似乎并不重视市场推广，而是更加注重研发投入，另外信息通讯业也非常重视研发投入；商务服务业则更加关注与创新相关的培训和改进服务生产方法。从总体上，生产性服务业对投资于新服务导入生产过程和机器设备购买方面关注较少。

表 5.12　　　　　　　　　生产性服务业创新的资金投向

行业	改进服务生产方法	新服务导向生产	研发投入	向市场推广新服务	与创新有关的培训	购买机器和设备
整体	46.2	27.2	43.9	49.4	44.8	29.2
金融业	47.3	28	34.4	55.9	46.2	30.1
ICT	40.4	36.4	64.6	53.5	35.4	25.3
科技服务业	41.5	24.5	54.7	32.1	35.8	32.1
商务服务业	56.8	17.3	22.2	45.7	60.5	25.9

资料来源：魏江，胡胜蓉. 生产性服务业创新范式. 北京：科学出版社，2007：84.

从生产性服务业创新障碍的调查结果来看，整体上创新成果容易被复制和模仿是阻碍生产性服务业创新的最大障碍。这根本上源于服务的无形性，因此创新难以通过传统的知识产权或其他工具得以有效保护。另外，中国法律体系的不健全也在一定程度上影响着市场竞争秩序和创新的有效保护体制的创立。另外，核心员工缺乏、法律和管制、成本风险太高和组织结构不支持等因素也成为服务创新的主要障碍。而相应技术缺乏、客户缺乏反应或不愿购买等障碍因素的重要性相对较弱，这与布鲁斯特瑟和杰瑞米豪威尔斯（Bruce Tether and Jeremy Howells，2007）[①] 的调查研究结论基本一致。只是由于布鲁斯特瑟和杰瑞米豪威尔斯主要调查对象是欧洲相对发达国家的服务企业，因此，核心员工缺乏、成本风险高以及组织结构不支持等障碍因素较为容易克服，而对客户不愿参与创新则相对更为强调。

5.5　本章小结

本章在梳理国外服务业创新的相关研究文献基础上，归纳出生产性服务业创新的特点和分类，研究生产性服务业的创新过程及其在区域创新系统中的作用，案例分析了 DTI 欧洲服务业创新调查和国内学者魏江等对中国知识密集型生产性服务业的创新调查。

---

① Bruce Tether and Jeremy Howells. Changing understanding of innovation in services. In Innovation in Services，DTI occasional paper No. 9. Nottingham University Business School，Nottingham，UK 2007：48－50.

国外服务业创新研究可以归纳为四种不同派别：忽视派、从属派、区别派和综合派。忽视派认为服务业仅仅是新技术的应用者而非创新者；从属派认为服务业创新从属于制造业创新，仍然使用制造业技术创新发展起来的概念性工具来研究服务业创新；区别派否定以技术创新为中心，强调服务业创新更多地表现为组织创新和模式创新，完全不同于制造业创新；综合派认为应该将技术创新与非技术创新结合起来，从服务业与整个经济的关联性上研究服务业创新。

生产性服务业创新更加具有竞争性、高投入性、高互动性和高知识密集性。生产性服务业创新与制造业创新在创新的源头、战略选择和资源配置、创新项目落实和创新工具方法方面都存在较大差异，生产性服务业创新更加强调需求导向。相比于消费服务业和社会服务业，生产性服务业更加具备创新的动力和条件，由于竞争的压力和易被模仿，生产性服务业有着向更复杂更深层次创新的驱动力，因此，生产性服务业创新也成为引领经济发展趋势、提升区域长期竞争优势的重要动力来源。

生产性服务业的创新过程通常包括寻找、选择和贯彻执行三个阶段。在这三个阶段中都始终包含着不断学习的过程。生产性服务业正日益成为知识创新的重要来源、组织者和创造者，构成区域甚至国家创新系统的重要组成部分，发挥着桥梁、纽带和动力源作用。

生产性服务业创新目前有两种衡量方法：一是"基于客体的方法"，以识别创新成果为基础，是否有新产品、新方法和新模式；二是"基于主体的方法"，以调查方式直接询问企业是否创造、引进或使用创新成果。DTI 欧洲服务业创新调查和国内学者魏江等对中国知识密集型生产性服务业的创新调查基本都是采用第二种方法。通过他们的调查研究可以发现，生产性服务业创新更具有多样性、互补性和协同性，成本和风险高、法律和管制、不确定的需求和缺乏核心人才是影响生产性服务业创新的主要障碍。

第6章

生产性服务业集聚与创新的
互动演进机理

区域的经济发展取决于人力资本的增加和技术创新，以人力资本投入为主的生产性服务业不仅是区域创新系统的桥梁和纽带，而且是创新的组织者和创造者。再加上生产性服务业本身具有与其他产业广泛的关联性，使得生产性服务业在区域经济内部发挥着系统协调和加强联结的作用，进而推动区域持续增长。生产性服务业集聚与创新是城市和区域发展中不可或缺的外部空间整合与内部组织驱动两种动力机制，并且两种机制相互作用，产生向上的循环累积发展动力。

6.1 生产性服务业的合作创新与
产业集聚竞争优势

生产性服务企业集聚在一起，更多的会促进企业之间的信任与合作，而合作创新是生产性服务企业更多采用的一类创新形式，具有创新过程的非线性、竞争与合作并存、互惠共生性和信息和资源共享性的特点。这种合作创新还有利于降低单个企业创新的成本，提高产业集聚的整体创新产出水平，进而形成集聚区域的竞争优势。

6.1.1 生产性服务业合作创新在集聚区域中的特点

6.1.1.1 创新过程的非线性

在熊彼特的理论体系中，经济的发展是通过经济体系内在的创造性来实现的，创新是科技与经济的结合点或中间环节，它既是一种技术行为，也是一种经济行为。创新是现代经济增长的核心，并将是一个统一的理论体系和概念框架来系统研究创新促进经济增长的内在机制。然而，熊彼特的创新理论是基于一种"线性模式"，即沿着"发明—开发—设计—中试—生产—销售"企业内部发生过程进行，其他企业采用新思想或新产品则是创新的扩散，然而这与现实并不相符。大量的实证研究证明，创新不是由发明开始到扩散的线性模式，而是可以由不同的出发点，即不同企业价值链中的所有活动都可能创新，而且创新通常是在研究和开发活动之外的生产实践中发生的：进行创新的主意有许多来源，可以来自研究、开发、营销和推广的任何一个阶段，创新的形式多种多样，可以是产品、技术、组织和制度等方面的创新，经营管理方式的创新，甚至可以是投资概念的创新思考等。随着信息技术和管理手段的进步，目前越来越多的创新体现在非产品领域，商业模式方面，其中很多都属于生产性服务业领域的创新，并且这种创新不仅是非线性的，而且是合作式创新。

克莱因和罗森伯格（B. Kline and N. Rosenberg, 1986）[1] 提出了一个链状创新过程模型，他们认为创新活动随时会出现在创新链条上的任何一个环节。创新活动主体在整个创新链条上的各个环节之间、创新活动主体与其所在创新链外部环境之间以及不同创新链之间存在大量的信息交流与反馈，创新活动主体之间能否有效地进行信息互动是决定创新成功的重要因素之一。因此按照这一创新模型，如果要促进创新，就必须促进各种生产性服务企业之间、生产性服务企业和大学、研究机构之间以及与各种中介机构、行业协会、政府部门之间加强信息交流，形成企业间以及与机构间的互助互动和合作结盟，从而有助于创新链条中的创新活动实现无障碍衔接，以获得更多更新的合作创新成果。因此，生产性服务业集聚区域内形成的合作创新实际上就是一种通过企业和机构间人员交流、相互学习、思想碰撞而衍生激发出的一种多层次、多渠道的区域创新网络。

6.1.1.2 竞争与合作并存

在生产性服务业集聚区域，一个企业独立开发完成一种新产品的设计、新商业模式的策划，其创新全过程是耗时耗力，而且最终创新收效并不确定，风险很大。但是如果与同业竞争企业或者其他业务相关的服务企业一同参与，相互交流合作，一起分享信息、资源和相关知识，就可以加

① Kline. S. J. , Rosenberg. N. , An Overview of Innovation. The Positive Sum Strategy-Harnessing Technology，1986.

快创新的进程，而且可以降低创新风险。当然，在这种合作创新中也存在着竞争，集聚在一起的生产性服务企业通常是作为其他行业企业的中间投入环节，必须随时关注其他行业的技术创新和商业模式的创新转变，不断调整自身的业务模式，以更好地适应其他行业的衍生服务需求，在激烈的同业竞争中占得先机，而且集聚通常会带来竞争的压力，压力又会产生出更多的创新动力，在与同业其他企业的服务竞争比较中不断改进自身的服务水平和质量，扩展服务的内涵，提升服务的效率，寻求服务的差异化、定制化、个性化。因此，生产性服务业的创新常常表现为一种激烈竞争下的渐进式创新和集聚环境中的合作式创新。

与制造业创新相类似，生产性服务业集聚区域内的创新也是一种竞合过程。在一个经济、技术和制度飞速发展的服务经济时代，产品仿制尤其是服务产品的模仿壁垒相对较低，而且相比于制造业拥有专利、商标等较为完善的知识产权保护不同，服务创新经常较难获得制度性保护，那么与其保守秘密，不如让创新的服务产品、业务模式和服务流程成为一种行业惯例或者标准，其他企业成为服务创新的跟随者，从而能够更好地开拓一种新的服务市场，降低服务创新的风险和成本。

6.1.1.3　互惠共生性

生产性服务业集聚往往包含着大大小小的同业企业和相关行业企业，企业间的合作联系，可以实现优势互补，从而扩展企业的生存空间，提升整体集聚区域的"品牌"。从企业规模上看，生产性服务业企业通常为很多中小型的服务企业，很多企业的领导人就是从其他大型的生产性服务企业中跳槽出来而另立门户的。企业依靠专门的知识和能力、累积的客户资源和行业内较好的口碑声誉，为其他企业提供个性化的服务。由于地理上接近，业务活动联系紧密，信息交流迅速，生产性服务企业合作创新成果几乎很快被生产性服务业集聚区域内企业消化吸收，通过快速学习和模仿实现自身的更新和区域品牌的提升。

根据伯斯克玛（Boschma，2005）的研究，接近（proximity）是促进创新的主要因素。接近有两种解释，即地理接近和技术接近，对公司的学习能力产生重大影响。除了投资于研究和开发活动，学习使公司积累知识，这是产生成功创新的前提条件：要么通过过程创新，提高生产力，要么通过产品创新，吸引新产品的新消费群体。

另外，生产性服务业集聚区域内的不同规模的大小企业创新具有互补性。大企业往往在根本性变革和激进式创新方面具有较强的优势，由于大企业具有雄厚的资金和广泛的业务网络和强大的对外影响力，因此大企业的创新往往表现为服务模式的根本性变革，比如银行、电信服务中引入强大的信息技术而开拓的网上银行和手机飞信业务等。而中小企业往往在渐进式创新方面更具灵活性，因此小企业常常通过服务交付方式、增加客户体验等差别化的微型服务改进实现产品创新和过程创新。大大小小的生产性服务企业之间通过多层次多领域多界面的创新互补，相互促进，从而形成一种强大的服务创新网络体系。

6.1.1.4 信息和资源共享性

创新离不开信息和资源，生产性服务企业创新尤其是中小企业创新不足的一个主要原因就是资源和信息不充分，产业集聚是解决这一难题的较好途径。对于生产性服务业来说，信息是最重要的资源，企业集聚起来就是为了更多的分享多种信息共享的益处，而且只有许多信息汇集在一起，才可能碰撞出新的思想火花，产生一些新的主意和创见，这对于生产性服务企业是非常重要的。因此，生产性服务业通常会选择信息通讯设施完备或较为发达的地区集聚起来，这样更有利于合作创新。

人才是生产性服务业发展的另一重要资源，多数生产性服务业具有高知识性、高增值性，人力资本是知识的主要载体。因此，生产性服务业集聚可以获得充足的专业人才供给，通过人与人之间的显性知识和默会知识的传递、扩散和传播，促进企业的创新。另外，集聚往往还能够吸引大量的大学和科研机构的参与，进而有助于创新速度和效率，加速区域整体创新，使新业务、新模式、新方法和新范式不断向外扩散，增加区域的知识存量和流量。

6.1.2 集聚企业的合作创新提升区域竞争优势的模型

基于生产性服务业合作创新在集聚区域中的特点分析，本节主要借鉴皮亚克辛特奇（Poyaqo-theotoky，1995）① 构造的一个不完全竞争模型，对生产性服务业集聚所产生的合作创新对区域竞争优势产生的影响进行深入的模型剖析。

---

① Poyaqo-theotoky, J., Equilibrium and Optimal Size of a Research Joint Venture in an Oligopoly with Spillover [J]. The Journal of Industrial Economics, 1995, 2: 75 – 107.

　　这里主要考虑一个生产性服务集聚企业参与的两阶段合作博弈模型。假设在生产性服务企业集聚的区域，有 n 个生产性服务企业提供某种无差异服务。第一阶段由这些生产性服务集聚企业自主决定自身的创新水平；第二阶段则参与古诺竞争。生产性服务集聚企业的最终收益取决于两阶段的利润与支出的比较，即第二阶段的古诺利润减去第一阶段的创新支出。假定生产性服务企业提供服务的成本不变，但集聚带动的创新活动可以减少成本；同时创新存在信息外溢的可能性。生产性服务集聚企业可以选择两种策略：合作或者非合作。一方面，如果生产性服务集聚企业选择非合作，即企业按照利润最大化原则独立提供服务产品和进行创新活动，则在确知其他集聚企业创新支出水平的条件下，参与古诺竞争，做出自身产出决策。另一方面，由 $k(k \le n)$ 个生产性服务集聚企业参与合作创新，即合作创新的集聚企业按照联合利润最大化原则共同决定创新水平，然后参与古诺竞争。另外，假设参与合作创新的生产性服务集聚企业之间完全信息共享，即溢出率达到最大值。再进一步假设：（1）合作创新的生产性服务集聚企业比非合作企业进行更多的创新，以降低成本；（2）合作创新的生产性服务集聚企业通常可以比其他非合作企业获得更多的收益，除非其他生产性服务集聚企业实现完全信息共享；（3）根据集聚区域知识溢出值的大小，市场可能不会为最佳规模合作创新的产生提供更多的激励。[①]

　　假定生产性服务业的产业集聚由 n 个企业集聚而成，其逆需求函数为

$$P = D - \sum\nolimits^{n} q_i \tag{6.1}$$

　　其中，$i = 1$，…，n 和 $D(>0)$ 为需求函数。

　　假设生产性服务企业规模收益不变，生产成本受企业创新数量的影响。

　　假设1：某个代表性生产性服务集聚企业 i 的单位生产成本

$$c_i = A - z_i - \beta \sum\nolimits_{i \ne j} z_j$$

　　其中，　　　　　　$0 < A < D$ 且 $z_i + \beta \sum z_j \le A$；

z_i 和 z_j 分别是生产性服务集聚企业 i 和 j 的创新产出水平；

β 是生产性服务集聚企业间的知识溢出度，即 $0 \le \beta \le 1$。

　　因此，由于存在知识溢出效应，生产性服务集聚企业 i 的创新成果反过来也具有降低生产性服务集聚企业 $j(j \ne i)$ 生产成本的作用。

[①]　苏江明. 产业集群生态相研究［D］. 复旦大学博士论文，2004.

假设 2：生产性服务集聚企业从事创新活动的成本 $C(z_i) = \gamma z_i^2/2$，$\gamma > 0$，即创新活动的成本是其收益（创新产出）的二次函数，成本降低相对于收益是递减的。

现有 k 个生产性服务集聚企业组成合作创新区域，$2 \leqslant k \leqslant n$。因为信息在合作创新区域中的生产性服务集聚企业间是完全共享和透明的，所以 $\beta^k = 1$；而对非合作创新区域的集聚企业的溢出度 $\beta^n \equiv \beta$，创新成本函数不变，创新呈现规模收益递减。在确知其他生产性服务集聚企业创新的条件下，生产性服务集聚企业进行创新数量和水平竞争。

首先分析参与合作创新的生产性服务集聚企业 i 的利润最大化一阶条件。某个参与创新合作的代表性生产性服务集聚企业 $i(i = 1, \cdots, k)$ 生产的单位成本 g_i 取决于：（1）其自己进行的创新活动 z_i；（2）其他合作创新的集聚企业 $-i$ 进行的创新活动 z_{-i}；（3）$(n-k)$ 个非合作创新企业进行的创新活动 z_j。

假设合作创新的企业同质，则 $z_i = z_{-i}$，因而 $g_i = A - Kz_i - \beta(n-k) z_j$；

同理，某个非合作创新的代表性企业 $j(j = k+1, \cdots, n)$ 的单位成本 h_j 取决于：（1）自身的创新活动 z_j；（2）借助于溢出效应吸收的 $(n-k-1)$ 个其他非合作创新企业 $-j$ 的创新活动 z_{-j}；（3）借助于溢出效应吸收的合作创新企业 i 的创新活动 z_i。因而

$$h_j = A - z_j - \beta(n-k-1) z_{-j} - \beta k z_i$$

合作创新的代表企业第二阶段的古诺利润为：

$$\pi_{i,c} = [(D + (n-k)h_j + (k-1)g_i - ng_i)/(n+1)]^2 \qquad (6.2)$$

在第一阶段，合作创新选择各合作企业创新产出 z，以实现合作创新支出联合净利润最大化：

$$\max k[D + (n-k)h_j + (k-1)g_i - ng_i]^2/(n+1)^2 - (kz_i^2/2) \qquad (6.3)$$

将 h_j 和 g_i 分别代入式（6.3），通过推导利润最大化一阶条件得：

$$(D - A) = \frac{z_i\{\gamma(n+1)^2 - 2k^2[(n-k)(1-\beta) + 1]^2\}}{[2k(n-k)(1-\beta) + 2k] - (n-k)(2\beta - 1)z_j} \qquad (6.4)$$

其次，再分析一下非合作创新的生产性服务企业 j 的利润最大化一阶条件。前面已经分析了假设某个非合作创新的生产性服务企业 j 的单位成本 s_j 取决于企业自己的创新水平 z_j；其他非合作创新的生产性服务企业 $-j$ 的创新水平 z_{-j}；参与合作创新的生产性服务企业 i 的创新水平 z_i，即：

$$s_j = A - z_j - \beta k z_i - \beta(n-k-1)z_{-j}$$

此外，剩余的其他非合作创新的生产性服务企业 $-j$ 的单位成本

$$t_j = A - z_{-j} - \beta k z_i - \beta z_j - \beta(n - k - 2)z_{-j}$$

因此，合作创新的代表性生产性服务企业 i 的单位成本 V_i 取决于自身的创新水平 z_i、其他合作创新的生产性服务企业 $-i$ 的创新水平 z_{-i}、代表性非合作创新生产性服务企业 j 的创新水平 z_j 以及剩余的非合作创新生产性服务企业 $-j$ 的创新水平 z_{-j}，即：

$$v_i = A - z_i - (k - 1)z_{-i} - \beta z_j - \beta(n - k - 1)z_{-j}$$

当 $z_i = z_{-i}$ 时，则简化为 $v_i = A - k z_i - \beta z_j - \beta(n - k - 1)z_{-j}$

所以，未参加合作创新的企业的古诺利润为：

$$\pi_{j,rem} = [D + (n - k - 1)t_j + k v_i - n s_j]^2 / (n + 1)^2 \tag{6.5}$$

则为参加合作创新企业在第一阶段选择使第二阶段创新开支净利润最大化的创新产出，即

$$\max[D + (n - l - 1)t_j + k v_i - n s_j]^2 / (n + 1)^2 - \gamma z_j^2 / 2 \tag{6.6}$$

将上述 t_j、s_j、v_j 表达式代入上式，加上对称性条件 $z_{-j} = z_j$，求解利润最大化一阶条件

$$(D - A) = \frac{\{\gamma(n + 1)^2 - 2[n(1 - \beta) + B][\beta(n - k) + (1 + k)(1 - \beta)]\}z_j}{[2n(1 - \beta) + 2\beta] - k[\beta(k + 1) - k]z_i} \tag{6.7}$$

求式（6.4）和式（6.7）的联立解，得参与合作创新的集聚企业和未参与合作创新的集聚企业创新产出的均衡值。即相当于合作创新的集聚企业和未参与合作创新的集聚企业间的博弈，而式（6.4）和式（6.7）则相当于创新博弈（选择是否合作创新）中的反应函数。因此，对于合作创新的集聚企业，有：

$$z_i = K / M_1 + z_j M_2 / M_1 \tag{6.8}$$

对于未参与合作创新的集聚企业，有：

$$z_j = -K / M_3 + z_j M_4 / M_3 \tag{6.9}$$

其中，z_i 和 z_j 分别是合作创新集聚企业和未参加合作创新的集聚企业的创新产出，$K = (D - A) > 0$，所以联立解相应的系数为：

$$M_1 = \{\gamma(n + 1)^2 - 2k^2[(n - k)(1 - \beta) + 1]^2\} / [2k(n - k)(1 - \beta) + 2k]$$

$$M_2 = (n - k)(2\beta - 1)$$

$$M_3 = k[\beta(k + 1) - k]$$

$$M_4 = \frac{\{\gamma(n + 1)^2 - 2[n(1 - \beta) + \beta][\beta(n - k) + (1 + k)(1 - \beta)]\}}{2n(1 - \beta) + 2\beta}$$

从而求得由式（6.4）和式（6.7）表示的均衡创新产出解为：

$$z_i = K(M_2 + M_4)/|M|, \quad z_j = K(M_1 + M_2)/|M| \tag{6.10}$$

由式（6.10）可知，当且仅当 $M_2 + M_4 > M_1 + M_3$ 时，$z_i > z_j$。

将 M_1、M_2、M_3、M_4 有关表达式代入上式，化简可得：

$$k^2[(n-k)(1-\beta)+1] > n(1-\beta) + \beta \tag{6.11}$$

下面分两种情况来证明：

①当 $n = k$ 时，式（6.11）经过变换和整理成为

$$(k+\beta)(k-1) > 0 \tag{6.12}$$

则根据前文定义 $2 \leqslant k \leqslant n$ 是成立的。

②当 $n \neq k$ 时，式（6.11）可变换为

$$(1-\beta)[(n-k)k^2 - n] + k^2 - \beta > 0 \tag{6.13}$$

由于 $1 - \beta \geqslant 0$，$k^2 - \beta > 0$，所以只要 $(n-k)\ k^2 - n \geqslant 0$ 即可；变换后取得

$$(k+1)[(n-k)(k-1)-1] + 1 \geqslant 0 \tag{6.14}$$

因为 $n - k \geqslant 1$，$k - 1 \geqslant 1$，则 $(n-k)(k-1) - 1 \geqslant 0$，显然式（6.14）成立。

由①和②的证明可知 $z_i > z_j$。即参加合作创新的集聚企业比未参加合作创新的集聚企业从事更多的创新活动，具有更多的创新产出。因此，通过此模型可以得出一个结论：区域内部的集聚企业的合作创新能够给合作企业带来更多的利益，提高整个企业集聚区域的产出效益。

6.1.3 集聚企业的合作创新促进区域长期竞争优势的形成

合作创新是生产性服务集聚企业之间或与其他大学科研机构之间等建立的一种联合创新机制，通过企业间的协同互动，产生新思想、新概念和新模式。生产性服务集聚企业的合作创新能够促进集聚区域长期竞争优势的形成。

6.1.3.1 推动产业升级和结构优化

生产性服务业集聚企业的合作创新，不仅包含生产性服务企业间的合作创新，也包含生产性服务业与制造业和其他相关产业的合作创新，因此，合作创新的表现形式是多样的、复杂的和具有融合性的。合作创新要求在技术创新和要素创新的基础上，推进组织创新和制度创新，进而加强集聚区域企业间的联系和互动，促进产业的升级和结构优化。合作创新不

仅促使产业结构呈现出知识技术集约化的趋势，而且也使得产业界限日趋模糊，进而使产业结构不断向着高级化的阶段迈进。

6.1.3.2　节约研发费用、降低创新风险

合作创新常常来自生产性服务企业集聚区域中企业与企业之间的联合研发，这种联合开发本身就可以使企业研发的各种支出和总成本被均摊，从而节约了每个参与合作创新的企业的研发费用，并且降低了各自所承担的创新风险。另外，新产品、新技术、新的业务流程、新的商业模式能够较为迅速传播，新思想、新观念非常容易被接受，使创新的应用成本也被降低。因此，生产性服务业的集聚使得合作创新成为更加频繁和密集发生的大概率事件，相比于企业孤立式竞争所需承担的独自研发创新活动更加具有竞争优势，因此合作创新成为生产性服务业集聚的重要创新模式选择。

6.1.3.3　整合区域资源

合作创新并不是生产性服务业的专利，最早在制造业中就已经出现这一创新模式。但是早期的制造业合作创新，常常将一个研究项目分割交与不同的企业和组织来完成，因此项目完成的整体效果和各阶段完成进度与预期很可能并不一致，也可能影响到企业实验研发新产品的功能特性，但是通常这种合作创新不会影响到企业的生存和发展。到了 20 世纪 80 年代，生产性服务业出现了越来越多的合作创新，一些先进的生产性服务企业为了争夺行业领先地位，而不断投入创新资源开发创新模式，但是由于服务业创新的独特性，使得生产性服务企业常常受到自身资金、人才、需求、管理、环境和制度等方面的限制，很多企业开始转向联合创新或者外包创新，合作创新成为企业共同的选择。因此，以知识密集为特性的生产性服务集聚企业往往通过合作创新获取必要的创新资源和要素，整合集聚区域的各种知识源和知识创新途径，从而加强区域的整体竞争力。

6.1.3.4　塑造有利于创新的环境

生产性服务集聚企业间的合作创新有利于培育企业间的相互信任和合作，也有利于创造一种相互学习的地方氛围，通过减少企业隔阂和制度障碍，促进知识在不同主体之间交流与共享过程。因此，合作创新有利于塑造互动程度和学习动力都较高的社会环境。生产性服务企业集聚区域发展

的路径必定是本地化的适宜的创新环境。生产性服务业合作创新的重点直接指向集聚区域的长期竞争优势的培育和塑造，增强区域产业竞争力，提高生产性服务业及其所在集聚区域其他产业的内在素质，包括技术、组织、管理和制度等多个层面，尽可能提升企业在区域、国家甚至全球的竞争力。

6.2 生产性服务业集聚与内生学习和 干中学创新环境塑造

创新是产业核心竞争力的源泉。根据新经济增长理论，区域的经济发展取决于人力资本的增加和技术创新。在生产性服务业集聚区域的发展演进中，学习体现在区域知识存量的不断积累上，集聚企业的学习是一个"干中学"的过程；而区域知识存量的积累水平决定着创新的能力和创新的应用，学习是创新的基石，创新是学习的升华，创新是一种更高层次的知识积累。因此，生产性服务业的集聚要持续发挥对本地区域经济的促进作用就必须保持集聚区域的创新能力，而创新能力的培育主要依靠内生学习和"干中学"创新环境的塑造。

6.2.1 学习的内生性是产业集聚区域的核心能力源泉

生产性服务业尤其是高级的生产性服务业是知识密集型的行业，知识的创新和扩散在产业和区域发展中起决定性作用。新增长理论强调人力资本积累和技术进步的内生化，强调经济增长的收敛性和动态性，而不是依靠以自然资源和廉价劳动力所形成的比较利益来促进发展①。根据新增长理论，集聚的许多"外部性"会使集聚企业受益，而其中集聚企业的相互学习促使区域内部的知识存量和流量不断增加，进而获得集聚区域可持续发展的内在动力。

学习就是企业长时期的动态的知识积累过程。许多学者对企业的知识积累与其竞争力之间的关系进行过研究，如彭罗斯（Penrose，1959）② 从

---

① Romer, P. M., Increasing returns and long-run growth ［J］. Journal of Political Economy, 1986，94：1002 – 1037.

② Penrose, E. T., The Theory of the Growth of the Firm. Oxford：Basil Blackwell, 1959.

企业内生成长和知识积累的角度研究企业的长期发展问题，而且提出对生产性资源的使用就会产生生产性服务，而生产性服务发挥作用的过程则推动知识的增加。演化论经济学对创新理论研究也很深入，纳尔逊和温特（Nelson and Winter, 1982）[①] 在演化经济学先驱阿尔钦（Alchian, 1950）对企业知识积累模仿等行为研究基础上，进一步指出知识和能力的有限性是在不确定条件下束缚企业利润增长的最大障碍。哈梅尔和普拉哈拉德（Hamel and Prahalad, 1990）[②] 还从核心能力（核心竞争力）角度提出核心能力是企业的"积累性知识"。

受他们研究思路的启发，本书认为，区域产业内部学习的内生性（即不同于其他区域的特定地域的聚集企业之间知识和能力的积累）是区域的核心竞争力的源泉。产业集聚区域的核心能力（或核心竞争力）强调知识和技术的重要性，这种知识和技术的很大一部分是以不规则或内部规定的特殊形式存在，从而使核心能力隐性化或内部化，这使其他区域竞争对手无法仿制和模仿，即使是区域内部的聚集企业，也必须经过系统的根植性的学习（即长期的本地化培育和积累）才能获得。产业集聚区域的核心能力表现为以知识为基础的技术能力、组织管理能力和市场开拓能力，是区域聚集企业维持和增强企业竞争力的关键。聚集企业要想获得这一优势，就必须不断地获取、合理配置和创造资源、尤其是技术资源。它们之间的关系是：聚集企业的研究活动是培育和积累技术能力的主要途径，技术能力是形成聚集企业核心能力的基础；反过来，产业集聚区域核心能力中的组织管理能力和市场开拓能力能促进聚集企业技术能力的形成和研发活动的有效性。

在此，生产性服务企业集聚区域的异质性（作为区域产业发展的路径依赖结果），是聚集企业竞争行为和竞争优势的基础。通过生产性服务企业在集聚区域内相互学习和内生演化，使得生产性服务集聚企业及其所在区域的核心知识和核心能力不断累积和提升。从长期看，产业集聚的不同区域之间知识和能力积累存在动态差异性。因为不同区域的历史、文化、习俗等社会条件有着本源上的不同，而且随着时间和企业的变迁，区域内生学习的效果和对区域组织企业的成长都会产生较大的变化。因此，区域

① Nelson, R. R., Winter, S. G., An Evolutionary Theory of Economic Change. Cambridge, MA: Havard University Press, 1982.

② Hamel, Gary and CK Prahalad. The Core Competence of the Corporation [J]. Havard Business Review, 1990, 5: 79 – 91.

内生学习具有很强的路径依赖特性，再加上区域产业核心知识和能力具有非竞争性和不可复制性，从而形成以知识为基础的区域进入壁垒。图6.1显示了产业集聚区域的核心竞争力是区域内部聚集企业长期学习（知识积累）内生成长而形成区域进入壁垒的结果。

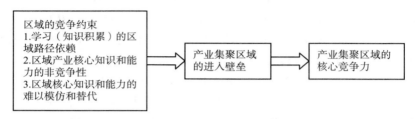

图6.1　产业集聚区域核心竞争力的学习内生性模型

资料来源：王步芳．企业群居之谜：集群经济学研究．上海：上海三联书店，2007：159.

6.2.2　基于内生学习的产业集聚模型

知识与传统的劳动、资本、土地投入有着本质上的不同：知识存在着内在固有的不确定性，它在经济主体之间分配是非对称性的，它具有累积性，可以是自愿或非自愿（至少在某些地理距离上）传播扩散，而不丧失任何价值（Dosi，1988）。实证文献表明，地理上的接近导致了知识通过空间范围内的知识溢出而更加快速的传播扩散。根据阿什海姆和格特勒（Asheim and Gertler，2005）的调查显示："如果不明白空间距离上的接近性和过程中的集中性在创新中的核心作用，人们根本无法正确理解创新。"根据这些观察研究，核心—边缘模式在最近的调查研究中被使用，即企业可以选择在核心位置，或者在边缘外围。核心可以理解为一个群集或本地网络，所有企业可能从彼此的知识交流中获利。企业在核心区位的集中导致由于稀缺资源缺乏而推升出较高的生产成本。另外，企业可以选择在边缘外围的位置分散以降低生产成本，但很难从知识溢出的外部性中增加知识。

认知或技术的距离对于学习过程似乎也很重要。企业能够运用的知识的数量，可以用吸收能力来做经济上的描述。吸收能力的概念降低了企业知识异质性的门槛。但是，如果一个公司要吸收的知识非常相似，那么学习效果也降低了。知识的异质性应该是"足够的小，以便能够理解；同时又足够得大，以产生需要的新知识"（Nooteboom，2000）。知识交换过程的结果与知识溢出而导致的学习效应有关。

苏贝朗和蒂斯（Soubeyran and Thisse，1999）构造了一个"边干边学"模型，认为是众多中小企业在长期发展中的相互学习，积累知识，才导致了马歇尔产业区的不断调整和进步。下面以苏贝朗和蒂斯的"边干边学"模型为基础，通过构建一个基于学习的博弈论模型来说明生产性服务集聚区域的动态学习过程。

模型假设条件如下：

（1）经济体系中有一个区位集合 M，其中任意一个区位 $i \in M = \{1, 2, \cdots, m\}$，区位 i 的劳动力数量为 L_i；

（2）知识存量的初始值为 $S_i \geqslant 0$，该值取决于区位历史，具有路径依赖性；

（3）假定生产性服务企业在区位 i 设立企业，要素为初始投入资本和劳动两种基本要素，资本主要来自于全球资本市场，同时资本市场为一个完全竞争市场，因此在同一期间资本的价格（即利率）在不同区位是相同的；劳动是区域内生的要素，不能在不同区域之间进行流动，但在同一区域劳动力市场具有完全竞争性，区位 i 拥有的劳动力数量 L^i 被全部吸收到区域各个企业当中，劳动力市场完全出清，但不同区域的劳动力价格（即工资水平）不同；

（4）生产性服务企业的服务生产的经营过程可以被划分为若干时期 $t = \{1, 2, \cdots, \infty\}$，每一时期资本投入实现当期完全折旧，即当期全部消耗，这样有利于企业随时作出区位调整；虽然劳动力不能在区域间自由流动，但假定劳动力的专业知识和服务技能随着时间推移而不断增长，因而具有报酬递增特性，劳动效率不断提高；

（5）假设不同生产性服务企业在区位 i 提供的服务产品具有同质性，服务产品的销售价格相同，只是随着时间（时期）而有所差异；企业在不同时期 $t \geqslant 1$ 自主进行区位选址，不同区位的企业分布用向量 $b(n_1, n_2, \cdots, n_i, \cdots, n_m)$ 表示，则 $\sum_{i \in M} n_i = 1$；

（6）假设区域 i 中的生产性服务企业都是同质的"原子型"企业，因此每个企业的成本函数和利润函数都是相同的；

（7）当 $t = 0$ 时，每个区位知识存量的初始值 $S > 0$，而且对于不同区域 i 和 j，$S_i \neq S_j$ 或者 $S_i = S_j$；当 $t \geqslant 1$ 时，企业博弈的原则是：选择当期利润最大化的区域。

假设 q_i 是 t 期生产性服务企业在区域 i 的服务产出水平，ω_i 是区域 i 在 t 期的工资水平，t 期区域 i 的期初知识存量 $S_i(t-1) = \sum^{t-1} n_i(t-1)q_i(t-1)$ 是区域 i 在 t 期以前的服务产出的总和。生产性服务企业的成本函数为：

$$C_i(q_i, \omega_i, S_i(t-1)) = \omega_i(t)h(S(t-1))q_i(t) + r_t K(q_i(t))$$

(6.15)

其中，r_t 是资本要素价格，$K(q)$ 是资本需求函数，$K(q)$ 严格递增且严格凸的，并且 $K(0) = K'(0) = 0$；$K(\infty) = K'(\infty)$。

$h(S_i(t-1))$ 是生产性服务企业提供单位服务消耗的劳动量，该函数取决于 $t-1$ 期的知识存量，且是区域知识存量的递减函数；

假设 $e(S) = 1/h(S)$ 是劳动生产率函数，表示单位劳动所提供的服务产出水平，是区域知识存量的递增函数。

区域 i 中生产性服务企业 t 期的利润函数为：

$$\prod_i(q_i, \omega_i, S_i(t-1)) = p_i(t)q_i(t) - \omega_i(t)h(S_i(t-1))q_i(t)$$
$$- r_t K(q_i(t))$$

(6.16)

因为不同区位的知识存量水平不同，而知识存量水平又影响生产性服务企业的劳动效率，进而影响企业的利润水平，因此可以求解利润函数对知识存量的一阶导数，得

$$d\prod_i / dS_i(t-1) = -\omega_i(t)q_i(t)h'(S_i(t-1)) > 0 \qquad (6.17)$$

因为 $h(S_i(t-1))$ 是递减函数，所以生产性服务企业的利润随着其所在区域知识存量的增加而递增。

求解利润函数对区域工资水平的一阶导数，得

$$d\prod_i / d\omega_i(t) = -q_i(t)h(S_i(t-1)) < 0 \qquad (6.18)$$

由于生产性服务企业产出 $q_i(t)$ 和成本 $h(S_i(t-1))$ 都大于零，所以生产性服务企业的利润随着其所在区域工资水平的增加而递减。

再求解利润函数对产量的一阶导数，得

$$d\prod_i / dq_i(t) = -p_i(t) - \omega_i(t)h(S_i(t-1)) - r_t K'(q_i(t)) \qquad (6.19)$$

当求解利润函数的二阶条件时，$\omega_i(t) > 0$，生产性服务企业的服务产出有唯一解：

$$q_i^* = \{K'([p_i(t) - \omega_i(t)h(S_i(t-1))]/r_t)\}^{-1} \qquad (6.20)$$

因为区域内的劳动力市场出清，所以区域 i 实现完全就业，劳动力需

求条件为：

$$H_i = n_i(t) h(S_i(t-1)) q_i^*(t) \qquad (6.21)$$

因此区域 i 的生产性服务企业数量为：

$$n_i(t) = H_i / [h(S_i(t-1) q_i^*(t)] \qquad (6.22)$$

根据利润对产量求解一阶导数条件计算的结果，可以推算出区域 i 在 t 期的生产性服务产出价格（FOB）为：

$$p_i(t) = \omega_i(t) h(S_i(t-1)) + r_t K'(q_i^*(t)) \qquad (6.23)$$

区域 i 内所有生产性服务企业在 t 期的工资水平为：

$$\omega_i(t) = [p_i(t) - r_t K'(q_i^*(t))] / h(S_i(t-1)) \qquad (6.24)$$

将劳动生产率 $e(S) = 1/h(S)$ 代入式 (6.24)，得：

$$\omega_i(t) = [p_i(t) - r_t K'(q_i^*(t))] e(S_i(t-1)) \qquad (6.25)$$

由式 (6.25) 可知，当所有生产性服务企业以利润最大化来选择区域落址时，区域 i 在 t 期的工资水平与其劳动生产率成正比，而劳动生产率 $e(S_i(t-1))$ 的大小取决于区域知识存量，因此，区域 i 在 t 期的工资水平依赖于 t 期期初的知识存量的多少。

由于区域内部生产性服务企业提供的服务产出同质，所以区域 i 在 t 期的服务总产出为：

$$Q_i(t) = n_i(t) q_i(t) = H_i / [h(S_i(t-1))] \qquad (6.26)$$

那么生产性服务企业的区域战略均衡条件如下：

当 $t \geq 1$ 时，如果各区域的生产性服务企业的利润相等，则企业没有重新进行区位选址的动机，因而实现了区域战略均衡状态。

假定有两个区位 i，j，且 $i \neq j$，区位 $i \in M = \{1, 2, \cdots, m\}$，$j \in M = \{1, 2, \cdots, m\}$，区位区位 i 和 j 的劳动力禀赋分别为 H_i 和 H_j。两个区域的生产性服务企业的利润分别是 $\prod_i$ 和 $\prod_j$，利润函数形式参见式 (6.16)，那么当两个区域的利润相同时，各区域的生产性服务企业不会重新选址，即形成区域均衡。假设两个区域的生产性服务企业的 t 期服务产出相等，即 $q_i(t) = q_j(t)$。又由于生产性服务企业所需资本来自完全竞争型的资本市场，利率相等，因此 $K(q_i(t)) = K(q_j(t))$。

如果企业要实现区域战略均衡，那么两个区域生产性服务企业的利润 $\prod_i = \prod_j$ 成立的条件是：

$$\omega_i(t) [h(S_i(t-1))] = \omega_j(t) [h(S_j(t-1))] \qquad (6.27)$$

因为劳动生产率指标 $e(S) = 1/h(S)$，则上式变为

$$\omega_i(t)/e(S_i(t-1)) = \omega_j(t)/e(S_j(t-1)) \qquad (6.28)$$

总之,上述基于区域内生学习模型而得出的区域战略均衡条件反映出以下结论:

生产性服务企业的集聚力在于集聚区域内生的"学习效应"。生产性服务企业由于具有知识密集性,根据利润最大化原则,历史积累的知识存量决定了企业的区位选址,知识存量越多的区域生产性服务企业可获得的利润空间就越大。而知识存量来源于生产性服务企业雇佣的员工通过长期服务提供积累的专业知识和各种经验,这些知识可以在同一区域内劳动力的流动和相互学习中获得并不断地更新,更新后的知识又带动了区域知识存量的增加,进而提高了生产性服务企业的劳动和服务产出效率。较高的产出效率会吸引更多的生产性服务企业进入本地区,促使区域集聚水平上升。

生产性服务企业的扩散力由于劳动力在不同区域之间不能够自由流动,生产性服务企业必须为其所雇用的员工不断增加的知识储备支付更高的劳动报酬,因而不断增长的工资水平推高了生产性服务企业的服务产出成本,进而削减了企业相应的利润水平,因而企业有可能会考虑搬迁到其他劳动力成本较低的区域,区域集聚水平下降。

由于不同区域学习能力和学习效应具有很大差别,因此,学习能力和学习效应较强的区域会得到"先发"优势,从而吸引更多的企业进入到这一区域。区域集聚水平提高到一定程度后,学习效应所获得的服务产出效率提高非常有限,甚至不能弥补劳动工资报酬的上涨,区域集聚将走向衰退。另外,原本并不具有优势的区域也可以通过学习不断累积区域知识资本存量,取得"后发赶超"优势。诸如此类的案例在世界经济史上屡见不鲜。比如,19世纪末德国的重化工业通过"学习"一跃而起,从一个"容客"地主占主导地位的传统农业国家转变为资本家占主导地位的现代工业国家,仅仅用了三四十年的时间就赶超英国、法国,成为欧洲第一强国。20世纪60~70年代亚洲"四小龙"的崛起也是"学习效应"的结果。

从上述基于学习的产业集聚区域模型分析可知,内生学习就是企业的长时期的动态的知识积累过程。

6.2.3 产业集聚区域的"干中学"学习行为

近二三十年来有许多学者对企业学习行为进行了研究。利伯曼和蒙哥马利（Lieberman and Montgomery，1988）在企业理论中提出，学习是企业对竞争行为的一种战略反应，模仿者往往占有回避风险的优势，因为风险由首先采取策略的企业所承担。弗雷格斯坦（Fligstein，1985）[①] 的实证研究发现，在企业网络中，先采用某些策略的企业（Prior adopter）数量对策略跟随者（Later adopter）采取该策略的机会有很大影响。豪恩希尔德（Haunschild，1993）[②] 指出，企业间对行为及企业组织结构的互相学习非常普遍，他在研究连锁董事和企业行为间的关系时得出结论：当某企业的经理兼任其他企业的董事时，因面对该企业的组织形式以及一系列经营和战略决策，故关联企业的组织形式及行为自然会成为被模仿的对象；不论是经理担任连锁董事，还是次要的管理人员或外部董事担任连锁董事，信息的铺垫和模仿的动机使具有重要战略行为的关联企业在企业网络中为其他企业提供一个生动的示范，从而促使其他企业采取相同的企业行为。近些年兴起的行为经济学（Behavioral Economics）的"从众行为"理论是一种研究个体之间的学习或模仿行为的理论，并且认为人类的行为并不都是理性的，可能出现某种偏离，即出现非理性行为。非理性行为可以分为两类，一是不成时间序列的；二是成时间序列的。而成时间序列的又可以分为两种形态：从非理性到理性的形态和从理性到非理性的形态。行为经济学指出，非理性行为的一个表现形式为从众行为，传统经济理论把所有行为视为理性与现实不符。另外，行为金融理论（Behavioral Finance Theory）还提出了著名的羊群效应模型。夏夫斯坦尔和斯坦（Scharfstein and Stein，1990）指出，在一些情况下，经营者简单地模仿其他经营者的决策投资，忽略独立的私人信息，虽然从社会角度看这种行为是无效的，但对于关心其在劳动市场声誉的经营者而言却是合理的。

生产性服务企业集聚区域的学习行为可以用聚集企业之间的学习博弈关系来解释，在聚集区域内通过"干中学"、"用中学"，将以往不同企业间的知识信息的单方向传播和扩散转变为双向互动式渗透、扩散和创造，通过各种途径的合作、交流，培育区域的内生学习能力和学习效应，进而促进生产性服务企业集聚区域核心能力和竞争力的创造。

（1）核心能力的培育。产业集聚区域的核心能力一般始于个别企业的

---

① Fligstein, N., The Spread of the Multidivisional Form among Large Firm, 1919 - 1979 [J]. American Sociological Review, 1985, 50: 377 - 391.

② Haunschild, P. R., Interorganizational Imitation: the Impact of Interlocks on Corporate Acquisition Activity [J]. Administrative Science Quarterly, 1993, 38: 564 - 592.

某种技巧、专长、技艺等，但将个别企业的某种组织和管理能力不佳转变为集群组织的能力将会消耗很多的时间。但是聚集企业的"干中学"能够引导核心能力很快地从个别企业扩散到整个区域。产业集聚区域中的企业处于同一产品价值链的不同阶段，存在着既竞争又合作的关系，因此天然的相关性和竞争性会提高早期学习的效率，而天然的合作性又能使后期学习效果提高。

（2）核心能力的扩散。导致核心能力难以扩散的原因在于企业之间的强竞争性和学习界面的隔离。产业集聚区域中，相似的先验知识和长期形成的信誉与承诺，提高了各自核心能力的开放性和诚实度；相似的文化背景保证企业之间相互学习的接受和吸收能力；专业化分工与合作也加强了聚集企业核心能力的传播和共享。

（3）核心能力的整合和发挥。产业专门知识学习的核心是对诀窍等特殊要素的整合，使之真正成为难以替代的核心能力。核心能力的整合和发挥的衡量标准是学习的产出与它的投入之比。产业集聚区域作为一种树状组织，更有利于核心能力的复制和应用，从而具有较高的学习效应。

（4）核心能力的更新。产业集聚区域任何既定的核心能力的竞争价值都可能随着时间的推移而衰竭，这说明核心能力的更新非常重要。但更新需要一种非线性的思维。由于产业集聚区域内不同聚集企业具有不同的组织学习模式，并且产业集聚区域整体具有动态发展性，所以，不同聚集企业的各个方向的试错学习行为，将导致"干中学"的实践过程能够产生高效率的新的核心能力。

6.3　本章小结

区域的经济发展取决于人力资本的增加和技术创新。本章认为生产性服务业在城市和区域中的发展，集聚与创新是其发展中不可或缺的外部空间整合与内部组织驱动两种动力机制，并且两种机制相互作用，产生向上的循环累积发展动力。

一方面，生产性服务业的创新主要是依靠企业间知识网络而形成一种区域系统内部企业之间的合作创新，具有创新过程的非线性、竞争与合作并存、互惠共生性和信息和资源共享性的特点。这种合作创新是产业集聚和区域发展的一种内生增长源泉，也是提升区域和企业竞争力的动力所在；通过构建基于合作博弈的生产性服务业创新模型，说明合作创新有利于降低单个企业创新的成本，提高产业集聚的整体创新产出水平，进而形成集聚区域的竞争优势。

另一方面，生产性服务业的集聚为集聚企业和其所在的集群区域、甚至整个城市和城市群（都市圈）创造了一种具有根植性的相互学习的社会文化环境（气氛），这种环境正是企业创新成长中最需要的"空气养分"，创新便在这种相互学习的环境中滋生成长。因此，集聚增强了企业之间的联系、信任、合作，尤其是在生产性服务企业间更加需要通过这种产业集聚和知识结网而增强企业的灵活性和稳定性，而且也可以推动企业的合作创新、集体学习式创新。通过构建内生学习的边干边学博弈模型，说明集聚企业的学习是一个"干中学"的过程，学习体现在区域知识存量的不断积累上；而区域知识存量的积累水平决定着创新的能力和创新的应用，学习是创新的基石，创新是学习的升华，创新是一种更高层次的知识积累。因此，生产性服务业的集聚要持续发挥对本地区域经济的促进作用就必须保持集聚区域的创新能力，而创新能力的培育主要依靠内生学习和干中学创新环境的塑造。

第7章

中国生产性服务业空间集聚的
实证检验

生产性服务业空间集聚的实证检验主要是利用一定的数据对不同空间尺度下的区域进行实证比较，也即检验生产性服务业是否存在空间集聚，不同行业内部集聚的态势是否一致，生产性服务业的主要集聚区域及行业内部差异等。国外已有相当多的实证研究成果，比如贝叶斯（Beyers，1993）发现1985年美国90%的生产性服务业集中在大都市区，占总就业的83%[1]；吉莱斯皮盖尔（Gillespie，1987）[2]对英国和科菲（Coffey，1990）[3]对加拿大进行的研究同样表明，生产性服务业高度集中在大都市区。伊列雷斯（Illeris，1995）[4]对北欧各国主要城市区位熵的实证研究表明，1991年70%以上的生产性服务业集中在各国首都和一些经济较为发达的大都市区（区位商大于1）。我国由于受到服务业发展水平和数据获取的限制，对生产性服务业区域集聚的实证研究尚不多见，但目前对服务业已有的实证检验也证明了这种空间集聚的存在。本章主要对我国各省市和天津市各区县生产性服务业的空间集聚做一实证研究。

7.1 中国生产性服务业的发展

伴随着中国改革开放和城市化进程的推进，尤其是中国加入世界贸易

① Beyers, W. B. , Producer services [J]. Progress in Human Geography, 1993, 17 (2): 221–231.
② Gillespie, A. E. , Green, A. E. , The changing geography of producer services employment in Britain [J]. Regional Studies, 1987, 21 (5): 397–411.
③ Coffey, W. J. , Mcrae, J. J. , Service Industries in Regional Development [M]. Montrea: Institute for Research on Public Policy, 1990.
④ Illeris, S. , Sjoholt, P. , The Nordic countries: High quality services in a low density environment [J]. Progress in Planning, 1995, 43 (3): 205–221.

组织之后，服务业经济得到显著提升，并日益成为中国经济发展的重要力量。中国生产性服务业在这种大背景下，无论是产值还是就业方面，相比较于其他行业，都出现了较快增长。

7.1.1　中国服务业的发展

改革开放使中国经济实现了长期高速增长和中国经济总体实力的显著提升，越来越成为全世界关注的焦点。除了"中国制造"引领中国经济的成长之外，服务业的快速发展也成为一支不可忽视的"中国力量"。服务业在快速发展的过程中，表现出了中国经济总体惯常呈现的区域发展差别，而这种差别多半来自服务业在不同地区的发展水平、产业结构和空间集聚的差异。

7.1.1.1　中国的服务业发展与经济增长

中国改革开放 30 多年来，经济保持长期高速增长，1978～2011 年，中国的 GDP 保持了年均近 10% 的增速，这一成绩无人能及。尽管 80 年代初以农业改革为先导的农业增长对经济发展做出了重要贡献，但是后来由内需和外需拉动的工业持续呈两位数增长，成为经济增长的主要动力。工业快速发展，技术推陈出新，精密工业产品出口不断扩大，这些因素在很大程度上造就了迄今为止中国工业的突出表现（Holz，2008[①]；Schott，2006[②]）。近年来，随着工业化和城市化进程的加快以及中国加入世界贸易组织，服务业发展进程加快，占 GDP 的比重基本与工业相当。如图 7.1 所示，服务业在国民经济中的比重一直保持着增长的态势，在 1985 年首次成功实现了对农业的赶超，又在 2001 年以后开始试图超越工业，在经历了几年的与工业几乎并驾齐驱的增长之后，终于从 2007 年至今在国民经济中所占比重持续超过了工业，服务业对总体经济的贡献率持续上升，说明中国经济开始迎来了一个新的发展时期，正在朝着服务经济为主的社会迈进。

---

① Holz, Carsten A., China's Economic Growth 1978 - 2025: What We Know Today About China's Economic Growth Tomorrow [J]. World Development, 2008, 36 (10): 1665 - 1691.

② Schott, Peter K., The Relative Sophistication of Chinese Exports. NBER Working Paper 12173. National Bureau of Economic Research: Cambridge, MA, 2006.

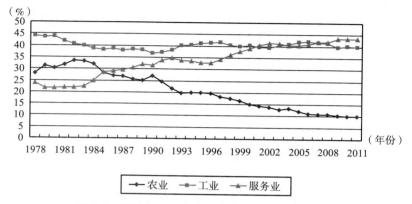

图 7.1　1979～2011 年中国三大产业的 GDP 构成

资料来源：根据《中国统计年鉴（2012）》计算得出。

　　服务业对经济增长的贡献率也一直保持上升势头，尽管在 90 年代一直都低于工业贡献率，但是从进入 21 世纪开始，中国在加入世界贸易组织之后，服务业的改革和开放的进程开始加快，零售、分销、物流、银行、保险等许多服务行业都逐渐地放松管制，允许国外企业合资、独资经营。同时随着中国经济的快速增长，居民收入水平不断上升，消费能力不断提高，服务业成为提升和改善人民生活水平的重要支撑产业。从图 7.2 可以看出，服务业贡献率从 1990 年的 17.3% 开始不断提升，在 2001 年首次超过工业，2006 年中国服务业全面开放，以后的几年里，除了 2010 年，服务业贡献率几乎都超过了工业，2011 年达到 43.7%。

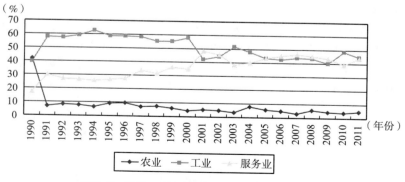

图 7.2　1990～2011 年中国三大产业的贡献率

资料来源：根据《中国统计年鉴（2012）》计算得出。

尽管中国服务业的发展速度很快，但是与其他国家相比，服务业占经济总量的比重还是偏低。这与程大中（2003）对中国服务业增长的研究结论相一致，程大中认为中国服务业存在增加值比重低、就业比重偏低和人均增加值比重偏低等"三低"现象。从前面第 2 章中的表 2.3 可以看出，中国服务业占 GDP 比重不仅远远低于 OECD 主要发达国家的平均水平，发达国家服务业平均比重近些年来都在 70% 左右，而且低于巴西、印度和俄罗斯等发展中国家。2008 年巴西、俄罗斯和印度的服务业比重分别达到了 66.7%、59% 和 53%，远远高于中国的 40.1%，中国的服务业发展相对滞后。这与我国的城市化率偏低紧密相关，城市是发展服务业、吸纳服务业就业的主要区域。截止到 2011 年，中国城镇人口将近 7 亿人，达到 6.9 亿人，城镇人口比重由 1995 年的 29.04% 提高至 2011 年的 51.27%，远远超过 1980～1994 年的升幅，但是中国的城市化率与同等经济发展程度的国家相比还是偏低。

7.1.1.2　中国服务业的区域集聚

由于中国幅员辽阔，各地区发展不平衡，服务业的发展也表现出向东部沿海特殊区域和主要城市集聚的态势。从图 7.3 可以看出，中国服务业在东部、中部和西部地区①发展很不平衡，改革开放初期，服务业发展主要集中于东部地区，1987 年东部地区服务业增加值占全国的 53.83%，中部和西部地区分别占 27% 和 19.17%。随着中国实施沿海开发开放战略，中国东部地区率先崛起，经济总量和城市化水平不断提升，到 2008 年东部地区的城市化水平平均达到了 59.3%，而同期中部和西部地区城市化率分别为平均 45.62% 和 37.18%。城市化水平的提升带动了服务业的发展，到 2011 年，东部服务业增加值服务业占全国的比重提高到 61.8%，中部和西部地区比重分别下降到 20.87% 和 17.33%。服务业向东部沿海城市和区域集聚的态势非常明显。

即使是在服务业发展相对较快的东部地区，服务业的集聚和发展水平也是不同的，服务业主要集中在珠江三角洲、长江三角洲和一些典型的中心城市。伴随着城市化进程，珠江三角洲②幅员 54733 平方公里，2011 年

---

①　这里东部地区包括三大直辖市、辽宁、山东、江苏、浙江、福建、广东、海南；中部地区包括山西、河南、安徽、湖北、湖南、江西、黑龙江、吉林；西部地区包括陕西、宁夏、内蒙古、甘肃、青海、新疆、四川、广西、云南、贵州、西藏。
②　珠江三角洲包括 13 个市、县（区）：广州、深圳、珠海、佛山、江门、东莞、中山、惠州市区、惠东县、博罗县、肇庆市区、高要市、四会市。

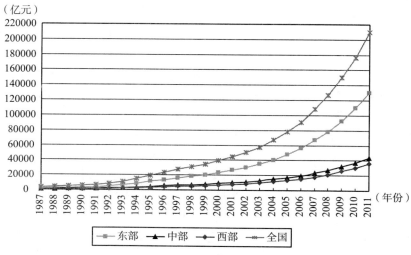

图7.3　东、中、西部地区服务业发展（1987～2011年）
资料来源：根据《中国统计年鉴》各年份计算得出。

末常住人口达到 5647 万人，地区生产总值达到 43720.86 亿元，服务业比重达 49.96%。而该地区 79.7% 的 GDP 来自于 4 个城市：广州、深圳、佛山和东莞，四个城市 GDP 总和为 34874.59 亿元，服务业比重高达 52.67%，其中广州和深圳的服务业增加值占 GDP 的比重分别高达 61.5% 和 53.5%。长江三角洲面积 21.1 万平方公里，2011 年末常住人口 15618.5 万人，地区生产总值达到 86313.8 亿元，服务业比重达到 45.2%。而该地区 73.7% 的 GDP 来自于八个城市：上海、南京、苏州、无锡、常州、南通、杭州、宁波，八个城市 GDP 总和为 63677.86 亿元，服务业比重达 48.64%，其中上海和南京服务业增加值比重分别为 58% 和 52.4%。

　　另外，服务业还呈现出向一些典型的城市（主要是省会和经济发展较快的中心城市）的集聚发展的态势。表 7.1 显示了典型城市 2003 年、2008 年和 2011 年服务业增加值和就业比重的变化。

表7.1　　　　　　　　　　典型城市服务业的发展　　　　　　　　　　单位：%

城市	服务业增加值比重				服务业从业人员比重		
	2003 年	2008 年	2011 年	变化	2003 年	2008 年	变化
北京	62.2	73.2	76.1	上升	55.4	72.4	上升
天津	45.5	37.9	46.2	降转升	40.8	46.2	上升

续表

城市	服务业增加值比重				服务业从业人员比重		
	2003 年	2008 年	2011 年	变化	2003 年	2008 年	变化
重庆	41.4	41	36.2	下降	31.3	34	上升
成都	45.9	46.5	50.1	上升	35.9	42.7	上升
广州	53.9	59	61.5	上升	43.2	48.6	上升
深圳	40	51	53.5	上升	42	45.8	上升
上海	51	53.7	58	上升	48.9	55	上升
南京	47.9	50	52.4	上升	44.1	47.7	上升
武汉	49.7	50.2	48.9	升转降	43.6	48.3	上升
西安	47.2	50.2	52.2	上升	37.3	42.4	上升
沈阳	47.2	45.1	44.1	下降	52.6	45.9	下降

资料来源：根据《区域统计年鉴（2012）》计算得出。

其中最突出的是作为首都的北京服务业发展最快，2011 年，服务业占 GDP 比重高达 76.1%，2008 年服务业从业人员就业比重也达到了 72.4%，远远超过全国其他中心城市和地区。再有像武汉、西安、成都和重庆等中西部地区的中心城市服务业增加值和就业比重也都超过了全国平均水平。

7.1.2　中国生产性服务业的发展

7.1.2.1　中国生产性服务业产值增长与结构变化

随着中国城市化进程的不断推进和制造业以及服务业的不断发展，生产性服务业也出现了较快发展。根据最新的统计年鉴，如果按照较宽泛的统计口径对生产性服务业进行简单计算的话，将交通运输仓储和邮政业、金融业和房地产业的增加值计入生产性服务业①，那么生产性服务业的总量大幅度增加。如图 7.4 所示，生产性服务业从 1978 年的 330 亿元增加

---

① 这里由于改革开放以来对服务业统计口径发生了多次变化，服务业细分行业的统计可以查到 1990 年以后的数据，但是 2004 年以后国民经济核算统计体系又发生了变化，导致行业细分与 1990~2003 年有所不同，因此这里不具有数据连续可比性。因此这里选用统计年鉴第三产业增加值中对第三产业进行六个大类的划分，包括交通运输仓储和邮政业、批发和零售业、住宿和餐饮业、金融业、房地产业和其他行业，将交通运输仓储和邮政业、金融业、房地产业计入生产性服务业，这种核算方法结果并不准确，丢失了生产性服务业中的信息传输软件业、租赁和商务服务及科学研究技术服务等，但是包含了比重较大的主要生产性服务业，保持了数据的连续有效性。

到 2011 年的 73598.2 亿元，增长了 222 倍，交通运输仓储和邮政业从 182 亿元增加到 21931.9 亿元，增长了 120 倍，金融业从 68.2 亿元增加到 24958.3 亿元，增长了 365 倍，房地产业从 79.9 亿元增加到 26708 亿元，增长了 333 倍。

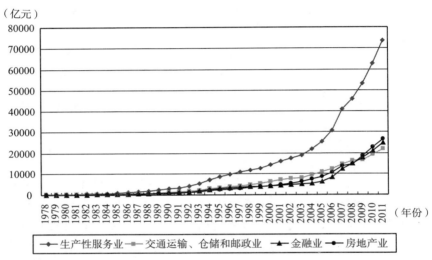

图 7.4　生产性服务业及其主要行业增加值变化（1978～2011 年）
资料来源：根据《中国统计年鉴（2012）》计算得出。

　　但是从图 7.5 可以看出，生产性服务业及其主要行业占服务业比重这些年来变化并不是十分明显，在 20 世纪 90 年代之前有过三次小的起伏，从 90 年代开始到 2004 年前后降至低点，近些年开始缓慢抬升，总体上比重都在 40% 上下浮动，这说明生产性服务业的发展是伴随着中国经济总体增长而稳定增长的。而且从主要行业来看，交通运输仓储和邮政业占服务业比重从长期看呈下降态势，金融业比重有所起伏，近五年来呈缓慢上升态势，房地产业比重相对较为平稳，没有大幅度波动。

　　这里按照最新的国民经济核算体系对行业细分的标准，较为准确地计算近年来生产性服务业及其细分行业占服务业增加值的比重。从表 7.2 可以看出，2004～2010 年期间，生产性服务业比重出现小幅缓慢增长，这种增长主要来自金融业、租赁和商务服务业和科学研究、技术服务和地质勘查业，相比较来说，交通运输仓储和邮政业以及信息传输、计算机服务和软件业占服务业比重缓慢下降。

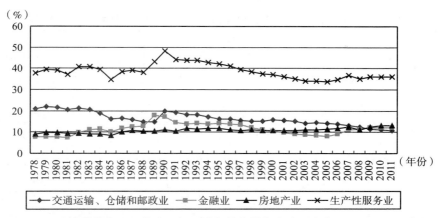

图 7.5　生产性服务业及其主要行业增加值占服务业比重变化（1978～2011 年）

资料来源：根据《中国统计年鉴（2012）》计算得出。

表 7.2　　　　中国生产性服务业及其细分行业占服务业增加值比重

（2004～2010 年）　　　　　　　　　　单位：%

行业	2004 年	2005 年	2006 年	2007 年	2008 年	2009 年	2010 年
生产性服务业	47.23	47.34	48.34	49.92	48.29	48.79	49.08
交通运输、仓储和邮政业	14.41	14.24	13.76	13.11	12.46	11.3	11.02
信息传输、计算机服务和软件业	6.56	6.55	6.42	6.02	5.98	5.51	5.12
金融业	8.35	8.12	9.15	11.08	11.32	12	12.09
房地产业	11.11	11.37	11.71	12.4	11.22	12.6	13.12
租赁和商务服务业	4.07	4.18	4.28	4.22	4.27	4.18	4.48
科学研究、技术服务和地质勘查业	2.73	2.89	3.03	3.09	3.04	3.19	3.25

资料来源：根据《中国统计年鉴》各年度分别计算整理。

　　从与国外的横向比较来看，中国的生产性服务业发展还相对滞后。表 7.3 按照联合国统计数据库对产业的分类，统计计算了世界一些主要的发达国家和发展中国家的生产性服务业增加值占 GDP 比重。中国的生产性服务业比重不仅低于发达国家平均 35%～40% 的水平，而且低于发展中国家（以巴西、俄罗斯、南非、印度为代表）20%～25% 的水平。

表7.3 世界主要国家生产性服务业增加值占 GDP 比重　　　单位：%

国家	2000 年	2005 年	2007 年	2008 年	2009 年
法国	36.74	38.59	39.61	39.77	40.31
德国	32.95	35.14	34.95	35.14	—
美国	37.54	37.77	38.21	—	—
英国	35.93	39.38	—	—	—
澳大利亚	38.18	37.78	39.62	39.57	—
日本	24.47	25.62	25.06	—	—
韩国	26.36	27.28	27.34	27.35	—
巴西	25.74	25.05	24.80	—	—
俄罗斯	19.91	23.89	24.91	24.66	27.13
南非	28.27	31.07	31.84	30.97	31.19
印度	21.00	22.83	23.35	24.05	—
中国	—	15.35	17.07	—	—

注：表中生产性服务业包含运输、仓储和通讯；金融中介；房地产租赁及商务活动。中国指中国内地。

资料来源：根据联合国数据库和《国际统计年鉴（2012）》计算整理。

7.1.2.2　中国生产性服务业就业增长与结构变化

本节选取了近些年来（2003～2011 年）中国生产性服务业就业的统计指标数据，按照第 1 章导论部分对生产性服务业的分类，依据《中国统计年鉴》各年度的统计数据进行计算整理，对中国生产性服务业及其内部细分行业的就业变动进行统计分析。之所以选择 2003～2011 年作为研究期间，主要是基于数据的可得性、完整性和一致性。

从图 7.6 可以看出，生产性服务业就业近些年来稳步增长，从 2003 年的 1632.26 万人，增长到 2011 年的 2214.5 万人，增加了 582.2 万人，这部分的就业增长主要来自金融业、房地产业、租赁和商务服务业，其中金融业就业增加了 152 万人，从 2003 年的 353.3 万人增加到 2011 年的 505.3 万人；房地产业就业增加了 128.4 万人，从 120.2 万人增加到 248.6 万人；租赁和商务服务业就业增加了 103.1 万人，从 183.5 万人增加到 286.6 万人，此外，信息传输、计算机服务和软件业以及科学研究、技术服务和地质勘查业在此期间也各自增加了 95.9 万人和 76.5 万人，只有传统的交通运输、仓储和邮政业就业基本维持在 630 万人左右，2011 年比 2010 年增加了 31.7 万人，达到了 662.8 万人。

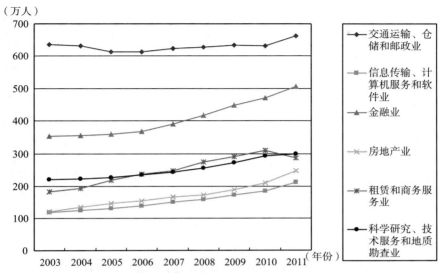

图 7.6   生产性服务业及其细分行业城镇就业人数 （2003 ~ 2011 年）

资料来源：根据《中国统计年鉴（2012）》计算得出。

从生产性服务业与其他主要行业的横向比较来看，在 2003 ~ 2011 年期间，农业就业比重持续下降，从 2003 年的 4.42% 下降到 2011 年的 2.49%。制造业就业比重始终维持在 27% ~ 29% 之间，服务业就业比重基本维持稳定，保持在 50% ~ 53% 之间。而相比之下，生产性服务业比重是稳步增长，从 2003 年占全部就业比重的 14.88% 增加到 2010 年的 16.1%，只是 2011 年略有下降，达到 15.37%。虽然从 2003 ~ 2010 年生产性服务业就业看似仅有 1.3 个百分点的增加，但是由于中国就业总数庞大，这 1.3 个百分点就相当于增加了近 600 万人的就业，而且相比于农业、制造业和服务业总体都实现了较为明显的正增长（见表 7.4）。

表 7.4　　　　中国生产性服务业及其他主要行业就业比重变化

（2003 ~ 2011 年）　　　　　　　　　　　　　　单位：%

行业	2003 年	2004 年	2005 年	2006 年	2007 年	2008 年	2009 年	2010 年	2011 年
农业	4.42	4.20	3.91	3.72	3.55	3.36	2.97	2.88	2.49
制造业	27.17	27.49	28.16	28.61	28.82	28.17	27.77	27.87	28.36
服务业	53.65	53.52	52.71	52.12	51.92	52.73	53.04	52.86	50.61
生产性服务业	14.88	14.97	14.87	14.89	15.14	15.65	16.00	16.10	15.37

续表

行业	2003 年	2004 年	2005 年	2006 年	2007 年	2008 年	2009 年	2010 年	2011 年
交通运输、仓储和邮政业	5.80	5.69	5.38	5.23	5.18	5.14	5.05	4.84	4.60
信息传输、计算机服务和软件业	1.06	1.11	1.14	1.18	1.25	1.31	1.38	1.42	1.48
金融业	3.22	3.21	3.15	3.14	3.24	3.42	3.57	3.60	3.51
房地产业	1.10	1.20	1.28	1.31	1.38	1.42	1.52	1.62	1.72
租赁和商务服务业	1.67	1.75	1.92	2.02	2.06	2.25	2.31	2.38	1.99
科学研究、技术服务和地质勘查业	2.02	2.00	2.00	2.01	2.02	2.11	2.17	2.24	2.07

资料来源：根据《中国统计年鉴（2012）》计算得出。

7.2　中国生产性服务业的空间集聚

本节将根据第一次和第二次中国经济普查所得的 31 个省、市、自治区各行业就业的基本数据，运用产业空间集聚的常用测度指标，包括区位熵、区域基尼系数和洛伦茨曲线以及图形分析，对中国 2004 年和 2008 年生产性服务业总体及其细分子行业进行较为全面和详细的比较分析研究，以发现中国生产性服务业近些年的空间分布与集聚特征。

7.2.1　生产性服务业总体的空间分布与区位特征

7.2.1.1　基于区位熵分析的生产性服务业空间分布特征

区位熵系数又称为地区专业化指数，由哈盖特（P. Haggett）首先提出并运用于区位分析中。它是用来判别产业集聚存在的可能性，能够测度一个地区生产结构中某个行业与全国水平相比所具有的相对优势。

$$LQ_{ik} = \frac{E_i^k \Big/ \sum\limits_k E_i^k}{\sum\limits_i E_i^k \Big/ \sum\limits_i \sum\limits_k E_i^k} \qquad (7.1)$$

其中 i、j 和 k 分别为地区 i、地区 j 和行业 k，E_i^k 为地区 i 行业 k 的从业人员数或工业总产值。该指标实际是指地区 i 行业 k 的从业人员数（或

工业总产值）占地区 i 的从业人员数（或产业业总产值）的比重除以全国
行业 k 的从业人员数（或工业总产值）占全国的从业人员数（或产业总产
值）的比重。一般来说，如果行业的区位熵大于 1.5，则认为该产业在当
地具有明显的比较优势，相对集聚程度最高。

　　按照上述计算公式，计算 2004 年和 2008 年中国生产性服务业就业区
位熵，可以得出表 7.5 的结果。其中，北京生产性服务业相对集聚程度最
高，生产性服务业区位熵超过了 2，远远高于其他省市，并且 2004 ~ 2008
年区位熵仍旧在高位快速提升，2008 年生产性服务业区位熵达到了 2.64。
上海的生产性服务业区位熵也很高，两年都超过了 1.5，说明具有较强的
比较优势和相对集聚程度。天津的生产性服务业区位熵在 2004 年时排在
第五位，到了 2008 年生产性服务业区位熵提高到了第三位，生产性服务
业的相对集聚程度有所提高，但增长不快。重庆的生产性服务业区位熵在
2004 年时排在第七位，到了 2008 年下降到了第八位，发展相对滞后。另
外，广东、辽宁、青海、吉林的生产性服务业区位熵在 2004 年和 2008 年
也都超过了 1。

表 7.5　中国生产性服务业分省市区位熵（2004 年和 2008 年）

地区	2004 年	2008 年	地区	2004 年	2008 年
北京	2.19	2.64	河北	0.84	0.89
上海	1.73	1.82	甘肃	0.96	0.88
天津	1.14	1.21	江西	0.92	0.87
青海	1.30	1.14	黑龙江	0.86	0.85
辽宁	1.09	1.12	西藏	0.82	0.85
广东	1.06	1.06	云南	0.92	0.85
重庆	1.06	1.05	安徽	0.86	0.85
海南	0.97	1.03	贵州	0.82	0.83
吉林	1.16	1.02	浙江	0.97	0.83
广西	0.99	1.01	江苏	0.94	0.82
内蒙古	0.98	0.97	四川	0.85	0.81
宁夏	0.94	0.97	新疆	0.84	0.80
陕西	1.01	0.95	河南	0.81	0.77
湖北	0.90	0.95	福建	0.72	0.75
山西	0.88	0.92	山东	0.69	0.67
湖南	1.00	0.90			

资料来源：根据《中国经济普查年鉴（2004）》和《中国经济普查年鉴（2008）》计算得出。

从四大直辖市的生产性服务业区位熵来看，基本符合前面理论研究得出的结论，城市化的发展和城市产业结构的升级带动着生产性服务业的较快发展，2008 年北京、上海、天津、重庆的城市化率分别为 84.9%、88.6%、77.23% 和 49.99%，北京、上海、天津、重庆的制造业区位熵分别为 0.6、1.35、1.29 和 0.82。北京的生产性服务业集聚发展更多的是依靠首都城市地位和面向世界城市走高端城市产业结构的发展战略以及强大的政策资金等支持，而集聚了大量的国内外金融、房地产和法律会计咨询广告等商务服务企业以及制造企业总部，为城市产业升级和生产性服务业发展提供了坚实的微观基础。上海和天津的生产性服务业集聚水平与城市化水平和制造业相对集聚程度基本吻合，都是在制造业集聚发展的基础上衍生出了大量的生产性服务业需求，同时在城市化不断提高的基础上，带动了生产性服务业的发展和集聚水平的提高。

从全国各省区市生产性服务业就业反映的区位熵看，首先，非常显著的特点就是中国的生产性服务业的相对集聚程度与所在地区的总体经济发展程度并不完全一致。从东、中、西三大区域板块反映的结果来看，中部地区的生产性服务业区位熵要高于西部和东部地区。其中的主要原因很可能在于中部地区虽然总体经济发展水平不高，但是相对于东部沿海地区快速经济发展中制造业先行的比较优势和西部地区总体经济的落后而言，中部地区对生产性服务业投入和就业的比重相比全国平均水平可能会高一些。这恰恰从另一方面反映出中国生产性服务业地区发展的不均衡性和相对集中性。

按照区域理论研究结论，经济发展程度越高的地区，生产性服务业集聚程度也越高。但是中国分省域的区位熵计算结果中，却有几个省的生产性服务业区位熵的数据很值得深思。像山东、江苏、福建和浙江等省区生产性服务业区位熵的数据普遍很低，似乎与经济发展程度并不相符。其中，山东、浙江和江苏的生产性服务业区位熵 2008 年分别只有 0.67、0.83 和 0.82，山东的生产性服务业区位熵最低，排到了最后一位，其他也都是倒数之列，而且与 2004 年相比都有不同程度的下降。这与山东、浙江和江苏作为制造业大省和经济发展较快的地区的地位很不相当。按照已有的生产性服务业研究成果，生产性服务业是伴随着制造业的发展并有相当多的服务行业是从制造业中分离外包出来的，制造业的发展必然引致出更多数量更高层次的生产性服务业的需求。但是山东、浙江和江苏的情况为什么与之相悖，本书认为一方面可能是因为这些省区虽然制造业比较发达，但是多数是国有企业或以原有的大型国有企业改制而成的民营企业或是以小型民间作坊式的中小制造企业，企业所需服务以自我服务和少量外包为主，因此对生产性服务业的需求数量不足，层次不高，所以生产性服务企业的发展和就业水平相对滞后；另一方面，其实山东、浙江和江苏的生产性服务业就业总量并不低，2008 年分别达到了 94.4 万人、95.8 万人和 90.7 万人，仅次于北京（235.5 万人）、广东（167.1 万人）和上海（107.4 万人），就业总量排名都很靠前。但是由于区位熵指标测算的是某行业在某地区的发展比全国的平均水平相比较的结果，因此从就业指标计算结果来看，生产性服务业在山东、浙江和江苏相比于全国并不具有比较优势，而相反，2008 年制造业在山东、浙江和江苏的就业区位熵分别为 1.34、1.53 和 1.54，排在前列。所以说，制造业在这些地区相对集聚，具有比较优势，而生产性服务业相对于制造业而言，对全国的比较优势并不显著。再有由于山东省内地区发展相对不均衡，如果按照全省就业总数计算的话，可能不能很准确地评估山东、江苏和浙江等省内主要城市的生产性服务业发展和集聚状况，毕竟生产性服务业更多的是集中在城市中。

7.2.1.2　基于洛伦茨曲线和区域基尼系数的生产性服务业空间分布特征

洛伦茨曲线和基尼系数最早是在研究居民收入分配时发现的衡量方法和指标，用以揭示收入和财富分配的不平等程度，现在被广泛用于研究收入分配、地区差异、产业集聚等领域。利用区域洛伦茨曲线可以推导出区域基尼系数的计算公式。区域基尼系数是区域洛伦茨曲线和对角线之间围成的面积与对角线以下的三角形面积之比。当产业的区域洛伦茨曲线向下弯曲程度越强，区域基尼系数越大，产业的区域集聚程度越高，极端情形是基尼系数为 1，某行业全部集聚在一个地区，一般区域基尼系数在 0～1之间。

区域基尼系数是衡量产业空间分布集中状况的指标。计算公式如下：

$$G_k = \frac{2}{n}\sum_{i=1}^{n} iv_i^k - \frac{n+1}{n}, \text{这里} v_i^k = \frac{E_i^k}{\sum_{i=1}^{n} E_i^k}, v_1^k < v_2^k < \cdots < v_n^k \quad (7.2)$$

式中 n 为地区总数，i，k 分别表示地区 i 和行业 k，E_i^k 为 i 地区 k 行业的从业人员数，v_i^k 是按第 i 地区第 k 行业的就业人数占全国该行业总就业人数的份额，并按照从低到高的顺序排列。区域基尼系数的值在 0 和 1

之间变动，越接近于 1 表明产业集聚程度越强。

基布尔等（Keeble et al.，1986）曾经将洛伦茨曲线和区域基尼系数用于测量行业的地区间分布的均衡程度。梁琦（2003）首次用区域基尼系数研究了中国工业的区域集聚程度。范建勇（2008）和冯薇（2008）也在研究中国制造业地区集聚时使用了这一指标。

表 7.6 列出了 2004 年和 2008 年各省市区生产性服务业就业占全国的比重。

表 7.6 中国生产性服务业分省市就业占全国该
行业就业的比重（2004 年和 2008 年） 单位：%

地区	2004 年	2008 年	地区	2004 年	2008 年
西藏	0.13	0.14	吉林	2.99	2.20
青海	0.50	0.44	陕西	3.00	2.69
宁夏	0.51	0.46	湖南	3.55	3.36
海南	0.65	0.65	河北	3.76	3.65
贵州	1.50	1.44	四川	3.82	3.68
甘肃	1.68	1.39	黑龙江	3.92	3.33
新疆	1.84	1.62	浙江	4.00	5.02
天津	1.99	1.99	湖北	4.14	3.67
云南	2.05	2.11	辽宁	4.94	4.67
重庆	2.05	2.08	山东	4.95	4.95
内蒙古	2.14	1.95	河南	5.09	4.51
江西	2.26	2.07	江苏	5.15	4.75
福建	2.44	2.80	上海	5.16	5.63
广西	2.45	2.42	广东	7.93	8.75
安徽	2.63	2.38	北京	9.91	12.34
西藏	0.13	0.14			

资料来源：根据《中国经济普查年鉴（2004）》和《中国经济普查年鉴（2008）》计算得出。

其中，北京、广东、上海的生产性服务业就业占全国该行业就业比重始终保持在前三位，而且北京占全国的比重从 2004 年的 9.91% 提高到 12.34%，广东、浙江的增长幅度也较大，分别从 7.93% 和 4% 增加到 8.75% 和 5.02%。而西藏、青海、宁夏、贵州和甘肃等西部省份比重最低，而且大多数比重 2008 年还比 2004 年下降了一些。

根据表 7.6 计算结果，按照公式 7.2 计算 2004 年和 2008 年生产性服务业的区域基尼系数，并绘制出图 7.7 和图 7.8 两张洛伦茨曲线。横轴代表从小到大排列的各省区数累计百分比，纵轴代表各省区生产性服务业就业比重从小到大排列后各自的累计百分比。每张图中有 31 个散点分别表示各省区数和就业比重从小到大排序后的对应点。

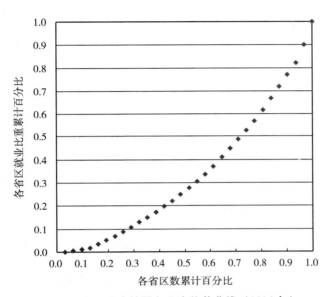

图 7.7 中国生产性服务业洛伦茨曲线（2004 年）
资料来源：本研究计算测绘得出。

以就业比重作为计算基础，生产性服务业区域基尼系数 2004 年和 2008 年分别为 0.3397 和 0.3729，可见，从总体上看，中国的生产性服务业的区域分布还相对分散，从全国来看集聚程度还不是很高，但是从 2004 年到 2008 年的变化来看，2008 年生产性服务业的区域基尼系数要比 2004 年提高了，说明生产性服务业的空间集聚水平有所提高。然而，相比于制造业区域基尼系数分别为 0.4110 和 0.4705，生产性服务业的空间分布和集聚程度还是要低于制造业水平。

7.2.2 生产性服务业细分行业的空间分布与区位特征

这里主要研究一下生产性服务业主要细分行业的空间分布，包括交通运输、仓储和邮政业、信息传输、计算机服务和软件业、金融业、房地产业、租赁和商务服务业和科学研究、技术服务和地质勘查业，仍然运用区位熵、区域基尼系数和洛伦茨曲线，对中国 2004 年和 2008 年生产性服务业各细分行业进行研究。

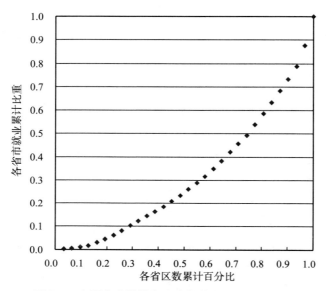

图 7.8　中国生产性服务业洛伦茨曲线（2008 年）

资料来源：本研究计算测绘得出。

7.2.2.1　基于区位熵分析的生产性服务业细分行业空间分布特征

按照区位熵计算公式，分别对 2004 年和 2008 年交通运输仓储和邮政业、信息传输、计算机服务和软件业、金融业、房地产业、租赁和商务服务业和科学研究、技术服务和地质勘查业的分省市区位熵进行测算，结果反映在表 7.7 和表 7.8 中。

表 7.7　　中国生产性服务业各细分行业分省市区位熵（2004 年）

地区	交通运输、仓储和邮政业	信息传输、计算机服务和软件业	金融业	房地产业	租赁和商务服务业	科学研究、技术服务和地质勘查业
安徽	0.88	0.77	1.08	0.76	0.61	0.75
北京	1.26	3.22	0.96	3.78	4.84	2.94
重庆	1.20	0.95	1.02	1.12	0.39	1.37

续表

地区	交通运输、仓储和邮政业	信息传输、计算机服务和软件业	金融业	房地产业	租赁和商务服务业	科学研究、技术服务和地质勘查业
福建	0.70	0.86	0.79	0.96	0.63	0.50
甘肃	1.12	0.99	0.91	0.43	0.56	1.26
广东	0.95	1.36	1.09	1.75	1.15	0.64
广西	1.07	1.09	0.88	0.73	1.15	0.86
贵州	0.77	0.96	0.76	1.23	0.79	0.78
海南	0.98	0.85	0.78	1.57	0.93	0.98
河北	0.91	0.85	1.12	0.49	0.46	0.76
黑龙江	1.08	0.77	0.70	0.73	0.55	0.89
河南	0.84	0.66	0.95	0.55	0.76	0.80
湖北	1.04	0.66	0.79	0.82	0.83	0.95
湖南	1.06	0.97	1.16	0.82	0.89	0.80
江苏	0.96	0.89	1.18	0.87	0.77	0.73
江西	1.07	0.90	1.03	0.74	0.35	0.97
吉林	1.51	0.87	1.02	0.85	0.78	1.10
辽宁	1.16	0.91	1.13	1.05	1.10	0.94
内蒙古	1.20	1.00	0.98	0.56	0.67	0.84
宁夏	0.93	0.89	1.17	0.88	0.61	0.97
青海	1.43	1.54	1.05	0.25	0.70	2.35
山东	0.68	0.63	0.99	0.56	0.59	0.47
上海	1.82	1.07	1.27	2.13	2.44	1.70
陕西	1.07	0.78	0.92	0.48	0.54	1.80
山西	1.05	0.87	0.99	0.31	0.64	0.78
四川	0.77	0.92	1.01	0.70	0.39	1.25
天津	1.21	0.88	0.82	1.11	1.49	1.34
新疆	0.83	0.62	0.86	0.80	0.85	0.94
西藏	0.68	1.38	1.11	0.00	0.20	1.50
云南	0.93	1.18	0.91	0.62	0.58	1.25
浙江	0.75	0.97	1.28	1.01	1.37	0.76

资料来源：根据《中国经济普查年鉴（2004）》计算得出。

表 7.8 中国生产性服务业各细分行业分省市区位熵（2008 年）

地区	交通运输、仓储和邮政业	信息传输、计算机服务和软件业	金融业	房地产业	租赁和商务服务业	科学研究、技术服务和地质勘查业
安徽	0.84	0.78	1.11	0.68	0.67	0.77
北京	1.63	4.48	1.16	3.57	4.89	3.34
重庆	1.11	0.85	1.10	1.34	0.77	1.04
福建	0.67	0.65	0.70	1.11	1.06	0.47
甘肃	1.03	0.60	1.02	0.51	0.44	1.21
广东	0.95	1.23	1.03	1.69	1.18	0.71
广西	1.16	0.86	0.88	0.87	1.06	0.97
贵州	0.83	0.91	0.79	1.07	0.67	0.85
海南	1.06	0.60	0.72	2.02	1.16	0.93
河北	1.00	0.85	1.29	0.45	0.43	0.78
黑龙江	1.06	0.88	0.75	0.65	0.39	1.12
河南	0.80	0.43	0.88	0.68	0.77	0.79
湖北	1.33	0.67	0.88	0.71	0.45	1.02
湖南	0.96	0.87	1.05	1.20	0.56	0.71
江苏	0.88	0.79	1.03	0.60	0.69	0.63
江西	1.10	0.77	0.90	0.51	0.69	0.80
吉林	1.16	1.05	1.04	0.92	0.61	1.14
辽宁	1.29	0.91	1.18	0.90	1.04	0.95
内蒙古	1.26	1.16	1.07	0.43	0.54	0.81
宁夏	0.95	0.80	1.33	0.87	0.62	1.00
青海	1.32	1.30	0.99	0.90	0.47	1.72
山东	0.66	0.49	0.95	0.66	0.56	0.47
上海	1.75	1.13	1.60	2.00	2.15	2.28
陕西	1.11	0.82	0.90	0.61	0.39	1.58
山西	1.14	0.94	1.08	0.28	0.75	0.75
四川	0.82	0.72	0.95	0.65	0.51	1.08
天津	1.21	0.95	0.90	1.09	1.62	1.51
新疆	0.85	0.59	0.75	0.57	0.93	0.88
西藏	0.77	1.51	1.15	0.00	0.22	1.40
云南	0.88	0.96	0.81	0.77	0.73	0.95
浙江	0.58	0.92	1.00	0.89	1.22	0.61

资料来源：根据《中国经济普查年鉴（2008）》计算得出。

首先从交通运输、仓储和邮政业来看，将两年的区位熵绘制成雷达图，见图 7.9。上海的区位熵最高，2004 年和 2008 年分别为 1.82 和 1.75，其次是北京，分别为 1.26 和 1.63。这与这两个城市作为中国经济的两个重要中心，吸引了大量的公司总部，商务往来非常繁密有关，因此以物流服务为主的交通运输仓储和邮政业就业相对于全国平均水平具有较高的比较优势。2008 年年末，上海共有交通运输、仓储和邮政业独立核算的法人单位 9509 个，比 2004 年年末增加 2932 个；从业人员 58.5 万人，比 2004 年年末增加 10.8 万人。北京共有交通运输、仓储和邮政业独立核算的法人单位 6022 个，比 2004 年增加 2133 个，增长 54.8%；从业人员 65.3 万人，比 2004 年增加 22.3 万人，增长 51.9%。

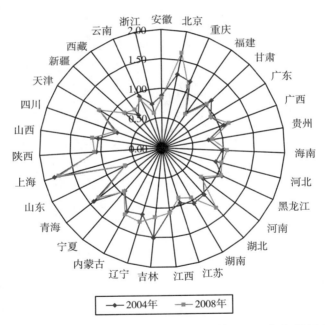

图 7.9　中国交通运输、仓储和邮政业区位熵（2004 年和 2008 年）

资料来源：本研究计算测绘得出。

另外，从整体来看，大多数省市的区位熵 2008 年都比 2004 年有不同程度的增加，除北京增长最多以外，湖北的区位熵增加较多，这与近些年来以武汉为中心的中部城市群的崛起有关，区域经济的发展带动了对交通运输、仓储和邮政业就业的需求。2008 年年末，湖北省共有交通运输、仓储和邮政业企业法人单位 5492 个，比 2004 年年末增加 3157 个；从业人员 47. 63 万人，比 2004 年年末增加 9. 97 万人。当然也有一小部分省市的区位熵在 2008 年有所下降，其中下降最多的是吉林，这与吉林近些年的工业增长缓慢，城市化进程和服务业经济发展相对缓慢都有一定关系。2008 年年末，吉林省共有交通运输、仓储和邮政业企业法人（铁路运输业除外）单位 2901 个，比 2004 年增加了 1917 个；从业人员 17. 1 万人，比 2004 年只增加了 4 万人。

信息传输、计算机服务和软件业的区位熵特点反映在图 7. 10 中。

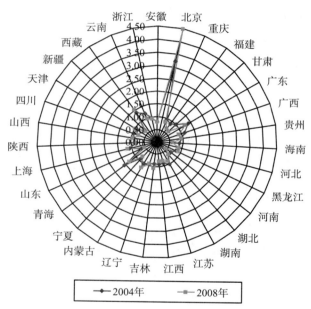

图 7. 10　中国信息传输、计算机服务和软件业区位熵（2004 年和 2008 年）
资料来源：本研究计算测绘得出。

从图 7. 10 来看，北京正在成为中国的信息中心。北京的信息传输、计算机服务和软件业发展遥遥领先于国内其他地区，区位熵极高，2004 年为 3. 22，2008 年更是提高到了 4. 48。2008 年北京信息传输、计算机服务和软件业独立核算的法人单位数 15776 个，比 2004 年增加 4165 个，增长 35. 9%；从业人员 45. 5 万人，比 2004 年增加 17 万人，增长 59. 6%。其中，以该行业主要集聚地中关村科技园区为例，信息传输、计算机服务和软件业共有法人单位 7165 个，期末从业人员 33. 3 万人，企业主营业务收入 2138 亿元，分别占园区第三产业相应指标的 48%、55.6% 和 38.8%。另外，从整体来看，与交通运输、仓储和邮政业不同，2008 年信息传输、计算机服务和软件业大多数省市的区位熵都比 2004 年略有下降，说明信息传输、计算机服务和软件业在中国大多数省市的发展速度较其他行业缓慢，当然这里也有一部分原因在于 2008 年引发的国际金融危机对该行业形成的冲击。

金融业的区位熵特点反映在图 7.11 中。

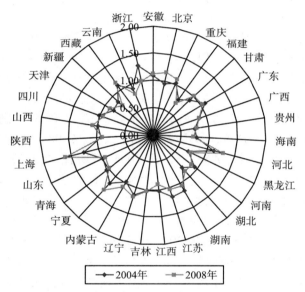

图 7.11　中国金融业区位熵（2004 年和 2008 年）

资料来源：本研究计算测绘得出。

从图 7.11 可以看出，上海正在成为中国的金融中心。上海的金融业发展超过了中国其他地区，2008 年上海金融业区位熵最高，为 1.6，比 2004 年的 1.27 提高了不少。2008 年年末，上海金融业共有法人单位 706 个，比 2004 年增加了 71 个，增长了 11%；从业人员 23.1 万人，比 2004 年增加了 9.6 万人，增长了 71%。其中银行业从业人员增加了 6 万人，增长了 96.3%；证券业从业人员增加了 8975 人，增长了 49.8%；保险业从业人员增加了 2.3 万人，增长了 45.4%。另外，区位熵增幅较大的地区有北京、河北和宁夏。北京的金融业区位熵从 2004 年的 0.96 上升到 2008

年的 1. 16，2008 年金融业的法人单位数 1025 个，比 2004 年的 672 个增长了 52. 5%；从业人员 22. 8 万人，比 2004 年的 15 万人增长了 52. 2%。其中，北京的金融街是北京典型的金融业主要集聚区。2008 年金融街共有法人单位 2075 个，期末从业人员 21. 3 万人，资产总计 206132. 1 亿元，企业主营业务收入 5288. 5 亿元，企业利润总额 1585. 6 亿元。金融街的金融业从业人员为 11. 6 万人，占金融街的 54. 46%；资产总计 193286. 3 亿元，占金融街的 93. 77%；企业主营业务收入达 3799. 5 亿元，占金融街的 71. 84%。2008 年河北金融业企业法人单位从业人员 27. 25 万人，比 2004 年增加了 9. 52 万人，增长了 53. 7%；宁夏金融业企业法人单位从业人员 31954 人，比 2004 年增加了 8258 人，增长了 34. 8%。由此可以看到，尽管宁夏金融业区位熵较高，但是实际从业人员数量并不多，只能说明相对于全国平均的金融业就业比重，宁夏的金融业就业具有比较优势。

从房地产业的区位熵计算结果（见图 7. 12）可以发现，中国的房地产业主要集聚在北京、上海、海南和广东等省市，2008 年分别对应的区位熵为 3. 57、2. 00、2. 02 和 1. 69，都在 1. 5 以上。2008 年北京房地产业独立核算的法人单位数 10955 个，比 2004 年增加了 2173 个，增长了 24. 7%；从业人员 40. 7 万人，比 2004 年增加了 9. 6 万人，增长了 30. 9%。2008 年上海共有房地产法人单位 11850 个，与 2004 年基本持平；从业人员 39. 1 万人，比 2004 年增加 5. 9 万人，增长了 17. 8%。2008 年海南共有房地产企业 2763 个，比 2004 年增加了 1147 个，增长了 70. 98%；从业人员 48416 人，比 2004 年增加 14985 人，增长了 44. 82%，而且从业人员主要集中在海口和三亚两市，占海南房地产从业人员总数的 83. 24%。2008 年广东共有房地产法人单位 28526 个，比 2004 年年末增长 43. 3%；从业人员 78. 21 万人，比 2004 年年末减少 10. 31 万人，下降 15. 2%，主要从业人员集中在广州、深圳、佛山和东莞四个城市，占广东省房地产业从业人员总数的 74. 73%。

从租赁和商务服务业的区位熵计算结果（见图 7. 13）可以发现，中国的租赁和商务服务业主要集聚在北京、上海和天津，2008 年的区位熵分别为 4. 89、2. 15 和 1. 62，而且北京和天津的区位熵都比 2004 年略有提高。2008 年北京租赁和商务服务业独立核算的法人单位数 45003 个，比 2004 年增加了 12476 个，增长 38. 4%；从业人员 93. 5 万人，比 2004 年增加 29. 7 万人，增长 46. 7%。2008 年上海租赁和商务服务业的法人单位数 41929 个，比 2004 年增加了 5307 个，增长 14. 49%；从业人员 70. 6 万人，

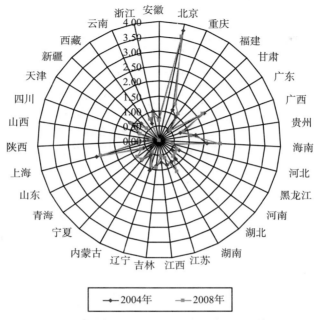

图 7.12 中国房地产业区位熵（2004 年和 2008 年）

资料来源：本研究计算测绘得出。

比 2004 年增加 21 万人，增长 42.3%。2008 年天津租赁和商务服务业的法人单位数 9076 个，比 2004 年增加了 3686 个，增长 68.39%；从业人员 15.43 万人，比 2004 年增加 6.01 万人，增长 63.8%。北京、上海和天津的租赁和商务服务业发展主要得益于显著的总部经济和发达的制造业基础。以北京为例，根据北京市 2008 年经济普查结果显示，2008 年北京市一级总部企业达到 784 个，占全市单位的 0.3%，其控制的在京下属二级单位达 3894 家。总部企业及其在京下属二级单位期末从业人员 164.9 万人，资产总计 396510.7 亿元，主营业务收入 27394.7 亿元，利润总额 3803.5 亿元。总部经济成为北京租赁和商务服务业发展的主要需求源和重要的组成部分。其中，北京商务中心区（CBD）是北京租赁和商务服务业集聚程度最高最典型的区域，北京商务中心区的租赁和商务服务业共有法人单位 2164 个，从业人员 8.6 万人，资产总计 2586.4 亿元，分别占北京商务中心区第三产业相应指标的 39.75%、40% 和 36.8%。

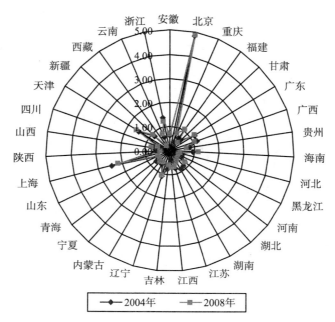

图 7.13 中国租赁和商务服务业区位熵（2004 年和 2008 年）

资料来源：本研究计算测绘得出。

从科学研究、技术服务和地质勘查业的区位熵计算结果（见图 7.14）可以发现，中国的科学研究、技术服务和地质勘查业主要集聚在北京、上海、青海、陕西和天津，2008 年区位熵分别为 3.34、2.28、1.72、1.58 和 1.51。2008 年北京科学研究、技术服务和地质勘查业的单位数 20451 个，比 2004 年增加 6623 个，增长 47.9%；从业人员 52.3 万人，比 2004 年增加 13.4 万人，增长 34.5%。上海从业人员 2008 年为 29.3 万人，比 2004 年增加了 5.4 万人，增长 22.6%。天津从业人员 2008 年为 16.16 万人，比 2004 年增加了 7.11 万人，增长 78.6%。陕西 2008 年从业人员达到 15.35 万人，比 2004 年增加了 3.5 万人，增长 30%。青海 2008 年从业人员达到 2.2 万人，比 2004 年增加了 2029 人，增长 10.1%。北京、上海、天津都拥有许多全国知名的高等院校和科研机构，集中了大量的高层次的科研人员，而西安是陕西的省会，也汇聚了西北地区主要的教育和科研资源，特别是在航空航天领域领先于全国。青海科学研究、技术服务和地质勘查业的科研力量并不强大，作为人口稀少的青海省全部就业人数并不多，而科学研究、技术服务和地质勘查业却相对集聚了不少科研人员，主要集中在地质勘探业，而且相比较于全国该行业的平均就业比重，青海具有了一定的比较优势。

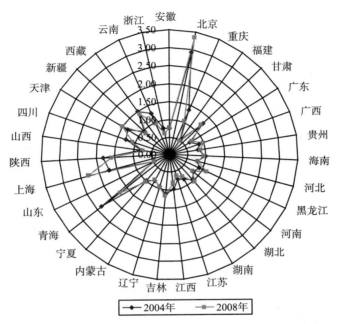

图 7.14　中国科学研究、技术服务和地质勘查业区位熵（2004 年和 2008 年）
资料来源：本研究计算测绘得出。

7.2.2.2　基于洛伦茨曲线和区域基尼系数的生产性服务业细分行业空间分布特征

按照前面区域基尼系数的计算方法，得到了 2004 年和 2008 年中国生产性服务业及细分行业的区域基尼系数。从表 7.9 可以看出，首先，2008 年生产性服务业所有行业的区域基尼系数都有不同程度的增加。其中，信息传输、计算机服务和软件业区域基尼系数增长最多，从 2004 年的 0.3781 增加到 0.5052。其次，生产性服务业内部各个细分行业之间的区域基尼系数有的相差还很大，特别是 2008 年这种差距有加大趋势，说明生产性服务业细分行业在中国各省市的集聚程度有着明显的差异。比如交通运输仓储和邮政业区域基尼系数最低，2008年为 0.3250，表明交通运输仓储和邮政业集聚程度最低，或者说处于相对分散状态；而租赁和商务服务业区域基尼系数最高，2008 年为 0.5170，表明租赁和商务服务业集聚程度最高，或者说处于相对集聚状态。

表7.9　　　　　中国生产性服务业及细分行业就业区域基尼系数

年份	生产性服务业	交通运输、仓储和邮政业	信息传输、计算机服务和软件业	金融业	房地产业	租赁和商务服务业	科学研究、技术服务和地质勘查业
2004	0.3397	0.3025	0.3781	0.3437	0.4637	0.4992	0.3394
2008	0.3729	0.3250	0.5052	0.3554	0.4786	0.5170	0.3789

资料来源：《中国经济普查年鉴（2004）》和《中国经济普查年鉴（2008）》。

下面以 2008 年各行业区域基尼系数为基础，绘制相应的区域洛伦茨曲线图，以便更为直观地反映区域基尼系数（见图 7.15～图 7.20）。

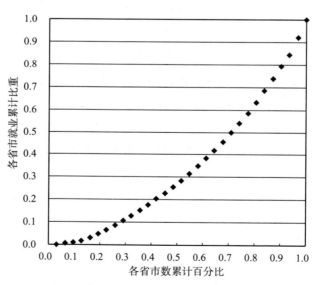

图 7.15　交通运输、仓储和邮政业区域洛伦茨曲线

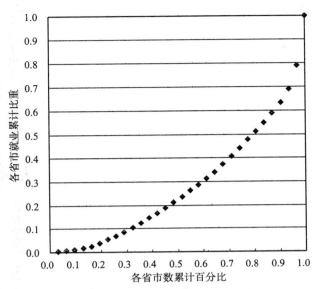

图 7.16　信息传输、计算机服务和软件业区域洛伦茨曲线

资料来源：本研究计算测绘得出。

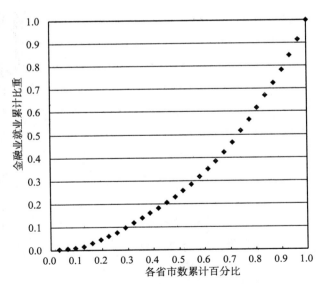

图 7.17　金融业区域洛伦茨曲线

资料来源：本研究计算测绘得出。

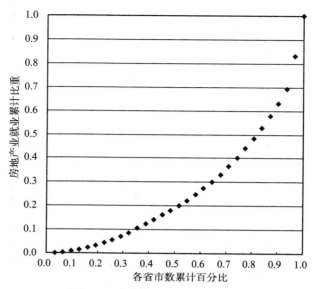

图 7. 18 房地产业区域洛伦茨曲线

资料来源：本研究计算测绘得出。

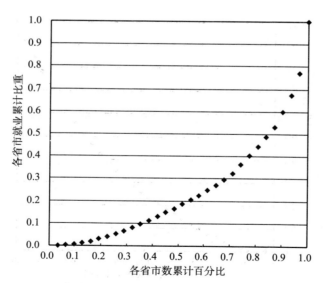

图 7. 19 租赁和商务服务业区域洛伦茨曲线

资料来源：本研究计算测绘得出。

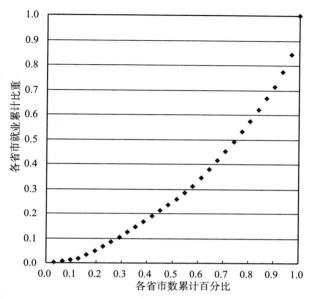

图 7.20   科学研究、技术服务和地质勘查业区域洛伦茨曲线
资料来源：本研究计算测绘得出。

从上面的六个行业的区域洛伦茨曲线图可以直观地显示出，产业的区域集聚程度由强到弱依次为租赁和商务服务业、信息传输、计算机服务和软件业、房地产业、科学研究、技术服务和地质勘查业、金融业和交通运输仓储和邮政业，相应的区域基尼系数分别为 0.5170、0.5052、0.4786、0.3789、0.3554 和 0.3250。

因此，从全国各省市来看，生产性服务业不论是行业整体还是部分行业的空间分布都表现出了高度不均衡和集聚特征。

7.3   天津生产性服务业的空间集聚

本节根据 2004 年和 2008 年天津经济普查年鉴，从天津生产性服务业增加值、企业法人单位数和从业人数三方面，主要运用区位熵和 GIS 图形分析，探究天津市各区县生产性服务业及其细分行业的空间分布和集聚特征。

7.3.1　基于生产性服务业宏观产出面的空间分布与区位特征

从总体上看，天津的生产性服务业近些年来发展迅速，2008 年的增加值达到 1453.73 亿元，比 2004 年的 621.62 亿元已经翻了一番还多，而且 2007 年和 2008 年的增长率都达到了 30% 以上，都超过了同期 GDP 的增长水平。其中，金融业、租赁和商务服务业近些年增长非常显著，甚至个别年度增长率都超过了 50%（见图 7.21）。而且，2008 年天津的生产性服务业占服务业的比重已经超过 50%，成为发展服务经济和城市经济一支重要的力量。

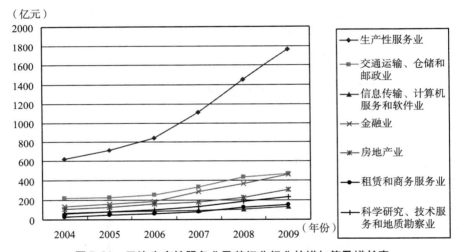

图 7.21　天津生产性服务业及其细分行业的增加值及增长率

资料来源：根据天津各年度统计年鉴计算得出。

那么天津生产性服务业的这种快速增长又在哪些区县表现最为显著呢？哪些区县的空间集聚程度更高些呢？下面分别根据 2004 年和 2008 年的天津生产性服务业增加值指标，对天津 18 个区县的生产性服务业增加值的空间分布和集聚状况进行实证分析。

7.3.1.1　生产性服务业 2004 年增加值空间分布特征

从天津生产性服务业的各区县分布来看，总体上看，2004 年天津生产性服务业主要集中在市内六区，其次为塘沽区。市内六区的生产性服务业增加值总计 371.8 亿元，占天津市 18 个区县增加值总量的 63.11%，其中和平区的生产性服务业增加值最多，达到 116 亿元，占全市的 19.69%；其次是河北区和河西区，生产性服务业增加值达到 96.1 亿元和 93.5 亿元，占全市比重分别为 16.31% 和 15.87%；红桥区的生产性服务业增加值在市内六区中最低，甚至低于天津的其他一些郊区县，比重只占天津市增加值的 1.5%。在其他郊区县中，塘沽区的生产性服务业增加值最高，达到 70.2 亿元，占全市的 11%。

将生产性服务业分区县增加值用 GIS 软件进行图形分析后，绘制成图 7.22，从中可以非常直观地看出天津生产性服务业在各区县的分布状况，其中，颜色越深表示生产性服务业增加值越高。2004 年天津生产性服务业主要集聚在天津的中心城区，其次集聚在塘沽区。

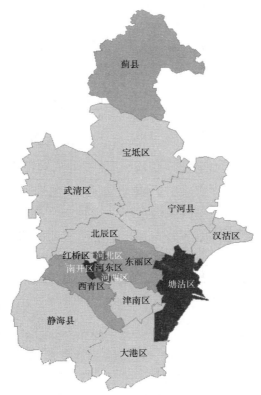

图 7.22 2004 年天津生产性服务业增加值区县分布

资料来源：根据《天津经济普查年鉴（2004）》计算得出。

但是生产性服务业增加值在某个区县的总量多，只能说明该地区产业
发展的水平，并不一定代表该产业在该城市区域具有比较优势，因此需要
用区位熵来衡量产业的相对集聚程度。根据 2004 年天津生产性服务业各
区县增加值的基础数据，计算了天津生产性服务业各区县增加值的区位
熵，见表 7.10。

表 7.10　　天津各区县生产性服务业增加值的区位熵（2004 年）

地区 \ 行业	生产性服务业	交通运输、仓储和邮政业	信息传输、计算机服务和软件业	金融业	房地产业	租赁和商务服务业	科学研究、技术服务和地质勘查业
和平区	2.10	0.43	9.73	2.41	1.30	1.20	0.76
河东区	0.99	0.24	0.14	0.82	2.90	1.40	1.46
河西区	1.57	0.52	0.11	3.67	1.83	2.26	1.62
南开区	0.85	0.11	0.22	1.09	1.51	1.12	2.45
河北区	2.72	6.06	0.39	0.53	1.10	1.54	1.47
红桥区	0.98	0.97	0.00	0.62	1.36	1.85	1.90
塘沽区	0.97	1.51	0.10	0.13	0.68	0.43	2.55
汉沽区	0.91	1.31	0.00	0.60	1.18	2.07	0.15
大港区	0.25	0.16	0.06	0.43	0.38	0.45	0.08
东丽区	0.64	1.21	0.03	0.38	0.40	0.48	0.34
西青区	0.49	0.81	0.02	0.40	0.22	1.30	0.13
津南区	0.50	0.42	0.00	0.74	0.71	1.27	0.10
北辰区	0.44	0.58	0.00	0.31	0.45	0.56	0.65
武清区	0.45	0.41	0.22	0.53	0.68	0.50	0.24
宝坻区	0.78	0.79	0.00	0.52	1.79	0.67	0.42
宁河县	0.55	0:44	0.00	0.92	0.95	0.41	0.09
静海县	0.27	0.12	0.00	0.38	0.65	0.55	0.08
蓟县	0.95	1.63	0.04	0.70	1.09	0.33	0.09

资料来源：根据《天津经济普查年鉴（2004）》计算得出。

从区位熵的计算结果来看，2004 年天津生产性服务业主要集聚在中心
城区的河北区、和平区和河西区，区位熵分别为 2.72、2.10 和 1.57。虽
然河北区的生产性服务业总量比和平区小一些，但是较高的区位熵值，说
明生产性服务业在河北区的总体发展中，相对于其他区县更具有比较优
势，因此相对集聚程度最高。而且河北区的交通运输、仓储和邮政业在天
津市所有区县中最具比较优势，区位熵高达 6.06，另外，租赁和商务服务

业的区位熵也较高，达到了 1.54，这两个行业是河北区生产性服务业区位熵最高的主要构成因素。

再有，从生产性服务业各细分行业的区位熵来看，基本都主要集聚在中心城区，只是每个细分行业重点集聚的区域不同。交通运输、仓储和邮政业主要集聚在河北区和塘沽区，区位熵分别为 6.06 和 1.51，这两个区交通运输、仓储和邮政业增加值占全市的比重分别达到了 36.3% 和 18.55%，二者累计超过 50%，远高于其他区县。蓟县的区位熵也较高，达到了 1.63，交通运输、仓储和邮政业的增加值占全市比重为 5.99%，排名全市第五。

天津的信息传输、计算机服务和软件业高度集聚在和平区，区位熵高达 9.73，其他区县的区位熵都没有超过 0.5，和平区可谓一枝独秀。和平区信息传输、计算机服务和软件业增加值为 59.1 亿元，全市增加值为 64.7 亿元，和平区占全市的比重高达 91.34%，和平区因此而成为了天津的信息中心。

天津的金融业主要集聚在和平区和河西区，区位熵分别为 2.41 和 3.67，这两个区的金融业增加值占全市的比重分别为 22.64% 和 37.08%，二者合计占全市近 60%。和平区的解放北路是天津历史上中外银行汇聚之所，至今仍然发挥着重要的金融街作用。河西区的友谊路正在发展成为新兴的金融街。

天津的房地产业主要集聚在河东区、河西区和南开区，区位熵分别为 2.9、1.83 和 1.51，三个区域的房地产业增加值占全市比重分别为 12.44%、18.51% 和 9.7%。河东区、河西区和南开区按照城市区域规划，有很多旧区改造项目，而且这三个区比起作为市中心的和平区，房地产业具有较大的发展空间，也集聚了市内大量的居住人口，而且居民的收入水平相对较高。另外，宝坻的房地产业区位熵也达到了 1.79，增加值占全市比重为 4.31%。宝坻房地产业的发展主要源于区县城镇化改造和一些商务和别墅项目建设。

租赁和商务服务业主要集聚在河西区，区位熵为 2.26，河西区租赁和商务服务业增加值占全市比重达到了 22.89%。和平区的区位熵尽管只有 1.2，但是和平区的租赁和商务服务业增加值占全市比重达到 11.24%，和平区的小白楼和南京路是天津的主要商务中心区。另外，河北区、红桥区和汉沽区的区位熵也较高，超过了 1.5，但是增加值总量较小，集聚程度对总体影响偏小。

科学研究、技术服务和地质勘查业主要集聚在南开区、塘沽区和河西区，区位熵分别为 2.45、2.55 和 1.62，科学研究、技术服务和地质勘查业增加值占全市的比重分别为 15.74%、31.3% 和 16.41%，三区合计占全市比重超过 60%。南开区的华苑产业园区和塘沽的高新技术产业区是天津市的两个最主要的高新技术产业区，聚集了大量的科研和技术服务企业和事业单位。

7.3.1.2 生产性服务业 2008 年增加值空间分布特征

从天津生产性服务业增加值的各区县分布来看，总体上看，2008 年天津生产性服务业呈现出向以市内六区为主的中心城区和以滨海新区为主的新城区"两极"（或称"双核"）加速集聚的态势。市内六区的生产性服务业增加值总计 769.61 亿元，比 2004 年翻了一番还多，增加了 397.81 亿元，占天津全市的 51.76%。其中，和平区的生产性服务业增加值最多，达到 219.4 亿元，占全市的 14.76%；其次是河西区和河北区，生产性服务业增加值达到 192.16 亿元和 166.91 亿元，占全市比重分别为 12.92% 和 11.23%。而包含开发区、保税区、高新区、塘沽区、汉沽区和大港区的滨海新区的生产性服务业增加值总计为 415.01 亿元，比 2004 年①增加了 294.39 亿元，是 2004 年的约 3.5 倍。其中，塘沽区生产性服务业增加值达到 215.94 亿元，比 2004 年增加了 145.74 亿元，是 2004 年的 3 倍，占全市的 14.52%，仅次于中心城区的和平区。开发区、保税区和高新区的生产性服务业增加值合计达到 163.71 亿元，占全市的 11.01%。

与 2004 年相比，2008 年的生产性服务业空间集聚表现出两个主要特点：第一，滨海新区成长为天津生产性服务业发展的一个主要中心极，而且发展势头超过了作为另一中心极的中心城区。2008 年滨海新区的生产性服务业增加值比 2004 年增长了 244%，同期中心城区只增长了 107%，滨海新区的增长速度是中心城区的 2 倍。以塘沽区为例，2004 年和平区的生产性服务业增加值是塘沽区的 1.65 倍，而到 2008 年塘沽区的生产性服务业增加值几乎与和平区相当，成为生产性服务业发展的主要区域之一。生

---

① 这里 2004 年没有包括开发区、保税区和高新区的滨海新区完整统计，但是根据天津市统计年鉴与普查年鉴计算的生产性服务业差额合计 32.52 亿元，暂且归入未统计的开发区、保税区和高新区。这样加上普查年鉴塘沽区、汉沽区和大港区的合计为 88.1 亿元，2004 年滨海新区生产性服务业增加值为 120.62 亿元。

产性服务业的各种要素和相关产业都向滨海新区快速集聚，这主要得益于作为国家区域发展战略重点的滨海新区的大开发大开放，许多知名企业总部、大型项目落户天津滨海新区，推动了滨海新区以知识和资本密集型为主的制造业和生产性服务业的大发展。

第二，中心城区的生产性服务业集聚呈现出三点中心齐头并进，其他区域赶超式发展的态势。2008 年，和平区、河西区和河北区生产性服务业增加值分别为 219.04 亿元、192.16 亿元和 166.91 亿元，继续保持2004 年已形成的作为中心城区生产性服务业发展的三个主中心地位，只是 2008 年河西区生产性服务业增加值超越河北区，成为仅次于和平区的中心城区发展生产性服务业的重要区位。2008 年河西区的生产性服务业增加值比 2004 年增长了 105.52%，而同期和平区和河北区只增长了89.14% 和 73.69%。另外，除了这三个主中心外的其他中心城区生产性服务业发展增势强劲，2008 年河东区、南开区和红桥区的生产性服务业增加值比 2004 年分别增长了 231.7%、174.34% 和 119.53%，增速都超过和平区、河西区和河北区三个主中心。尽管河东区、南开区和红桥区的生产性服务业增加值总量都不足百亿元，比重还是较低，但显示出强劲地赶超发展态势。

将 2008 年生产性服务业分区县增加值用 GIS 软件进行图形分析后，绘制成图 7.23，从中可以非常直观地看出天津生产性服务业的"两极"分布状况，天津生产性服务业主要集聚在中心城区和滨海新区的"双核"中。

根据 2008 年天津生产性服务业各区县增加值的基础数据，计算了天津生产性服务业各区县增加值的区位熵，见表 7.11。这里新增了开发区、保税区和高新区的区位熵。

从总体上看，2008 年区位熵的计算结果也基本印证了天津生产性服务业"两极"或"双核"集聚的发展态势。无论是生产性服务业总体还是细分行业，中心城区的区位熵普遍较高，而以开发区、保税区、高新区和塘沽区为主的滨海新区个别产业的区位熵较高。由此显示出中心城区仍是天津生产性服务业发展中最具比较优势的区域，而滨海新区的比较优势有所显现，但还不是非常显著，行业和地区生产性服务业发展还非常不均衡。

图 7.23　2008 年天津生产性服务业增加值区县分布

资料来源：根据《天津经济普查年鉴（2008）》计算得出。

表 7.11　　天津各区县生产性服务业增加值的区位熵（2008 年）

地区＼行业	生产性服务业	交通运输、仓储和邮政业	信息传输、计算机服务和软件业	金融业	房地产业	租赁和商务服务业	科学研究、技术服务和地质勘查业
和平区	2.46	0.37	11.52	2.78	3.39	0.96	0.80
河东区	2.00	0.31	0.46	4.30	2.66	1.66	1.04
河西区	2.11	0.54	0.17	4.77	1.30	3.43	1.30
南开区	1.41	0.22	0.34	1.15	3.24	2.58	2.04
河北区	2.69	6.66	0.10	0.75	1.02	2.23	2.08
红桥区	0.93	0.15	0.12	0.86	1.91	2.08	1.25
塘沽区	1.04	1.55	0.10	0.17	0.51	0.81	3.16
汉沽区	0.59	0.24	0.00	0.52	1.30	1.85	0.11
大港区	0.28	0.30	0.04	0.27	0.30	0.49	0.25
东丽区	0.55	0.99	0.03	0.46	0.38	0.37	0.36

续表

地区 \ 行业	生产性服务业	交通运输、仓储和邮政业	信息传输、计算机服务和软件业	金融业	房地产业	租赁和商务服务业	科学研究、技术服务和地质勘查业
西青区	0.48	0.40	0.39	0.58	0.70	0.62	0.11
津南区	0.50	0.41	0.01	0.64	0.67	0.98	0.12
北辰区	0.51	0.71	0.01	0.37	0.61	0.32	0.63
武清区	0.44	0.44	0.15	0.33	0.87	0.73	0.09
宝坻区	0.88	1.44	0.03	0.65	1.13	1.19	0.10
宁河县	0.51	0.97	0.00	0.30	0.60	0.42	0.16
静海县	0.44	0.65	0.02	0.39	0.64	0.42	0.08
蓟县	1.57	4.02	0.05	0.52	1.17	0.99	0.17
开发区	0.45	0.27	0.78	0.66	0.49	0.28	0.23
保税区	0.88	1.90	0.00	0.61	0.36	1.05	0.29
高新区	1.33	0.00	6.71	0.17	0.47	1.05	5.02

资料来源：根据《天津经济普查年鉴（2008）》计算得出。

从具体行业来看，2008 年河北区、和平区、河西区和河东区的生产性服务业区位熵都超过了 2，显示出非常明显的比较优势，因此相对集聚程度较高。其中，河东区的生产性服务业增速较快，2008 年增加值达到 82.92 亿元，比 2004 年增长了 231.7%，超过其他中心城区的增长。主要原因是河东区借助天津近些年来的海河沿岸开发建设，加快了包括天津站改建等旧区改造，新建了诸如意式风情区等旅游休闲项目，整体环境的提升吸引了大量的生产性服务企业纷纷入驻。蓟县的生产性服务业区位熵也达到了 1.57，这主要是由于蓟县的交通运输、仓储和邮政业区位熵较高，为 4.02。蓟县近些年来的旅游业发展很快，再加上蓟县农特产品资源丰富，带动了交通运输和仓储为主的物流业发展，并且成为天津北部与周边省市重要的物资交换区，说明相比较于其他区县，蓟县在交通运输、仓储和邮政业及其带动发展的生产性服务业具有比较优势。

除蓟县外，交通运输、仓储和邮政业主要集聚在河北区、保税区和塘沽区，河北区的交通运输、仓储和邮政业在天津市所有区县中仍最具比较优势，区位熵高达 6.66，保税区和塘沽区的区位熵分别为 1.9 和 1.55，这些区县都是天津市对内对外进行交通运输仓储快递等物流活动的主要区域。

2008 年，天津的信息传输、计算机服务和软件业打破了和平区一方高度集聚状态，高新区的信息传输、计算机服务和软件业区位熵高达 6.71，尽管比和平区的区位熵 11.52 还是低，但是高新区的信息传输、计算机服务和软件业成长还是成为了天津信息化城市建设、提升软实力的重要区域。

天津的金融业主要集聚在和平区、河东区和河西区，区位熵分别为 2.78、4.30 和 4.77，其中河东区金融的增长势头强劲，从 2004 年的 4.5 亿元增加到 2008 年的 48.24 亿元，增长了 971.9%，比排在增长第二位的塘沽区的 368% 还要高很多。从增加值总量上看，河西区金融业增加值为 117.38，位居全市第一，比和平的 67.3 亿元多出近 1 倍。

2008 年天津的房地产业主要集聚在和平、河东区、南开区和红桥区，区位熵分别为 3.39、2.66、3.24 和 1.91，其中和平、南开区和红桥区房地产业增长较快，分别比 2004 年增长了 314%、252% 和 222%。和平区的城市核心区位优势重新被发现，许多新地产项目及地产相关行业企业不断涌现，尤其是中心商务功能获得了大幅度提升。红桥区由于西站改扩建方案的出台，带动了对该区地产业较高增长的预期，再加上旧区改造项目，使得红桥区的房地产业有了较大幅度的增长。

租赁和商务服务业的集聚有了较大变化，从 2004 年的河西区单中心向河东区、河西区、南开区、河北区和红桥区多中心集聚，除和平区外的各中心城区区位熵都超过了 1.5，中心城区成为了租赁和商务服务业的主要发展空间，并且呈现多点分散式的集聚模式。

科学研究、技术服务和地质勘查业主要集聚在高新区、塘沽区、南开区和河北区，区位熵分别为 5.02、3.16、2.04 和 2.08，其中，塘沽区科学研究、技术服务和地质勘查业增加值占全市的比重为 44.32%，南开区、河北区和高新区的合计增加值占全市比重为 24.11%。滨海新区和中心城区成为科学研究、技术服务和地质勘查业发展的主要空间区域。

从集聚区域的变化来看，与 2004 年相比，生产性服务业区位熵较大，相对集聚程度较高的区域增加了河东区，交通运输、仓储和邮政业的集聚区域基本没有变化，只是增加了 2004 年未有统计的保税区。金融业增加了河东区，房地产业增加了红桥区，信息传输、计算机服务和软件业和科学研究、技术服务和地质勘查业集聚增加了高新区。租赁和商务服务业呈现以中心城区为主的多点分散布局。

7.3.2 基于生产性服务业微观企业层面的空间分布与区位特征

生产性服务业增加值的空间集聚分析相对而言是一种宏观的数量分析，不能排除企业规模对产业集聚程度的影响，因此，下面主要从微观企业层面对天津生产性服务业的空间集聚进行更加深入的分析。

7.3.2.1 生产性服务业企业数量的空间分布特征

通过对2004年和2008年天津经济普查年鉴中企业法人单位数的统计数据计算结果，可以发现天津生产性服务业及其细分行业的区位选择与空间集聚特征变化。

从总体上看，按照企业法人单位数的各区县分布与增加值分布基本一致，主要集中在中心城区和滨海新区，只是集聚区域内部排序略有变化。从图7.26来看，天津生产性服务业企业法人单位主要集聚的前五个区县，依次是河西区、南开区、开发区、塘沽区和和平区，而且各区县2008年比2004年都有不同程度的增加，但是并未改变这种集聚次序，2008年河西区的生产性服务企业数量达到了3442个，比2004年增加了1361个，增长了65.4%，是主要集聚的五个区县中总量最多、增长也最大的一个区。和平区的增长也非常显著，从2004年的1364个增加到2008年的2157个，增长了58.14%（见图7.24）。

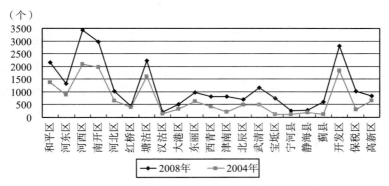

图7.24 天津各区县生产性服务业企业法人单位数分布（2004年和2008年）
资料来源：本研究计算测绘得出。

　　再结合区位熵计算的结果看，生产性服务业主要集聚在和平区、河西区、塘沽区、开发区，2008 年的区位熵分别为 1.8、1.77、1.7 和 1.85，而且都比 2004 年的区位熵有所提高，说明生产性服务业在原有集聚的基础上比较优势进一步增强，从而强化巩固了集聚态势（见图 7.25）。

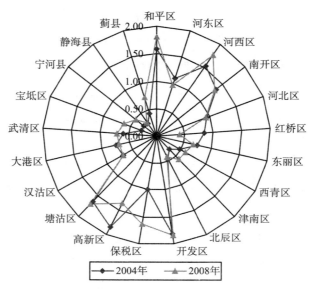

图 7.25　天津生产性服务业企业数区位熵（2004 年和 2008 年）

资料来源：本研究计算测绘得出。

　　另外，南开区的企业数量尽管很多，但区位熵值只有 1.3，比起前面的这四个区域并不具有比较优势。高新区在 2004 年区位熵达到 1.84，相对其他区县具有比较优势，但是 2008 年由于企业数量增长不多，这种集聚趋势并未保持下来。相反，保税区 2004 年区位商仅为 1，但是 2008 年企业数量保持了快速增长，区位熵达到 1.62，在空间区位上形成了比较优势。从图 7.25 的区位熵雷达图可以看出，天津生产性服务业企业主要集聚于以和平区、河西区为主的中心城区和以开发区、塘沽区为主的滨海新区，"双核"集聚态势非常明显。

　　从交通运输仓储和邮政业来看，与产业增加值显示的区域集聚不同的是，交通运输仓储和邮政企业更多地集中在塘沽区和开发区，2008 年两区的法人企业数分别为 990 个和 977 个，比 2004 年分别增加了 175 个和 221 个，东丽区的企业数量也较多，2008 年有 502 个企业，比 2004 年增加了

108 个。而产业增加值较多的河北区 2008 年仅有 126 个企业，其中的原因可能是由于企业的注册地与实际经营地的区位不同，增加值是按照注册地统计的，而企业单位数是按照实际经营的位置来确定的。区位熵的计算结果反映在图 7.26 中。

从图 7.26 来看，交通运输仓储和邮政业主要集聚于塘沽区、开发区、保税区，2008 年的区位熵分别为 2.84、2.42 和 2.97，2004 年东丽区的区位熵也达到了 1.83，但是 2008 年下降到 1.27，不再具有区位相对比较优势。而蓟县 2008 年的区位熵达到了 1.84，比 2004 年的 0.39 增加了很多，蓟县按企业数与按产业增加值计算的区位熵结果一致。交通运输仓储和邮政业主要体现了物流业发展，天津的物流业发展主要依靠天津港的对内对外物资集散功能的发挥，因此天津交通运输仓储和邮政企业大量集聚在天津港周边的塘沽区、开发区和保税区，而且在塘沽区和开发区的区位熵比 2004 年都有所下降的条件下，保税区的区位熵反而有所增加，显示了保税区在物流方面具有更优的比较优势和良好的发展空间。

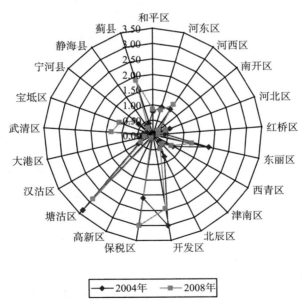

图 7.26　天津交通运输仓储和邮政业企业数区位熵（2004 年和 2008 年）

资料来源：本研究计算测绘得出。

从信息传输、计算机服务和软件业的企业数来看，主要集聚于高新区和南开区，与产业增加值反映的结果一致。2008 年高新区和南开区的企业法人数分别为 337 个和 356 个，比 2004 年分别增加了 88 个和 44 个。区位熵计算结果见图 7.27。

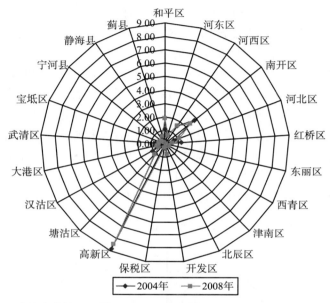

图 7.27 天津信息传输、计算机服务和软件业企业数区位熵（2004 年和 2008 年）

资料来源：本研究计算测绘得出。

从图 7.27 来看，2008 年，高新区和南开区的区位熵分别高达 8.47 和 2.37，比 2004 年的区位熵略有下降。高新区和南开区成为了天津信息传输、计算机服务和软件业发展的主中心区位。另外，2008 年，和平区和河西区的企业数分别为 148 个和 204 个，区位熵分别为 1.86 和 1.58，超过了 1.5，具有了一定的比较优势，成为了天津信息传输、计算机服务和软件业发展的次中心区位。

从金融业的企业单位分布来看，2008 年金融企业主要集聚在和平区、河西区和开发区，分别拥有企业法人单位 94 个、141 个和 92 个，而且与 2004 年相比，分别增加了 11 个、58 个和 76 个，显然，开发区和河西区成为近些年天津金融业增长的主要区位。特别是开发区在实施滨海新区开发开放战略以来，金融业得到了迅猛发展，从 16 家增加到 92 家，增长了 4.75 倍，显示了开发区对金融业的吸引力和未来增长空间。从区位熵来看，见图 7.28，2008 年和平区、河西区和开发区的区位熵分别为 3.33、3.07 和 2.59，和平区和河西区比 2004 年区位熵下降了一些，而开发区区位熵提高很多，2004 年只有 0.65。然而，开发区对金融业的集聚效果并没有显示在产业增加值的计算结果中，这可能是因为开发区设立的金融企业数量虽多，但金融业务总量和产值并不高，另外很可能是由于很多包括开发区、保税区、高新区的滨海新区企业将企业总部或财务中心设在了中心城区，导致中心城区分流了部分开发区当地金融企业的业务量。

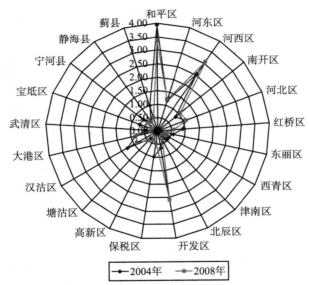

图 7.28　天津金融业企业数区位熵（2004 年和 2008 年）
资料来源：本研究计算测绘得出。

　　房地产业的企业单位数显示出中心城区和滨海新区是两个主要的集聚区域，但是在中心城区和滨海新区内部的区县分布较为分散。2008 年，房地产企业主要分布在和平区、河西区、南开区、塘沽区和开发区，分别拥有企业数量为 335 个、506 个、441 个、295 个和 356 个，分别比 2004 年增加了 69 个、178 个、197 个、124 个和 123 个。从区位熵（见图 7.29）来看，2004 年房地产企业主要集聚于中心城区的和平区、河西区、河北区和河东区以及滨海新区的开发区，区位熵都超过了 1.5，2008 年则集聚于和平区和河西区以及开发区和塘沽区，汉沽区的区位熵为 1.48，接近1.5。由此可见，中心城区中的和平区和河西区以往经济发展中累积的资源和能力，无论是金融业还是商务服务业的发展都领先于其他区位，从而提升了这两个区位对房地产业的吸引力。随着滨海新区的开发建设，越来越多的地产企业看重了滨海新区的未来发展潜力，越来越多的地产及相关投资于滨海新区，带动了开发区、塘沽区甚至周边汉沽区的房地产业发展。

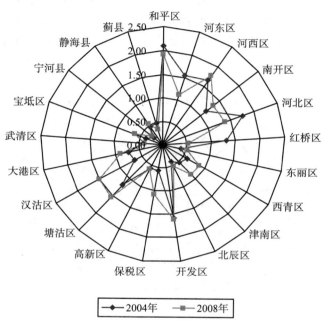

图 7.29 天津房地产业企业数区位熵（2004 年和 2008 年）

资料来源：本研究计算测绘得出。

从法人企业单位数来看，租赁和商务服务业主要集中在和平区、河西区、南开区、开发区和塘沽区，企业数量分别为 1041 个、1431 个、893 个、901 个和 610 个，比 2004 年分别增加了 415 个、569 个、527 个、242 个和 341 个。从区位熵来看，见图 7.30。

2008 年租赁和商务服务业区位熵大于 1.5 的区域主要包括和平区、河西区、开发区和保税区，塘沽区的区位熵也达到了 1.4，接近 1.5。与 2004 年相比，保税区的区位熵增长最多，从 0.93 增加到 1.62。按增加值区位熵计算结果，集聚区域主要在中心城区，这里增加了开发区、保税区和塘沽区为主的滨海新区，其原因一方面说明滨海新区近些年随着新区开发而使得各种商务活动需求增加以及商务环境大为改善，增加了滨海新区对租赁和商务服务企业的吸引力；另一方面说明虽然企业数量增长较快，但是增加值总量相比于中心城区还是相差很多。不过，企业是经济发展和产业集聚的主体，企业数量的增长必将带动经济总量的提升。总之，按照企业数量计算，租赁和商务服务业主要集聚在以和平区、河西区为主的中心城区和以开发区、保税区和塘沽区为主的滨海新区。

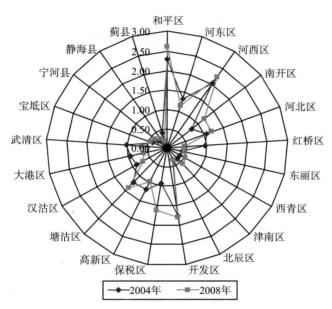

图 7.30　天津租赁和商务服务业企业数区位熵（2004 年和 2008 年）
资料来源：本研究计算测绘得出。

科学研究、技术服务和地质勘查业非常显著地集聚于南开区和高新区，与增加值计算结果一致。按照企业数量计算，见图 7.31，2008 年两个区的区位熵分别为 2.93 和 2.25，比 2004 年的区位熵都有所下降。这主要是因为 2008 年南开和高新区的法人企业数分别为 1076 个和 219 个，比 2004 年分别增加了 156 个和减少了 22 个。而相比较起来，其他区域增长十分显著，比如和平区、河西区和河东区企业数量增长了 70% ~ 80%。但是从总体来看，南开区和高新区在科学研究、技术服务和地质勘查业方面具有较强的比较优势，仍然是主要集聚区。

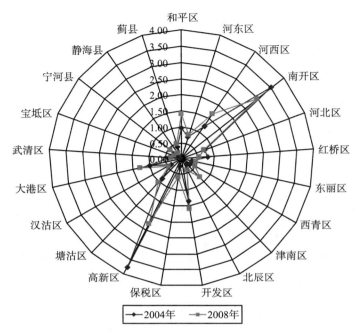

**图7.31　天津科学研究、技术服务和地质勘查业企业
数区位熵（2004年和2008年）**

资料来源：本研究计算测绘得出。

因此，从企业数量的微观层面可以看出，生产性服务业及其细分行业基本上主要集聚于中心城区和滨海新区，只是一些细分行业上在集聚的具体区位上有所差别。而且，与增加值较为宏观的计算指标相比，企业数量的集聚更能反映作为产业集聚主体的企业在区位选址方面的考虑因素。下面将从企业从业人员数量方面进行产业集聚水平的测度，考察作为生产性服务业发展最重要的要素劳动力对集聚的影响，从而体现出生产性服务业及其细分行业的产业要素特征。

7.3.2.2　生产性服务业企业从业人数的空间分布特征

根据经济普查年鉴中企业法人单位从业人数来看，2004年天津生产性服务业企业从业人员总数为425271人，占全市比重为30.25%，2008年增加了205711人，达到630982人，占全市的比重提高到36.15%，增长率达到48.37%。同期制造业占全市比重从2004年的53.44%下降到47.71%，期间增加了264508人，增长率仅为17.34%。从业人员在各区县的分布（见图7.32）来看，2008年排名前五位的从业人员集聚区域依次是河西区、南开区、塘沽区、和平区和开发区。从业人员主要集聚在中心城区和滨海新区，中心城区（市内六区）的从业人数从2004年的237046人增加到2008年的315996人，占全市该产业从业比重从55.74%下降到50.08%，而滨海新区增长显著，从2004年的114187人增加到2008年的199021人，占全市该产业从业比重从26.85%增加到31.54%。

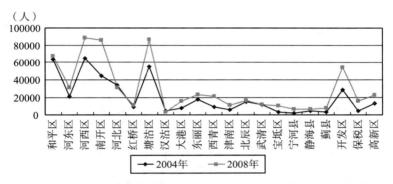

图7.32　天津各区县生产性服务业企业从业人数分布（2004年和2008年）
资料来源：本研究计算测绘得出。

　　按照各区县从业人员区位熵的计算结果（见表7.12）来看，按照2004年和2008年区位熵都大于1.5的标准判别产业集聚，生产性服务业主要集聚在和平、河西区、南开区、塘沽区和高新区。交通运输仓储和邮政业集聚在河北区、塘沽区和保税区，东丽区2004年区位熵为1.58，2008年为1.45，也具有一定的集聚比较优势。信息传输、计算机服务和软件业主要集聚在和平、南开和高新区，金融业集聚在和平、河东区和南开区，房地产业集聚在中心城区，2008年所有中心城区的区位熵都大于1.5。租赁和商务服务业集聚在和平、河西区和塘沽区，科学研究、技术服务和地质勘查业主要集聚在南开区和高新区。因此，从总体来看，按照从业人员区位熵标准，生产性服务业及其细分行业仍然主要集聚在中心城区和滨海新区，中心城区的产业集聚已日趋成熟，滨海新区的产业集聚正在成长之中。和平区几乎在所有生产性服务业行业（除交通运输仓储和邮政业以及科研技术服务业外）都具有集聚比较优势，是中心城区生产性服务业发展集聚的核心区位。

表 7.12 天津各区县生产性服务业企业从业人数的区位熵（2004 年和 2008 年）

项目	生产性服务业		交通运输、仓储和邮政业		信息传输、计算机服务和软件业		金融业		房地产业		租赁和商务服务业		科学研究、技术服务和地质勘查业	
年份	2004	2008	2004	2008	2004	2008	2004	2008	2004	2008	2004	2008	2004	2008
和平区	2.24	2.35	0.82	1.02	5.19	6.61	2.13	3.61	2.25	2.53	4.28	2.24	1.18	2.05
河东区	0.95	1.14	0.65	0.52	0.48	1.17	1.54	2.02	1.55	1.61	1.02	1.35	0.57	0.73
河西区	2.05	2.00	1.14	1.24	0.79	0.98	4.49	4.82	2.35	2.31	2.19	1.85	2.02	1.36
南开区	1.53	2.17	0.86	0.79	2.21	1.58	0.85	2.11	1.64	1.97	0.91	4.12	3.86	2.17
河北区	1.24	1.59	1.91	2.27	1.11	0.71	0.65	0.88	1.22	1.93	0.61	1.16	1.26	1.63
红桥区	1.16	1.20	0.69	0.63	0.41	0.45	1.89	1.20	1.24	2.08	1.20	1.13	1.73	1.73
塘沽区	2.09	2.19	4.37	3.38	0.46	0.39	0.26	0.21	0.81	0.86	1.69	2.38	1.48	3.41
汉沽区	0.65	0.36	0.50	0.29	0.16	0.16	0.86	0.39	0.38	0.83	1.50	0.31	0.17	0.15
大港区	0.38	0.59	0.38	0.73	0.08	0.22	0.45	0.28	0.39	0.64	0.34	0.28	0.50	1.13
东丽区	0.70	0.60	1.58	1.45	0.04	0.03	0.42	0.26	0.47	0.42	0.28	0.25	0.24	0.28
西青区	0.30	0.49	0.32	0.78	0.07	0.33	0.43	0.29	0.36	0.74	0.27	0.33	0.22	0.20
津南区	0.26	0.32	0.30	0.31	0.01	0.03	0.39	0.23	0.24	0.57	0.33	0.34	0.13	0.23
北辰区	0.52	0.41	0.86	0.49	0.04	0.07	0.22	0.23	0.42	0.48	0.24	0.32	0.77	0.57
武清区	0.43	0.32	0.23	0.44	1.21	0.20	0.41	0.32	0.80	0.40	0.44	0.27	0.11	0.13
宝坻区	0.23	0.32	0.27	0.62	0.00	0.05	0.67	0.27	0.29	0.44	0.12	0.15	0.02	0.05
宁河县	0.25	0.38	0.34	0.85	0.00	0.17	0.70	0.36	0.14	0.12	0.21	0.16	0.00	0.21
静海县	0.28	0.28	0.39	0.35	0.06	0.03	0.60	0.42	0.29	0.44	0.18	0.18	0.06	0.11
蓟县	0.30	0.39	0.29	0.78	0.06	0.13	1.14	0.58	0.21	0.29	0.16	0.13	0.07	0.14
开发区	1.04	0.88	1.01	0.86	0.08	1.16	0.56	0.41	1.73	1.01	1.23	0.81	0.89	1.18
保税区	1.78	0.80	3.46	1.57	0.16	0.06	1.69	0.52	0.71	0.49	1.58	0.64	0.55	0.46
高新区	2.05	1.76	0.01	1.02	13.49	11.93	0.00	0.06	0.69	0.64	1.30	0.70	5.31	3.23

资料来源：根据《天津经济普查年鉴（2004）》和《天津经济普查年鉴（2008）》计算得出。

按照各区县生产性服务业及其细分行业的从业人数计算的天津生产性服务业的区域基尼系数，可以更清楚地衡量天津生产性服务业及其细分行业的空间集聚程度。由表 7.13 可以看出，天津生产性服务业及其细分行业的集聚发展并不平衡，交通运输仓储和邮政业的区域基尼系数最低，说明空间集聚程度最低，而信息传输、计算机服务和软件业空间集聚程度最高。

表 7.13　天津生产性服务业从业人数的区域基尼系数（2004 年和 2008 年）

产业 年份	生产性 服务业	交通运输、 仓储和 邮政业	信息传输、 计算机服务和 软件业	金融业	房地产业	租赁和 商务服 务业	科学研究、 技术服务和 地质勘查业
2004	0.5061	0.5606	0.7558	0.5436	0.5408	0.5891	0.6175
2008	0.4705	0.4298	0.7212	0.6284	0.4575	0.5998	0.5691

资料来源：根据《天津经济普查年鉴（2004）》和《天津经济普查年鉴（2008）》计算得出。

这里选择 2008 年交通运输仓储和邮政业以及信息传输、计算机服务和软件业两个最低和最高区域基尼系数行业绘制了区域洛伦茨曲线，见图 7.33 和图 7.34，以进行对比。

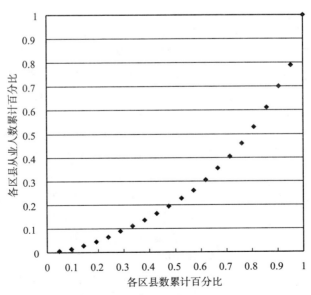

图 7.33　天津交通运输仓储和邮政业从业人数区域洛伦茨曲线（2008 年）

资料来源：本研究计算测绘得出。

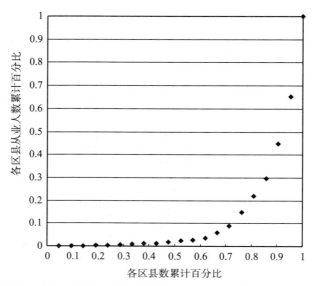

图7.34　天津信息传输、计算机服务和软件业从业人数区域洛伦茨曲线（2008年）
资料来源：本研究计算测绘得出。

　　从2004年和2008年两个年度计算的区域基尼系数比较来看，2008年天津的交通运输仓储和邮政业、信息传输、计算机服务和软件业、房地产业、科学研究、技术服务和地质勘查业的集聚水平较2004年不仅没有提高，反而普遍都有所下降。只有金融业和租赁商务服务业的区域基尼系数有所提高，尤其是金融业的集聚水平提高较为明显。这一特征也基本符合生产性服务业发展规律，很多国际大都市的发展都是随着城市规模的提升，生产性服务业中的交通运输仓储等传统行业的集聚水平有所下降，而知识密集型的金融业和租赁商务服务业的发展速度和集聚水平不断提高。说明天津的生产性服务业已经开始进入了一个向高端服务行业快速发展的阶段，但总体发展和集聚水平与北京上海等城市相比还是有较大差距。

　　天津是一个制造业较为发达的大城市，但是为制造业配套，提供各种上游、中游和下游服务的生产性服务业发展却相对于北京、上海等城市相差悬殊，不仅是从生产性服务业增加值的总量、所占GDP的比重，而且影响力、辐射力都差很多，究其原因是生产性服务业的空间集聚水平和创新能力不足。为什么如此大规模和大比重的制造业却没能引致出大量的生产性服务业的需求及其供给呢？这一方面是由于生产性服务业企业本身规模和服务水平较低，另一方面是由于天津特殊的产业结构和演进特点，天津的制造业发展的基础来源于两个方面，一是历史发展的过程中，天津从新中国成立前的以商贸和轻工业为主的产业结构向重工业再向重化工业转变，至今天津已形成航天航空、石油化工、电子信息、汽车及装备制造、新能源、钢铁冶金、食品加工等一批千亿级支柱产业，但是天津的这些支柱产业主要是一些大型、巨型国有企业，国有企业的大综合低效率，无法有力地带动有生机有活力的配套性服务企业发育成长；二是在 20 世纪 90 年代开始的沿海城市开发开放的背景下，天津经济开发区吸引了大量的跨国性制造企业，而且多数是世界知名的跨国公司，大量的世界 500 强企业落户天津，这些企业又多半利用较为成熟的与本企业集团长期合作的配套相关的生产性服务企业，这样就使得对本地生产性服务企业的有效需求减少。

7.4　本章小结

本章主要利用《中国统计年鉴》、《中国经济普查年鉴》和《天津经济普查年鉴》较为翔实的数据，对中国各省市和天津各区县生产性服务业的空间发展与集聚特征进行较为深入的实证分析。

首先，在分析中国国内服务业发展演进和区域集聚的基础上，通过统计和比较分析，发现中国生产性服务业近些年来增长十分快速。服务业特别是生产性服务业表现出明显的向东部沿海城市和区域集聚的态势，而且主要集中在珠三角、长三角和典型的中心城市。

其次，运用区位熵、区域基尼系数和洛伦茨曲线等指标方法测度中国分省市区的生产性服务业及其细分行业的集聚状况及区位演变。从全国各省市来看，生产性服务业不论是行业整体还是各个细分行业的空间分布都表现出了高度不均衡和集聚特征，北京和上海的生产性服务业集聚程度最高。产业的区域集聚程度由强到弱依次为租赁和商务服务业、信息传输、计算机服务和软件业、房地产业、科学研究、技术服务和地质勘查业、金融业和交通运输仓储和邮政业。生产性服务业及其细分行业的集聚程度 2008 年比 2004 年都有所提高，其中，信息传输、计算机服务和软件业集聚程度增长最快。

最后，以天津为例，运用 2004 年和 2008 年两次天津经济普查数据，研究发现生产性服务业及其细分行业主要集聚在天津市的中心城区和以开发区、保税区、高新区和塘沽区为主的滨海新区，中心城区中又以和平区、河西区为主要集聚区域。

第 8 章

结论与研究展望

8.1 主要结论

本书以生产性服务业为研究对象，围绕着产业空间集聚和创新发展两大主题，深入探讨生产性服务业的空间集聚与创新发展的独特性，并且将生产性服务业的空间集聚与创新发展两个问题相结合，尝试构建基于大都市区域的生产性服务业集聚与创新互动式发展的理论框架和模型解析。本书的主要研究结论如下：

（1）生产性服务业在城市和区域中的发展，集聚与创新是其发展中不可或缺的外部空间整合与内部组织驱动两种动力机制，并且两种机制相互作用，产生向上的循环累积发展动力。一方面，生产性服务业的创新主要是依靠企业间知识网络而形成一种区域系统内部企业之间的合作创新，这种合作创新是产业集聚和区域发展的一种内生增长源泉，也是提升区域和企业竞争力的动力所在；通过构建基于合作博弈的生产性服务业创新模型，说明合作创新有利于降低单个企业创新的成本，提高产业集聚的整体创新产出水平，进而形成集聚区域的竞争优势。另一方面，生产性服务业的集聚为集聚企业和其所在的集群区域，甚至整个城市和城市群（都市圈）创造了一种具有根植性的相互学习的社会文化环境（气氛），这种环境正是企业创新成长中最需要的"空气养分"，创新便在这种相互学习的环境中滋生成长。因此，集聚增强了企业之间的联系、信任、合作，尤其是在生产性服务企业间更加需要通过这种产业集聚和知识结网而增强企业的灵活性和稳定性，而且也可以推动企业的合作创新、集体学习式创新。通过构建内生学习的边干边学博弈模型，说明集聚企业的学习是一个"干中学"的过程。生产性服务业的集聚要持续发挥对本地区域经济的促进作用就必须保持集聚区域的创新能力，而创新能力的培育主要依靠内生学习和干中学创新环境的塑造。

（2）以新经济地理学理论为基础，研究生产性服务业集聚的动因，并构建面向生产性服务业集聚的区位理论模型。在借鉴克鲁格曼等人把产业空间集聚理解为向心力和离心力两种力量权衡作用的结果的理论分析基础上，分需求和供给两个层面归纳了生产性服务业集聚与扩散的动态演变因素，进而给出了一个基于产业层面、地理层面和时间层面的三维度生产性服务业集聚动态演变模型，提出导致生产性服务业集聚动态发展的原因很多，归根结底是集聚带来的收益与成本的比较，当收益大于成本时，集聚力起主导作用，集聚区域进一步扩大，但达到临界点后，高额的租金成本、过度竞争和拥挤将使得集聚离心力作用加强，企业开始搬迁，集聚最终将走向分散。

（3）在克鲁格曼和 Venable 研究制造业集聚区位模型的基础上，构建了一个包含农业、制造业和生产性服务业的三部门两地区模型，将作为中间产品部门的生产性服务业与作为最终产品部门的制造业的区位选择和产业集聚研究结合起来，提出当地区间贸易成本降低时，生产性服务业倾向于在一些信息获取丰富、人口素质高的核心地区聚集，然而制造业更偏向于低酬劳的边缘地区。当贸易成本居于中等水平时，信息通讯业的发达将有助于生产性服务业在核心地区的聚集。因为生产性服务业以信息和知识为导向，企业集聚可以通过正式或非正式渠道较少信息和知识传播的障碍，从而成为生产性服务企业区位选择的一个重要考虑因素。

（4）通过构建包含生产性服务业和劳动力市场的静态和动态模型，引入空间相互作用（包括跨市场的输出交换和跨市场的信息外溢），在标准城市增长模型中加入误差修正模型，分析短期动态和长期动态的全要素生产率（TFP）的增长，并且建立包含空间滞后回归以及空间自相关修正因子的空间计量模型。通过对意大利生产性服务业集聚的实证研究，得出生产性服务业集聚带动的就业增长与城市的整体就业和经济增长率正相关。生产性服务业的长期增长主要受动态马歇尔－阿罗－罗默的外部集聚经济效应的促进，雅各布的城市外部经济效应只起很小的作用。人力资本投入对生产性服务业长期就业水平具有积极影响，本地市场规模对生产性服务业尤其是小企业集聚具有重要影响，跨地域的空间相互作用（市场效应和技术外溢）也影响着生产性服务业的集聚和长期发展。

（5）生产性服务业创新更加具有竞争性、高投入性、高互动性和高知识密集性。生产性服务业创新与制造业创新在创新的源头、战略选择和资源配置、创新项目落实和创新工具方法都存在较大差异，生产性服务业创新更加强调需求导向。相比于消费服务业和社会服务业，生产性服务业更加具备创新的动力和条件，由于竞争的压力和易被模仿，生产性服务业有着向更复杂更深层次创新的驱动力，因此，生产性服务业创新也成为引领经济发展趋势、提升区域长期竞争优势的重要动力来源。在创新系统中越来越扮演着知识创新源、创新推进器、知识生产者的角色。生产性服务业创新成为了区域甚至国家创新系统的重要组成部分，发挥着桥梁、纽带和动力源作用。

（6）运用区位熵、区域基尼系数和洛伦茨曲线及 GIS 图形分析等指标方法测度中国分省市区的生产性服务业及其细分行业的集聚状况及区位演变。从全国各省市来看，生产性服务业不论是行业整体还是各个细分行业的空间分布都表现出了高度不均衡和集聚特征，北京和上海的生产性服务业集聚程度最高。产业的区域集聚程度由强到弱依次为租赁和商务服务业、信息传输、计算机服务和软件业、房地产业、科学研究、技术服务和地质勘查业、金融业和交通运输仓储和邮政业。生产性服务业及其细分行业的集聚程度 2008 年比 2004 年都有所提高，其中、信息传输、计算机服务和软件业集聚程度增长最快。从天津各区县来看，生产性服务业及其细分行业主要集聚在天津市的中心城区和以开发区、保税区、高新区和塘沽区为主的滨海新区，中心城区中又以和平区、河西区为主要集聚区域。

8.2　研究展望

8.2.1　本书的主要创新点

本书主要在以下方面做出了一些研究贡献：

（1）尝试构建基于大都市区域的生产性服务业集聚与创新互动式发展的理论分析框架和模型解析。

本书运用服务经济学、新经济地理学、创新经济学、演化博弈论等相关理论，深入探讨生产性服务业的空间集聚与创新发展的独特性和互动性，尝试构建基于大都市区域的生产性服务业集聚与创新互动式发展的理论框架和模型解析。明确提出集聚与创新是生产性服务业发展中不可或缺的外部空间整合与内部组织驱动两种动力机制，并且两种机制相互作用，产生向上的循环累积发展动力。

（2）构建面向生产性服务业集聚的区位理论模型和空间增长模型。

在借鉴新经济地理学、新增长理论和创新集群理论等理论模型的基础上，将生产性服务业作为一个独立的中间产品部门，构建了一个包含农业、制造业和生产性服务业的三部门两地区模型，研究作为中间产品部门的生产性服务业与作为最终产品部门的制造业的区位选择和产业集聚之间的关联性；通过构建包含生产性服务业和劳动力市场的静态和动态模型，引入空间相互作用（包括跨市场的输出交换和跨市场的信息外溢），在标准城市增长模型中加入误差修正模型，建立包含空间滞后回归以及空间自相关修正因子的空间计量模型，研究生产性服务业对区域增长（全要素生产率）的短期动态和长期动态效应。

（3）点面结合研究中国生产性服务业的空间集聚和区位变化。

运用统计分析、比较分析、指标分析和 GIS 图形解析方法，通过大样本的两次普查年鉴数据，计算区位熵、区域基尼系数等指标数据和绘制洛伦茨曲线和 GIS 图形，研究两个不同区域层面（即全国各省市和天津各区县）的生产性服务业及其细分行业空间集聚和区位变化。

8.2.2　有待进一步研究的问题

（1）尽管本书对生产性服务业集聚与创新进行了较多的理论抽象和模型构建，但是鉴于研究数据可获得性，尤其是创新测度的困难性，因此，无法通过完善的实证研究来检验本书的全部理论，而只能对生产性服务业集聚，特别是区位分布进行较多的研究。因此，有待于今后进一步加强生产性服务业的创新调查和测度指标研究，以更好地验证本书的研究结论。

（2）尽管本书明确提出集聚与创新是生产性服务业发展中不可或缺的外部空间整合与内部组织驱动两种动力机制，并进行了一定程度的互动演进模型构建，但是只是从合作创新和内生学习两个角度进行研究，关于两种动力机制的互动规律还有很多未能解决的问题，比如生产性服务业的集聚与创新互动中的障碍因素、创新集聚的区域产业升级和未来退出机制等问题都有待日后进一步研究。

参 考 文 献

中文参考文献：

[1] 保罗·克鲁格曼．地理在经济发展中的作用．选自吴敬琏．比较（第 28 辑）．北京：中信出版社，2007.

[2] 程大中．发达国家生产性服务业的发展趋势及启示——13 个 OECD 经济体与中国的比较分析．载于中国生产性服务业发展报告 2007 [M]，经济管理出版社，2008.

[3] 程大中．生产者服务论——兼论中国服务业发展与开放 [M]．文汇出版社，2006：13.

[4] 高传胜，李善同．中国生产者服务：内容、发展与结构——基于中国 1987～2002 年投入产出表的分析 [J]．现代经济探讨，2007（8）：69.

[5] 郭克莎．第三产业的结构优化与高效发展 [J]．财贸经济，2000（10）：51.

[6] 洪银兴．城市功能意义的城市化及其产业支持 [J]．经济学家，2003（2）：29－36.

[7] 侯学钢．上海城市功能转变和生产服务业的软化 [J]．上海经济研究，1998（8）：43－49.

[8] 黄少军．服务业与经济增长 [M]．北京：经济科学出版社，2000.

[9] 金相郁，高雪莲．中国城市聚集经济实证分析：以天津市为例 [J]．城市发展研究，2004（1）：42－47.

[10] 李春景，曾国屏．基于知识密集型服务活动的服务创新系统研究 [J]．自然辩证法研究，2006，22（7）：102－106.

[11] 李文秀，谭力文．服务业集聚的二维评价模型及实证研究 [J]．中国工业经济，2008（4）：55－63.

[12] 刘志彪．发展现代生产者服务业与调整优化制造业结构 [J]．

南京大学学报，2006（5）：36 – 44.

[13] 柳御林 . 技术创新经济学 ［M］. 北京：中国经济出版社，1993.

[14] 申玉铭，吴康，任旺兵 . 国内外生产性服务业空间集聚的研究进展 ［J］. 地理研究，2009，28（6）：1495 – 1507.

[15] 苏江明 . 产业集群生态相研究 ［D］. 复旦大学博士论文，2004.

[16] 陶继明 . 上海生产者服务业空间集聚研究 ［D］. 上海社会科学院博士论文，2008：6.

[17] 魏江，胡胜蓉 . 生产性服务业创新范式 ［M］. 北京：科学出版社，2007.

[18] 谢守红 . 世界城市的产业结构特征与主要经济功能 ［J］. 北京规划建设，2010（4）：37 – 39.

[19] 闫小培，姚一民 . 广州第三产业发展变化及空间分布特征分析［J］. 经济地理，1997，17（2）：41 – 48.

[20] 约瑟夫·熊彼特著，何畏等译 . 经济发展理论 ［M］. 北京：商务印书馆，1990.

[21] 郑吉昌，夏晴 . 论生产性服务业的发展与分工的深化 ［J］. 科技进步与对策，2005（2）：13 – 15.

[22] Hoover, E. M. 王翼龙译 . 区域经济学导论 ［M］. 北京：商务印书馆，1990.

[23] Christaller, W. 常正文，王中兴等译 . 德国南部中心地 ［M］. 北京：商务印书馆，1998.

[24] Losch, A. 王守礼译 . 经济空间秩序——经济财货与地里间的关系 ［M］. 北京：商务印书馆，1998。

[25] Weber, A. 李刚剑等译 . 工业区位论 ［M］. 北京：商务印书馆，1997。

外文参考文献：

[1] Acs, Z. J. , Armington, C. , The impact of geographic differences in human capital on service firm formation rates ［J］. Journal of Urban Economics, 2004, 56: 244 – 278.

[2] Aguilera, A. , Services relationship, market area and the intra-metropolitan location of Business Services ［J］. The Service Industries Journal,

2003, 23 (1): 43 – 58.

[3] Airoldi, A., Jantti, G. B., Gambardella, A, et al., The impact of urban structure on the location of producer services [J]. The Service Industries Journal, 1997, 17 (1): 91 – 114.

[4] Alexander, L., Office Location and Public Policy [M]. London: Longmans, 1979.

[5] Archibugi, D. and Pianta, M., Measuring technological change through patents and innovation surveys [J]. Technovation, 1996, 16: 451 – 468.

[6] Arther, W. B., Increasing Returns and Path Dependence in the Economy, The University of Michigan press, 1994.

[7] Aydalot P., Milieux Innovations in Europe [R]. GREMI, Paris, 1986.

[8] Bagnasco A., Tre Italie: La problematica territoriale dello sviluppo italiano [M]. II Mulino, Bologna, 1977.

[9] Bailly, A. S., Maillat, D., Rey, M., Jeanneret, P. and Hussy, J. Tertiaire moteur dans les villes petites et moyennes en Suisse: le cas d' Aigle et de Delemont, Lausanne: CEAT. 1984.

[10] Baro, E., Soy, A., Business services location strategies in the Barcelona metropolitan region [J]. The Service Industries Journal, 1993, 13 (2): 103 – 118.

[11] Barras, R., Towards a Theory of Innovation in Services [J]. Research Policy, 1986, 15 (4): 161 – 173.

[12] Barro R. J., Sala – I – Martin X. Convergence [J]. Journal of Politics Economy, 1992, 100: 223 – 251.

[13] Baumol, W., Macroeconomics of Unbalanced Growth: The Anatomy of Urban Crises [J]. American Economic Review, 1967, 57 (3): 415 – 426.

[14] Becattini G., Mercato e Forze Locali: II Distretto Industriale [M]. II Mulino, Bologna, 1987.

[15] Bell, D., The Coming of Post – Industrial Society: A Venture in Social Forecasting [M]. Basic Books, New York, 1973.

[16] Belleflame C. Houard J. Michaux B., Innovation and Research and

Development Process Ananlysis in Service Activities [R]. IRES, Report for EC, FAST Programme, 1986.

[17] Berghe, L. V. D., Verweie, K., Convergence in the Financial Services Industry, The Geneva on Risk and Insurance, 2000, 25 (2): 262 – 272.

[18] Bessant J. Rush H., Building Bridges for Innovation-the role of consultants in technology-transfer [J]. Research Policy, 1995, 24 (1): 97 – 114.

[19] Beyers, W. B. and Alvine, M. J., Export services in post-industrial society, Dissertations of the Regional Science Administration, 1985, 57: 33 – 46.

[20] Beyers, W. B., Producer services [J]. Progress in Human Geography, 1993, 17 (2): 221 – 231.

[21] Bhagwati. Splintering and Disembodiment of Services and Developing Countries [J]. The World Economy, 1984, 7: 133 – 144.

[22] Bilderbeek R., Hertog P., Marklund G., Services in Innovation: Knowledge Intensive Business Services as Co-producers of Innovation [R]. SI4S Report, STEP Group, 1989.

[23] Bill Goodman and Reid Steadman. Services: Business Demand Rivals Consumer Demand in Driving Job Growth [J]. Monthly Labour Review, 2002, 125 (4): 3 – 16.

[24] Blien, U., Suedekum, J., Wolf, K., Local employment growth in West Germany: A dynamic panel approach [J]. Labour Economics, 2006, 13: 445 – 458.

[25] Boiteux – Orain, C., Guillain, R., Changes in the intrametropolitan location of producer services in lie-d – France (1978 ~ 1997): Do information technologies promote a more dispersed spatial pattern? [J]. Urban Geography, 2004, 25 (6): 550 – 578.

[26] Browning. H., Singelman J., The Emergence of a service society: Demographic and Sociological Aspects of the Sectoral Transformation of the labor Force in the USA. Beverly Hilly [M]. CA: Sage Publication, 1975.

[27] Browning H., Singelman J., The Transformation of the US labor Force: the Interaction of Industry and Occupation [J]. Politics and Society,

1978, 8: 481 −509.

[28] Bruce Tether and Jeremy Howells. Changing understanding of innovation in services. In Innovation in Services, DTI occasional dissertation No. 9. Nottingham University Business School, Nottingham, UK 2007.

[29] Brusco S. Small firms and industrial districts: The experience of Italy. (Eds) in Keeble D. and Weaver E. New Firms and Regional Development in Europe. Croom Helm, London, 1986.

[30] Brusco S. , Small firms and the provision of real services. (Eds) in Pyke F. and Sengenberger W. Industrial Districts and Local Economic Regeneration. International Institute for Labour Studies, Geneva, 1992.

[31] Brusco S. , The Emilian model: productive decentralisation and social integration [J]. Cambridge Journal of Economics, 1982 (6): 167 −184.

[32] Catin, M. Les me'canismes et les e'tapes de la croissance re'gionale, Re'gion et De'veloppement, 1995, 1: 11 −28.

[33] Cingano, F. and Schivardi, F. , Identifying the Sources of Local Productivity Growth [J]. Journal of European Economic Association, 2004, 2: 720 −742.

[34] Clapp, J. M. , The intrametropolitan location of office activities [J]. Journal of Regional Science, 1980, 20 (3): 387 −399.

[35] Coffey W. J. , Polese, M. , Producer Services and Regional Development: A policy-oriented Perspective [J]. Dissertations of the Regional Science Association, 1989, 67 (1): 13 −27.

[36] Coffey, W. J. , Bailly, A. S. , Producer Services and Flexible Production: An Exploratory Analysis [J]. Growth and change, 1991, 22: 95 −117.

[37] Coffey, W. J. , Pole'se, M. , Trade and location of producer services: A Canadian perspective [J]. Environment and Planning, 1987, 19: 597 −611.

[38] Coffey, W. J. , Mcrae, J. J. , Service Industries in Regional Development [M]. Montrea: Institute for Research on Public Policy, 1990.

[39] Coffey, W. J. , Polese M. , Producer services and regional development: A policy-oriented perspective [J]. Dissertations in Regional Science, 1989, 67 (1): 13 −27.

[40] Coffey, W. J. , Shearmur, R. G. , Agglomeration and dispersion of

high-order service employment in the montreal metropolitan region, 1981 – 1996 [J]. Urban Studies, 2002, 39 (3): 360 – 377.

[41] Combes, P. P., Economic Structure and Local Growth: France, 1984 – 1993 [J]. Journal of Urban Economics, 2000, 47 (3): 329 – 355.

[42] Cook, G. A. S, Pandit, N. R, Beaverstock, J. V. et al. , The Clustering of Financial Services in London. GaWC Research Bulletin 124, 2003, www. lboro. ac. uk/gawc.

[43] Cooke P. , Morgan K. , The Associative Region [M]. Oxford University Press, Oxford, 1998.

[44] Cooke P. , Reinventing the region: Firms, clusters and networks in economic development, (Eds) in Daniels P. and Lever W. The Global Economy in Transition. Addison Wesley Longman, Harlow, 1996.

[45] Czarnitzki, D. , Spielkamp, A. , Business Services in Germany: Bridges for Innovation [J]. Service Industrial Journal, 2003, 23 (2): 1 – 30.

[46] Damanpour, F. , Evan, W. M. , Organizational innovation and performance: The problem of organizational lag [J]. Administrative Science Quarterly, 1984, 29: 392 – 409.

[47] Daniels, P. W. , Service Industries: A geographical appraisal [M]. London: Methuen, 1985.

[48] David, P. , Some New Standards for the Economics of Standardization in the Information Age. (Eds.) in Dasgupta, P. , Stoneman, P. Economic Policy and Technological Performance, Stanford: Cambridge University Press, 1987: 206 – 239.

[49] Davies, A. , Integrated solutions: the changing business of systems integration. (Eds.) in Prencipe. Davies, A. , Hobday, M. The Business of Systems Integration [M]. Oxford University Press, Oxford, 2003: 333 – 368.

[50] De Vries E J. , Innovation in services in networks of organizations and in the distribution of services [J]. Research Policy, 2006 (35): 1037 – 1051.

[51] Dei Ottati G. Trust, interlinking transactions and credit in the industrial district [J]. Cambridge Journal of Economics. 1994, 18: 529 – 546.

[52] Den Hertog, P. , Knowledge – Intensive Business Services as co-

producers of innovation [J]. International Journal of Innovation Management, 2000, 4: 491 – 528.

[53] Desmet, K., Fafchamps, M., Changes in the spatial concentration of employment across US counties: A sectoral analysis 1972 ~ 2000 [J]. Journal of Economic Geography, 2005, 9: 261 – 284.

[54] Dixit A., Stiglitz J., Monopolistic competition and optimum product diversity [J]. The American Economic Review, 1977, 67: 297 – 308.

[55] Drejer, I., Identifying Innovation in Surveys of Services: A Schumpeterian Perspective [J]. Research Policy, 2004, 33 (3): 551 – 562.

[56] Edgerton, D., From innovation to use: Ten (eclectic) theses on the history of technology [J]. History and Technology, 1999, 16: 1 – 26.

[57] Edquist C., Systems of Innovation. Technologies, Institutions and Organizations [M]. Frances Pinter, London/Washington, 1997.

[58] Elliott, P. V., Intra – Metropolitan agglomerations of producer services firms: The case of graphic design firms in Metropolitan Meibourne, 1981 to 2001. Master Dissertation, The University of Meibourne, 2005.

[59] Esparza, A., Krmenec, A. J., Producer Services Trade in City System: Evidence from Chicago [J]. Urban Studies, 1994, 31 (1): 29 – 46.

[60] European Commission. Patents in Service Industries [R]. DG – Research, EUR 20815, Brussels, 2004.

[61] Evangelista, R., Sectoral patterns of technological change in services [J]. Economics of Innovation and New Technology, 2000, 9: 183 – 221.

[62] Evangelista, R., Sandven T. Sirrilli, G., Smith, K., Measuring innovation in European industry [J]. International Journal of the Economics and Business, 1998, 5: 311 – 333.

[63] Evans, P., Wurster, T., Blown to bits: How the new economics of information transforms strategy [M]. Harvard Business School Press, Cambridge, Mass, 2000.

[64] Fagerberg J., Innovation: A guide to the Literature. In: Fagerberg J., Mowery C. M., Nelson R. the Oxford Innovation Handbook [M]. Oxford: Oxford University Press, 2005.

[65] Fisher Associates. The future of London's maritime services cluster:

A call for action, Corporation of London, 2004.

[66] Fligstein, N. , The Spread of the Multidivisional Form among Large Firm, 1919 – 1979 [J]. American Sociological Review, 1985, 50: 377 – 391.

[67] Franhofer ISI, PREST, Lund University Institute of Technology and University of Athens / CERES. Innovation and Public Procurement: Review of Issues at Stake, Study for the European Commission, ENTR/03/24, Brussels, 2006

[68] Fuchs, V. , The Service Economy, National Bureau of Economic Research. Massachusetts, 1968.

[69] Fujita, M. , A monopolistic competition model of spatial agglomeration [J]. Regional Science and Urban Economics, 1988, 18 (1): pp87 – 124.

[70] Fujita, M. , Krugman, P. , Venables, A. J. , The Spatial Economy: Cities, Regions and International Trade [M]. The MIT Press, 1999.

[71] Gadrey, J. , Gallouj, F. , The Provider-customer Interface in Business and Professional Services [J]. The Service Industries Journal, 1998, 18 (2): 1 – 15

[72] Galbraith, J. K. , The New Industrial State [M]. Harmondsworth: Penguin, 1967.

[73] Gallouj F. , Weinstein O. Innovation in services [J]. Research Policy, 1997, 4 (26): 537 – 556.

[74] Gallouj, F. , Asymmetry of information and the service relationship: Selection and evaluation of the service provider [J]. International Journal of Service Industry Management, 1997, 8 (1): 42 – 64.

[75] Gallouj, F. , Innovation in the Service Economy: The New Wealth of Nations [M]. Edward Elgar Publishing Ltd, Cheltenham UK, Northampton, MA. , USA, 2002.

[76] Gaspar, J. , Glaeser, E. L. , Information Technology and the Future of Cities. NBER Working Dissertation Series, 5562, 1996.

[77] Gaspar, J. , Glaeser, E. L. , Information Technology and the Future of Cities [J]. Journal of Urban Economics, 1998, 43 (1): 136 – 156.

[78] Gershuny, Miles. The New Service Economy: The Transformation of

Employment in Industrial Societies [M]. Praeger Publishers, 1983.

[79] Gillespie, A. E. , Green, A. E. , The changing geography of producer services employment in Britain [J]. Regional Studies, 1987, 21 (5): 397 –411.

[80] Glaeser, E. L. , Kallal, H. D. , Scheinkman, J. A. et al. , Growth in Cities [J]. Journal of Political Economy, 1992, 100: 1126 –1152.

[81] Glaeser, E. L. , Kahn, M. E. , Decentralized employment and the transformation of the American city. Working Dissertation 8117, NBER, 2001.

[82] Godbout, Employment Change and Sectoral Distribution in 10 Countries, 1970 –90 [J]. Monthly Labour Review, 1993, 116: 3 –20

[83] Gordon, Ian R. , McCann, Philip, Industrial Clusters: Complexes, Agglomeration and/or social networks? [J] Urban Studies, 2000, 37 (3): 513 –532.

[84] Graham S. , Marvin S. , Telecommunications and the City: Electronic Spaces, Urban Places [M]. Routledge, London, 1996.

[85] Greenfield, Manpower and the growth of Producer services [M]. Columbia: Columbia University Press, 1966.

[86] Grubel, H. G. , Walker, M. A. Modern service sector growth: Causes and effects. Eds in H. Giersch. Services in world economic growth. Institut für Weltwirtschaft an der Universität Kiel, Tübingen: J. C. B. Mohr. , 1989: 1 –34.

[87] Hamel, Gary, CK Prahalad. The Core Competence of the Corporation [J]. Havard Business Review, 1990, 5: 79 –91.

[88] Hansen, N. , Do producer services induce regional development? Journal of Regional Science, 1990, 30 (4): 465 –476.

[89] Hansen, N. , The strategic role of producer services in regional development [J]. International Regional Science Review, 1994, 16 (2): 187 –195.

[90] Hargadon, A. , Sutton, R. I. , Technology brokering and innovation in a product development firm [J]. Administrative Science Quarterly, 1997, 42: 718 –749.

[91] Hargadon, A. , Firms as knowledge brokers: lessons in pursuing continuous innovation [J]. California Management Review, 1998, 40: 209 –

227.

[92] Harrington, J. W. , Producer Services Research in US Regional Studies [J]. Professional Geographer, 1995, 47 (1): 87 –96.

[93] Haunschild, P. R. , Interorganizational Imitation: The Impact of Interlocks on Corporate Acquisition Activity [J]. Administrative Science Quarterly, 1993, 38: 564 –592.

[94] Hendry, D. F. , Pagan, A. R. , Sargan, J. D. , Dynamic specification. (Eds.) in Z. Griliches, M. Intrilligator Handbook of Econometrics, II, Amsterdam, North Holland, 1984.

[95] Herbert G. Grubel, Michael A. Walker, Service and the Changing Economic Structure. (Eds) in Giersch H. Services in World Economic Growth Symposium. Institute Fur Weltwirtschaft an Der Universitat Kiel, 1989.

[96] Hill, P. Tangibles, Intangibles and Services: A New Taxonomy for the Classification of Output [J]. Canadian Journal of Economics, 1999, 32 (2): 426 –446.

[97] Hipp C. , Grupp H. , Innovation in the service sector: the demand for service-specific innovation measurement concepts and typologies [J]. Research Policy, 2005, 34 (4): 517 –535.

[98] Hipp C. , Knowledge-intensive Business Services in the New Mode of Knowledge Production [J]. AI and Society, 1999, 13: 88 –106.

[99] Holz, Carsten A. , China's Economic Growth 1978 –2025: What We Know Today About China's Economic Growth Tomorrow [J]. World Development, 2008, 36 (10): 1665 –1691.

[100] Howells J. , Where to from here for services innovation? . Knowledge Intensive Services Activities (KISA) Conference, Sydney, 2006.

[101] Howells, J. , Innovation, consumption and services: encapsulation and the combinatorial role of services [J]. The Services Industries Journal, 2004, 24: 19 –36.

[102] Howells, J. , Intermediation and the role of intermediaries in innovation [J]. Research Policy, 2006, 35: 715 –728.

[103] Howells, J. , Green, A. , Technological Innovation, Structural Change and Location in UK Services [M]. Aldershot: Avebury, 1987.

[104] Hutton, T. , Ley, D. , Location, linkages, and labor: The

downtown complex of corporate activities in a medium size city, Vancouver, British Columbia [J]. Economic Geography, 1987, 63 (2): 126 – 141.

[105] Iansiti, M. , Real – World R&D: Jumping the Product Generations Gap. Harvard Business Review, 1993, 71 (3): 138 – 147.

[106] Illeris, S. , Location and market relation of producer service firm. IVth RESER Conference, Barcelona, 1994.

[107] Illeris, S. , The Service Economy: A Geographical Approach [M]. Chichester: Wiley, 1996.

[108] Illeris, S. , Jean Philippe. Introduction: The role of services in regional economic growth [J]. Service Industries Journal, 1993, 13 (2): 3 – 10.

[109] Illeris, S. , Sjoholt, P. , The Nordic countries: High quality services in a low density environment [J]. Progress in Planning, 1995, 43 (3): 205 – 221.

[110] Illeris. Producer services: The key factor to economic development [J]. Entrepreneurship and regional development, 1998, 1 (3): 267 – 274.

[111] Irving Leveson, J. W. , Wheeler. Western Economics in Transition: Structural Change and Adjustment Polices in Industrial Countries [R]. Hudson Institute, U. S. , 1980: 46.

[112] Isard, W. , Location and Space – Economy: A General Theory Relating to Industrial Location, Market, Areas, Land Use, Trade, and Urban Structure [M]. The MIT Press, 1956.

[113] Islam, N. , What have we learned from the convergence debate? [J]. Journal of Economic Surveys, 2003, 17: 309 – 362.

[114] Jacobs, J. , The Economy of Cities, New York: Vintage, 1969.

[115] Kafkalas G. et al. , The making of the intelligent region: The role of structural funds and regional firms in Central Macedonia [R]. Report to European Commission, DG XXII, Leonardo da Vinci Programme. EC, Brussels. 1998.

[116] Keeble, D. , Nacham, L. , Why do business service firms cluster? small consultancies, clustering and decent realization in London and Southern England [J]. Transaction of the Institute of British Geographers, 2002, 27 (1): 67 – 90.

[117] Kim Hun-min. A Comparative Study on Industrial Competitiveness of World Cities [J]. International Review of Public Administration, 2004, 9 (1): 57 –69.

[118] Kline. S. J. , Rosenberg. N. , An Overview of Innovation [J]. The Positive Sum Strategy – Harnessing Technology, 1986.

[119] Koichi Emi. Employment Structure in the Service Industries [J]. The developing Economies, 1969, 7 (2): 133 –153.

[120] Kozicky, S. , Tinsley, P. A. , Vector rational error correction [J]. Journal of Economic Dynamics and Control, 1999, 23: 1299 –1327.

[121] Krugman, P. , First Nature, Second Nature and Metropolitan Location [J]. Journal of Regional Science, 1993, 33 (2): 129 –144.

[122] Krugman, P. , Geography and Trade [M]. Cambridge. MA: MIT Press, 1991.

[123] Krugman, P. , Increasing returns and economic geography [J]. Journal of Political Economy, 1991, 99: 483 –499.

[124] Kuusisto J. , Meyer M. , Insights into services and innovation in the knowledge intensive economy [R]. Technology Review, 134, 2003.

[125] Kuznets S. S. , Modern Economic Growth: Rate, Strucure and Spread [M]. New Haven: Yale University Press, 1966.

[126] Lagendijk A. , Will new regionalism survive? Tracing dominant concepts in economic geography. Discussion Dissertation, Centre for Urban and Regional Development Studies, University of Newcastle, 1998.

[127] Laurence Moyart. The Role of Producer Services in Regional Development: What Opportunities for Medium – Sized Cities in Belgium? [J]. The Service Industries Journal, 2005, Vol. 25, No. 2: 213 –228.

[128] Lee, H. , Choi, B. , Knowledge Management Enablers, Processes and Organizational Performance: An Integrative View and Empirical Examination [J]. Journal of Management Information Systems, 2003, 20 (1): 179 –228.

[129] Levitt, T. , Production-line approach to service [J] . Harvard Business Review, 1972, 50 (5): 41 –52.

[130] M. Storper. Do Producer Services Induce Regional Economic Development? [J]. Journal of Regional Science, 1990, 3: 178 –183.

[131] Madhavan, R. , Grover, R. , From Embedded Knowledge to Em-

bodied Knowledge: New Product Development as Knowledge Management [J]. Journal of Marketing, 1998, 62 (4): 1-12.

[132] Marshall, J. N., Service and uneven development [M]. Oxford: Oxford University Press, 1988.

[133] Marshall, J. N., Linkages between manufacturing industry and business services [J]. Environment and Planning, 1982, 14: 1523-1540.

[134] Marshall, J. N., Damesick, P., Wood, P., Understanding the location and role of Producer services in the United Kingdom [J]. Environment and Planning, 1987, 19 (5): 575-595.

[135] Marshall, J. N., P. A. Wood. The role of services in urban and regional development: Recent bates and new directions [J]. Environment and Planning, 1995, 24: 1255-1270.

[136] Martinelli, F., Services aux producteurs et de'veloppement re'gional, Espaces et Socie'te's, 1992, 66 (7): 185-216.

[137] Messina, J., Institutions and service employment: A panel study for OECD Countries. Working Dissertation Series, 320, European Central Bank, 2004.

[138] Michalak W. Z., Fairbairn K. J., The producer service complex of Edmonton: the role and organization of producer services firms in a peripheral city [J]. Environment and Planning, 1993, 25: 761-777.

[139] Miles, I., Innovation in Services, (Eds) in Fagerberg, J., Mowery, D., Nelson, R. Oxford Handbook of Innovation, Oxford University Press, Oxford, 2005.

[140] Miles, I., N. Kastrinos, K., Flanagan, R. et al., Knowledge-Intensive Business Services: Users, Carriers and Sources of Innovation [R]. Luxembourg: EIMS Publication No. 15, 1995.

[141] Miozzo, M., Soete, L., Internationalisation of services: A technological perspective [J]. Technological Forecasting and Social Change, 2001, 67: 159-185.

[142] Moulaert F., Delvainquiere J. C., Regional and sub-regional development in Europe: the role of socio-cultural trajectories. (Eds) in Bekemans L. Culture: Building Stone for Europe 2002. European University Press, Brussels, 1994.

[143] Moulaert, F. , Gallouj, C. , The locational geography of advanced producer services frims: The limits of economies of agglomeration [J]. The Service Industries Journal, 1993, 13 (2): 91 – 106.

[144] Muller, E. , Zenker, A. , Business services as actors of knowledge transformation: The role of KIBS in regional and national innovation system [J]. Research Policy, 2001, 30 (9): 1501 – 1516.

[145] Myrdal, G. , Economic Theory and Under-developed Regions [M]. Duckworth, London, 1957.

[146] Nelson, R. R. , Winter, S. G. , An Evolutionary Theory of Economic Change. Cambridge, MA: Havard University Press, 1982.

[147] NESTA. The Innovation Gap: Why policy needs to reflect the reality of innovation in the UK, National Endowment for Science, Technology and the Arts (NESTA), London, 2006.

[148] Normann, R. , Service management, strategy and leadership in service business (2nd) [M]. UK Chichester: John Wiley and Sons, 1991.

[149] Noyelle, T. J. , Services et mutations urbaines aux Etats – Unis. (Eds.) in J. Bonamy, N. May. Services et Mutations Urbaines, Paris: Anthropos, 1994.

[150] Noyelle, T. J. , Stanback, T. , The Economic Transformation of American Cities, Totowa, NJ: Rowman and Allanheld, 1984.

[151] O' Farrell, P. N. , Hitchens, D. M. , Producer services and regional development: A review' of some major conceptual and research issues [J]. Environment and Planning A, 1990, 22 (1): 141 – 154.

[152] O' Huallachain, Sectoral, B. , Clustering in American metropolitan areas [J]. Regional Studies, 1991, 25 (5): 411 – 426.

[153] OECD. Enhancing the Performance of the service sector [M]. OECD Publishing, 2005.

[154] OECD. The Characteristics and Quality of Service Sector Jobs [M]. OECD Employment Outlook, 2001: 89 – 128.

[155] Ottaviano, G. , Puga, D. , Agglomeration in the global economy: A survey of the "new economic geography" [J]. TheWorld Economy, 1998, 21: 707 – 731.

[156] Oulton, N. , Must the Growth Rate decline? Baumol's Unbalanced

Growth Revisited. Working Dissertation 107, Bank of England, 1999.

[157] Paci, R., Usai, S., Agglomeration Economies and Growth: The case of Italian Local Labour Systems, 1991 – 2001. Prima Edizione Dicembre, 2006/12 (Working Paper).

[158] Pandit, N. R., Cook, G. A. S., Swann, G. M. P., The Dynamics of Industrial Clustering in British Financial Services [J]. The Service Industries Journal, 2001, 21 (4): 33 – 61.

[159] Pandit, N. R., Cook, G., The benefits of industrial clustering: Insight from the British financial services industry at three locations [J]. Journal of Financial Services Marketing, 2003, 7 (3): 230 – 245.

[160] Pavitt, K., Rothwell, R., A Comment on a Dynamic Model of Product and Service innovation [J]. Omega, 1976, 4 (4): 375 – 377.

[161] Pavitt, K., Patterns of technical change: towards a taxonomy and a theory [J]. Research Policy, 1984, 13: 343 – 373.

[162] Pavitt, K., The size distribution of innovating firms in the UK: 1945 – 1983 [J]. Journal of Industrial Economics, 1987, 35 (3): 297 – 316.

[163] Pavitt, K., Robson, M., Townsend, J. Accumulation, Diversification and Organization of Technological Activities in UK Companies, 1945 – 83. in Technology Strategy and the Firm: Management and Public Policy. Dodgson. Harlow, Longman, 1989.

[164] Penrose, E. T., The Theory of the Growth of the Firm. Oxford: Basil Blackwell, 1959.

[165] Philippe, J., Le'o, P. Y., Boulianne, L. M., Services et me'tropoles: Formes urbaines et changement e'conomique, Paris: L' Harmattan, collection Villes et Entreprises, 1998.

[166] Pole`se, M. Economie urbaine et re'gionale: logique spatiale des mutations e'conomiques, Paris: Economica, 1994.

[167] Poyaqo-theotoky, J., Equilibrium and Optimal Size of a Research Joint Venture in an Oligopoly with Spillover [J]. The Journal of Industrial Economics, 1995, 2: 75 – 107.

[168] Puga, D., The rise and fall of regional inequalities [J]. European Economic Review, 1999, 43: 303 – 334.

[169] Puga, D., Venables, A. J., The Spread of Industry: Spatial

Agglomeration in Economic Development [J]. Journal of the Japanese and International Economics, 1996, 10: 440 – 464.

[170] Ratti, R. , Innovation Technologic at Development Region [M]. Me'ta – Editions S. A. , Lausanne, 1992.

[171] Rauch J. , Productivity gains from geographic concentration of human capital: Evidence from the cities [J]. Journal of Urban Economics, 1993, 34: 380 – 400.

[172] Reichstein, T. , Salter, A. , Investigating the sources of process innovation among UK manufacturing firms [J] . Industrial and Corporate Change, 2006, 15 (4): 653 – 682.

[173] Richardson, H. W. , Regional Economics, Location Theory, Urban Structure and Change [M]. Chicago: University of Illiois press, 1978.

[174] Riddle D. , Service – Led Growth: The Role of the Service Sector in World Development [M]. NY: Praeger Publishers, 1986.

[175] Robson, S. , Ortmans, L. , First findings from the UK Innovation Survey, 2005 Economic Trends, 2006: 58 – 64

[176] Rogers, E. M. , Diffusion of Innovations [M]. New York, 1962.

[177] Romer, P. M. , Increasing returns and long-run growth [J]. Journal of Political Economy, 1986, 94: 1002 – 1037.

[178] Romer, P. M. , Increasing returns and Long – Run Growth [J]. Journal of Political Economy, 1986, 94: 1002 – 1037.

[179] Roussel, P. A. , Saad, K. N. , Erickson, T. J. , Third Generation R&D: Managing the Link to Corporate Strategy [M]. Arthur D. Little, United States, 1991.

[180] Rubalcaba – Bermejo, L. , Business Services in European Industry: Growth, Employment and Competitiveness, Brussels: European Commission, 1999.

[181] Sam Ock Park, Kee – Bom Nahm. Spatial structure and inter-firm networks of technical and information producer services in Seoul, Korea [J]. Asia Pacific Viewpoint, 1998, 39 (2): 209 – 219.

[182] Sassen, S. , The global city: New York, London, Tokyo [M]. Princeton University Press, 2001.

[183] Savy, M. Est-ce encore l'industrie qui structure l'espace?: Analyse

de la contribution des branches d'activite' e'conomique aux diffe'renciations inter-re' gionales, Revue d'Economie Re'gionale et Urbaine, 1994, 2: 159 – 178.

[184] Scheuing, E. E. , Johnson E. M. , A Proposed Mode for New Service development [J]. Journal of Service Marketing, 1989, 16 (2): 25 – 35.

[185] Schott, Peter, K. , The Relative Sophistication of Chinese Exports. NBER Working Dissertation 12173. National Bureau of Economic Research: Cambridge, MA, 2006.

[186] Scott, A. J. , Flexible production systems and regional development: The rise of new industrial spaces in North America and Western Europe? [J]. International Journal of Urban and Regional Research, 1988 (12): 171 – 186.

[187] Scott, A. J. , Technopolis: High – Technology Industry and Regional Development in Southern California [M]. Berkeley: University of California Press, 1993.

[188] Searle, G. H. , Changes in produce services location, Sydney: Globalization, technology and labor [J]. Asia Pacific Viewpoint, 1998, 39 (2): 237 – 255.

[189] Senn, Lanfranco. Service activities' urban hierarchy and cumulative growth [J]. The Service Industries Journal, 1993, 13 (2): 11 – 22.

[190] Simon, C. Human capital and metropolitan employment growth [J]. Journal of Urban Economics, 1998, 43: 223 – 243.

[191] Simon, H. A. , A Behavioral Model of Rational Choice [J]. The Quaterly Journal of Economics, 1955, 69 (1): 99 – 118.

[192] Smith, A. , the Nature and Causes of the Wealth of Nations [M]. Oxford: Oxford University Press, 1776: 338.

[193] Smith, K. , Measuring innovation. (Eds.) in Fagerberg, J. Mowery, D. C. , Nelson, R. R. , The Oxford Handbook of Innovation, Oxford University Press, Oxford, 2005: 148 – 177.

[194] Stabler, J. C. , Howe, E. C. , Service exports and regional growth in the post industrial era [J]. Journal of Regional Science, 1988, 28 (3): 303 – 315.

[195] Stoneman, P. , The Economics of Technological Diffusion [M]. Oxford: Blackwells, 2002.

[196] Sundbo J. , The organisation of innovations in services [M]. Dan-

mark: Roskilde University Press, 1998.

[197] Sundbo, J. , Gallouj, F. , Innovation as a Loosely Coupled System in Services. (Eds) in Metcalfe, J. S. and Miles, I. D. Innovation Systems in the Service Economy: Measurement and Case Study Analysis, Kluwer Academic Publishers, Boston, Dordrecht and London, 2001.

[198] Sundbo, J. , Management of Innovations in Services [J]. The Service Industries Journal. 1997, 17 (3): 432 – 455.

[199] Swann, P. , Innovators and the Research Base: An Exploration Using CIS4. A report for the DTI, Nottingham University Business School, Nottingham, UK, 2006.

[200] Tassey, G. , Underinvestment in Public Good Technology [J]. Journal of Technology Transfer, 2005, 30: 89 – 113.

[201] Tether, B. S. , Tajar, A. , Are Services Starved of External Research? An Analysis of UK Firms' Innovation Linkages with Specialist Knowledge Providers. Working dissertation, CRIC and Manchester Business School, University of Manchester, 2006.

[202] Tether, B. S. , Do services innovate (differently)? Insights from the European Innobarometer survey [J]. Industry and Innovation, 2005, 12: 153 – 184.

[203] Tether, B. S. , Metcalfe, J. S. , Horndal at Heathrow? Capacity creation through co-operation and system evolution [J]. Industrial and Corporate Change, 2003, 12 (3): 437 – 476.

[204] Tether, B. S. , Miles, I. , Blind, K. et al. , Innovation in Services – An Analysis of CIS – 2 data on Innovation in the Service Sector, A report for the European Commission (under CIS Contract 98/184), 2001.

[205] Tether, B. S. , Mina, A. Consoli, D. et al. , A Literature Review on Skills and Innovation. How Does Successful Innovation Impact on the Demand for Skills and How Do Skills Drive Innovation? Department of Trade and Industry, London, 2005.

[206] Tidd, J. , Bessant, J. , Pavitt, K. , Managing innovation: Integrating technological, market and organizational change [M]. John Wiley and Son, Chichester, 2005.

[207] Tordoir, P. , Transactions in professional business services and

spatial systems, Tijdschrift voor Economische en Sociale Geografie, 1994, 85 (4): 322 −353.

[208] Uchupalanan, K., Competition and IT − based Innovation in Banking Services [J]. International Journal of Innovation Management, 2000, 4 (4): 491 −528.

[209] Valter Di Giacinto and Giacinto Micucci, The Producer service sector in Italy: Long-term growth and its local determinants, working dissertation, Temi di discussion series, 2007.

[210] Van Ark, B., Inklaar, R., McGuckin, R. Productivity, ICT investment and service industries: Europe and the United States. Groningen Growth and Development Centre, Research Memorandum GD −60, 2002.

[211] Venables, A. J., Equilibrium locations of vertically linked industries [J]. International Economic Review 1996, 37: 341 −359.

[212] Venables, A. J., Geography and International Inequalities: The Impact of New Technologies [J]. Journal of Industry, Competition and Trade, 2001, 1 (2): 135 −159.

[213] Vernon, R., Hoover, E. M., The New York Metropolitan Regions Conununity Types. (Eds) in Fava, Sylvia Fleis. Urbanism in World Perspective, 1968: 249 −250.

[214] Von Tunzelmann, N., Acha, V., Innovation in "low tech" industries. (Eds.) in J. Mowery, D. C. and Nelson, R. R. The Oxford Handbook of Innovation, Oxford University Press, Oxford, 2005: 407 −432.

[215] Walter Thomi, Thorsten Bohn. Knowledge Intensive Business Services in Regional Systems of Innovation Initial Results from the Case of Southest − Finland, 43rd European Congress of the Regional Science Association, 2003.

[216] Warf, B., Telecommunications and changing geographies of knowledge transmission in the late 20th century [J]. Urban Studies, 1995, 32: 361 −378.

[217] Wood, P. A., Flexible accumulation and the rise of business services [J]. Transactions of the Institute of British Geographers, 1991, 16 (2): 160 −172.

[218] Zagier, V. L., Producer Services, Innovation and Outsourcing in the New Economy [M], Mimeo Firenze, 2006.

后　　记

　　时光荏苒，岁月如梭，终于在幸福与收获、艰辛与困苦间完成了本书的撰写，尽管有前期博士论文作为本书的基础，但是仍然感受到学无止境，研究没有终点。本书能够顺利出版，是在导师刘秉镰教授的殷切关怀和推荐下，纳入了南开大学区域产业经济研究丛书系列，获得了南开大学"985"区域经济国家社科创新基地研究项目和天津市哲学社会科学规划项目（TJYY12 –042）的支持，在此对南开大学经济与社会发展研究院和天津市哲学社会科学规划办公室特别表示感谢。

　　本书的完成，对我来说是一次学术的洗礼和人生的蜕变。学业上我有幸与南开结缘长达二十年，从南开初中到南开高中，从南开本科到南开硕博，每一步都饱含着对知识和真理的无限渴求，尤其是在撰写本书的过程中，各种学术思想和理论的撞击下所获得的灵感，那种幡然领悟、如获至宝的成功喜悦恐怕是做学问时最大的快乐吧！而我在攻读博士期间，实现了从一个懵懂轻狂学生向一名年轻大学教师的职业转变，从一个单身女孩向一位青年母亲的角色转变，如果没有导师给予的指导与帮助、同事同学给予的关心与鼓励、家人给予的理解与支持，恐怕这一过程不会如此平坦和顺利。因此，实在需要太多的感激和感谢。

　　首先感谢我尊敬的导师刘秉镰教授，从2000年硕士开始就跟随着恩师至今十余载，早已被恩师的睿智与渊博、宽厚与豁达所深深折服，恩师研究上的耳提面授、思路点拨，生活上的悉心关怀、鼎力扶助，一桩桩、一幅幅昔日的场景仿佛就在眼前。如果没有恩师在硕士毕业时送我到香港理工大学做助研，以及后来在我人生走到低谷的时候将我拉回到身边，鼓励我继续学业和寻找适合我的大学工作，就不会有我的今天。知遇之恩，终生难忘！

　　感谢南开大学经济与社会发展研究院的"区域产业分析"研究团队的所有老师们，他们是刘秉镰教授、王燕教授、白雪洁教授、杜传忠教授、王玲教授、庞瑞芝教授、王家庭教授、李兰冰教授、刘维林教授，等等，他们为本书选题和撰写提出了许多重要而有价值的思想和理论支持，以及在写作过程中的宝贵意见和建议。感谢南开大学经济学院和城市与区域经济研究所的许许多多的老师们帮助我扎实了经济学基础理论和方法，传授区域经济、产业经济方面的专业知识。感谢我在南开大学求学期间所有老师的教诲、激励、宽容和帮助。

感谢我所工作的天津商业大学经济学院的各位领导和同事们，特别是刘书瀚校长、邱立成副校长、白玲所长、刘小军院长、巫建国副院长、王常柏副院长、王中华教授、周桂荣教授、杨雁征教授、贾保文教授、刘禹宏教授、王炳才教授、王玉婧教授、王继平教授、任永菊教授等在我写书的过程中，除了提供方方面面的支持与帮助之外，还让我深深感受到了集体的智慧和大家庭的温暖。感谢所有与我同窗共读的学兄师姐和同学们，让我总是能够学到很多超前的意识和讯息。

感谢天津城建学院的王建廷院长和国巧真博士帮助我在较短的时间内掌握了 GIS 软件，感谢天津市社联的李家祥书记，天津师范大学的王如青教授给予我写作的指引、修改和帮助，感谢天津商业大学社科处的王泓处长、王瑞文副处长、韩立龙和冯玉萍老师等给予的课题指导和程序解惑，感谢天津商业大学图书馆的于霈、李静等老师们提供了各种年鉴和参考书籍。

最应该感谢但又最难以用言辞表达的是家人给予我的关爱和支持。感谢父母和哥哥一直以来的援手帮助，感谢丈夫给予的默默支持和悉心照顾，也感谢上天赐予我漂亮、聪慧、可爱的女儿，没有他们一直以来的陪伴与温馨，我也很难坚持完成本书的写作。如果本书还能算作一种回报的话，以此祝福他们幸福快乐。

最后，还要特别感谢经济科学出版社的编辑给予的精心策划和细致校改。书中借鉴和吸纳了已有的一些相关研究成果，在此对有关作者一并表示感谢。另外，本书还存在许多不足和缺陷，还有许多遗憾，由于时间关系，研究过程中的一些设想没有得到实现，我将在今后的研究中不断努力。

过晓颖

2013 年 7 月于天津